Michael Knieß

Kreativitätstechniken

dtv

Beck im dtv

Kreativitätstechniken

Möglichkeiten und Übungen

Von Michael Knieß

Deutscher Taschenbuch Verlag

Im Internet:

dtv.de

beck.de

Originalausgabe
Deutscher Taschenbuch Verlag GmbH & Co. KG,
Friedrichstraße 1a, 80801 München
© 2006. Redaktionelle Verantwortung: Verlag C.H. Beck oHG
Druck und Bindung: Druckerei C.H. Beck, Nördlingen
(Adresse der Druckerei: Wilhelmstraße 9, 80801 München)
Satz und Grafikbearbeitung: Hoffmann's Text Office, München
Umschlaggestaltung: Agentur 42 (Fuhr & Partner), Mainz,
unter Verwendung einer Abbildung der Zefa Bildagentur
ISBN (10): 3-423-50906-6 (dtv)
ISBN (10): 3-406-54620-X (C.H. Beck)
ISBN (13): 978-3-423-50906-0 (dtv)
ISBN (13): 978-3-406-54620-4 (C.H. Beck)

Vorwort

Dieses praxisorientierte Buch verfolgt im Wesentlichen drei Ziele:

- Es soll sichtbar machen, dass der Einsatz kreativitätsfördernder Maßnahmen und der Kreativitätstechniken notwendig ist.
- Mit einer großen Zahl von Beispielen und Übungen soll die Kreativität und die Anwendung von Kreativitätstechniken angeregt werden.
- Der Einsatz möglicher Kreativitätstechniken soll erleichtert und deren notwendige Ablaufschritte erläutert werden.

Der Begriff der Kreativität, der mit großem Erfolg Zutritt in das internationale Management gefunden hat, ist für eine erfolgreiche Ideenfindung von hoher Bedeutung. Die Förderung kreativen Verhaltens und der Einsatz kreativitätsfördernder Maßnahmen, insbesondere die Nutzung von Kreativitätstechniken, unterstützen diesen Prozess umfassend. Es besteht dabei eine enge positive Beziehung zwischen Unternehmenserfolg und dem Einsatz von Kreativitätstechniken.

Wie Untersuchungen zeigen, sind Unternehmen, die Kreativitätstechniken einsetzen, überproportional erfolgreich. Die gezielte Anwendung hat sich dagegen noch wenig durchgesetzt. Auch ist der mögliche realisierbare ökonomische Nutzen des Einsatzes von Kreativitätstechniken für Unternehmen bisher wenig bekannt.

Sich am Markt behaupten zu können, setzt voraus, ständig neue Ideen, neue Produkte oder Dienstleistungen hervorzubringen. Die systematische Förderung der Ideenfindung ist heute umso wichtiger, verkürzen sich die Produktlebenszyklen immer mehr, steigt die „Floprate" von Produktinnovationen weiter an und befinden sich die Unternehmen zunehmend einem härter werdenden globalen Wettbewerb ausgesetzt.

Zwar wurde auf vielen Kongressen, Tagungen und im Management der Unternehmen erkannt, dass nur eine Unternehmenskultur, die eine Förderung der Findung neuer Ideen fest integriert, den zukünftigen Herausforderungen gerecht werden kann, deren Verankerung steht in vielen Fällen aber noch aus.

So dauerte beispielsweise die Verdopplung des enzyklopädischen Wissens der Menschheit von 1800 bis 1900 noch ein ganzes Jahrhundert. Die Zeitspanne reduzierte sich von 50 Jahren (1900–1950) auf zehn Jahre (1950–1960) und dann auf sechs Jahre (1960–1966; *Volk* 1990). Momentan kann zur Wissensverdopplung von einer Zeitspanne von fünf Jahren ausgegangen werden. Auch die Durchsetzung von Innovationen dauerte früher Jahrzehnte, wie z. B. beim Dampfschiff (38 Jahre). Selbst von der Erfindung des Rundfunks 1896 dauerte es 26 Jahre bis zur Markteinführung, beim Fernsehen, erfunden 1911, gar 34 Jahre. Die 1954 entwickelte Antibabypille war dagegen bereits acht Jahre später eingeführt (*Weber* 1987). Die Zyklen liegen heutzutage weit darunter. Nur wer der Veränderungsdynamik gewachsen ist und die daraus resultierenden, zumeist neuen Probleme lösen kann, d. h. wer fähig ist, neue Ideen zu finden, wird sich am Markt behaupten können. Möglichkeiten der Kreativitätssteigerung sowie die Kreativitätstechniken stellen besonders geeignete Instrumente eines derartigen Systems zur Erzeugung von Innovationen dar. Die meisten Kreativitätstechniken sind wissenschaftlich seit Jahrzehnten ausgereift, deren für Unternehmen Nutzen bringende Anwendung wurde jedoch von vielen Unternehmen bisher nicht gesehen.

Die Notwendigkeit, verstärkt die Kreativität und eine systematische Ideenfindung zu fördern, mögen einige Zahlen verdeutlichen:

- So wird national und international in immer kürzeren Zeitabständen ein immer größer werdender Umsatzanteil mit Produkten erwirtschaftet, die heute noch nicht entwickelt sind.
- Zukünftiges Umsatzwachstum wird nach einer aktuellen Befragung von Vorständen und Geschäftsführungen zu 64,2 % durch neue Produkte und Dienstleistungen erwartet (*van Someren* 2005).
- Nach einer Untersuchung bei 100 deutschen Unternehmen haben zwei Drittel erkannt, dass der Umsatzanteil innovativer Produkte niedriger ist als bei ihren wichtigsten internationalen

Wettbewerbern (*Sommerlatte* 2001). Die Folgen hieraus sind ein schleichender Verlust von Marktanteilen und eine sinkende Umsatzrentabilität.

- Die Beteiligung der deutschen Unternehmen an Innovationsaktivitäten lag für das Jahr 2004 noch knapp unter dem Wert für den Zeitraum 1998/1999. Dabei konnte der seit dem Jahr 2000 festzustellende kontinuierliche Rückgang der Innovationsbeteiligung deutscher Unternehmen erst im Jahr 2004 wieder aufgeholt werden. Für das verarbeitende Gewerbe lag die Quote 2004 bei 65 %, nach 59 % im Jahr 2003 und 66 % noch im Zeitrum 1998/99 (Zentrum für Europäische Wirtschaftsforschung 2005).

- Der Anteil der Unternehmen, die erfolgreich Innovationen im Sinne von Marktneuheiten eingeführt hat, ist im verarbeitenden Gewerbe deutlich zurückgegangen. Die Quote verringerte sich von einem Drittel im Jahr 1999 auf nur noch 23 % im Jahr 2003 (*Rammer* 2004).

- Verkaufserfolge werden nach einer Untersuchung von *Kienbaum* nur 6 % aller neuen Ideen (*Röhm* 2004). Anders ausgedrückt werden 15 von 16 Stunden Entwicklungsarbeit investiert, die keine Verkaufserfolge bringen. Zum gleichen Ergebnis einer geringen Ideenrealisierungsquote kommen aktuell auch die Technologiestiftung Berlin (O.V. 2005) und *Geschka* (2005).

- Mitarbeiter aus Deutschland bzw. aus den USA erzeugen weiterhin deutlich weniger Ideen als die Mitarbeiter aus Japan. Zwar verringerte sich der Abstand zwischen den genannten Industrienationen, er ist aber immer noch beachtlich. So stellte in den 70er Jahren in Japan jeder Mitarbeiter seinem Unternehmen 27 Ideen pro Jahr zur Verfügung, wovon 90 % realisiert wurden, in den USA dagegen schafften 37 Mitarbeiter einen einzigen Vorschlag im Jahr und nur 20 % dieser Vorschläge wurden realisiert. Das Verhältnis betrug damit etwa 4500 : 1 (*Schlicksupp* 1989). Aktuell beträgt das Verhältnis entwickelter Ideen pro Mitarbeiter im Jahr in Japan 25, in den USA und in Deutschland dagegen nur jeweils 0,16. Dabei liegt die Realisierungsquote in Japan bei 87 %, im Verhältnis zu rund 39 % in den USA und der Bundesrepublik Deutschland. Das Verhältnis beträgt damit rund 350 : 1 zu Gunsten von Japan (*Röhm* 2004).

- Dabei können durch Verbesserungsvorschläge erhebliche Summen eingespart werden (*Thom* 2003). Nach einer Umfrage des Deutschen Instituts für Betriebswirtschaft (2005) bei 365 Unternehmen und Öffentlichen Körperschaften lag die Einsparsumme 2004 bei rund 1,2 Mrd. €.

- Der Umsatzanteil mit neuen Produkten sank in der Industrie von 30 % im Jahr 2000 auf nur noch 25 % im Jahr 2003. Im Bereich der produktionsnahen Dienstleistungen verringerte sich der Umsatzanteil mit neuen Produkten von 23,5 % im Jahr 2001 auf 16 % im Jahr 2003 (Zentrum für Europäische Wirtschaftsforschung 2005).

Gerade in den Industrienationen zeichnen sich viele Unternehmen weiterhin durch eine Vernachlässigung der Ideenfindung aus. Zudem erfolgt oft nur ein Weiterentwickeln bestehender Produkte und damit keine Innovation im engeren Sinne. Auch das kreative Potenzial der Mitarbeiter wird zumeist nicht voll genutzt. Eine durchgängige kreativitätsfördernde Unternehmensstruktur weisen die wenigsten Unternehmen auf.

Zwar halten nach einer aktuellen Studie von *Booz, Allen* und *Hamilton* aus dem Jahr 2004 55 % der Unternehmen Innovationen zur Erreichung ihrer strategischen Ziele für sehr wichtig und 34 % immerhin noch für wichtig, 50 % der mehr als 250 befragten Unternehmen aus sieben europäischen Ländern sehen aber starken Nachholbedarf in der Förderung von Kreativität und der Verbreitung von Wissen (*Booz, Allen* und *Hamilton* 2005). Zu ähnlichen Ergebnissen kommt eine aktuelle Studie von Aufsichtsräten von 140 befragten Unternehmen der Initiative „Partner für Innovation" aus dem Jahr 2005. Hiernach gaben 53 % der Befragten an, dass die Kreativität ihres Unternehmens nicht ausreichend gefördert wird (*Initiative „Partner für Innovation"* 2005). Die Ergebnisse entsprechen einer älteren von *Kienbaum* 1989 durchgeführten Befragung, bei der 85 % der Topmanager die Entwicklung neuer Produkte als vorrangiges bzw. wichtiges

Unternehmensziel bezeichneten und deutliche Defizite bei der Kreativitätsförderung erkennbar waren (*Zanner* 1989). Zudem ist nach Expertenmeinung das Ideenfindungspotenzial noch lange nicht ausgeschöpft. Die Quote liegt nach aktuellen Erkenntnissen bei 30 bis 40 % (*Schlicksupp* 2004 I). Es sind somit genügend Ressourcen frei, die nur einer Entwicklung bedürfen.

Eine offene, flexible Atmosphäre in Unternehmen reicht zwar für sich genommen nicht zur erfolgreichen Schaffung von Innovationen aus, sie bildet aber für kreative Menschen ein ideales Betätigungsfeld. Kombiniert man diese fördernde Atmosphäre mit einer systematischen Suche nach Ideen, so kann es gelingen, die Effizienz der Ideensuche zu erhöhen. Hierbei kann ein zweckmäßiger Einsatz der Kreativitätstechniken helfen. Allerdings sei an dieser Stelle bereits darauf hingewiesen, dass das Erlernen der Techniken, der Abbau von Kreativitätshemmnissen und Akzeptanzbarrieren im Unternehmen sowie der langfristige Aufbau einer kreativitätsfördernden Unternehmenskultur ihrer Zeit bedürfen.

Kreativitätstechniken unterstützen den Prozess einer erfolgreichen Ideenfindung. Je nach angewendeter Kreativitätstechnik, wie z. B. Brainstorming, Methode 635 oder Synektik, wurden in Unternehmen zwischen 10 und über 30 % Erfolgsquoten ermittelt. Den Erfolg garantieren können sie aber genauso wenig, wie andere vorgeschlagene Maßnahmen und Methoden zur Behauptung im schärfer werdenden internationalen Wettbewerb. Dabei gilt weiterhin, dass je längerfristig die Vorhersage ist, desto geringer ist die Trefferquote. Beispielsweise gelang es bisher nicht, den Energieverbrauch richtig vorherzusagen. Nach den längerfristigen Vorhersagen von Experten dürfte es keinen Hunger mehr geben und die bereits 1967 vorhergesagte Arbeitslosenquote von 25 % bezogen auf die gesamte Bundesrepublik Deutschland durch anstehende Automatisierung der Büroarbeiten traf auch nicht ein. Selbst den Taschenrechner vermochte keiner vorherzusagen.

Bei den Problemen, für die eine Anwendung der Kreativitätstechniken geeignet ist, handelt es sich um eine spezielle Problemart, die schlecht definierten Probleme. **Die Grundlagen der**

Kreativität, der schillernde Kreativitätsbegriff sowie der kreative Prozess stehen deshalb im Mittelpunkt des **ersten Kapitels**. Auf die psychologischen Grundlagen, die in der Literatur ausführlich dargestellt sind, wird jedoch nur kurz eingegangen. So zeichnet sich der kreative Mensch durch eine Reihe von Fähigkeiten und Merkmalen aus, die ihn von weniger kreativen Personen unterscheiden.

Möglichkeiten der Kreativitätssteigerung sind Inhalt des **zweiten Kapitels**. Ausgehend von den Kreativitätssperren, welche die Kreativität hemmen und den so genannten Ideenkillern, d. h. Bemerkungen, welche die Lösungsansätze schon im Keim ersticken lassen, werden personenbezogene und unternehmensbezogene Möglichkeiten der Kreativitätssteigerung besprochen. Dabei wird auch auf die für Kreativitätstechniken wesentliche Fragestellung der Einzel- oder Gruppenarbeit eingegangen. Darüber hinaus werden so genannte erlernbare Regeln für kreatives Denken dargestellt. Gegenstand des **dritten Kapitels** sind die **Kreativitätstechniken in der Praxis** sowie die Präsentation und Visualisierung.

Im **vierten Kapitel** erfolgt die Beschreibung wichtiger **intuitiv-kreativer Kreativitätstechniken**. Neben den Brainstorming- und Brainwriting-Methoden werden u. a. ausgewählte Methoden der intuitiven Orientierung wie Bionik und Inkubation sowie die synektischen Methoden anhand von Beispielen erklärt.

Während im **fünften Kapitel die systematisch-analytischen Methoden** wie die Morphologische Methode, Sequentielle Morphologie, Attribute Listing und Relevanzbaum erläutert werden, findet im **sechsten Kapitel** eine Beschreibung der Szenario-Technik, der Simulation und der Cross-Impact-Methode statt.

Im **siebten und achten Kapitel** werden *90 Übungen* zur Kreativitätssteigerung und Anwendung der Kreativitätstechniken angeboten. Kreativitätstechniken stellen das Gerüst, den Ablaufplan zur Anwendung bekannter Methoden, wie die wechselseitige Assoziation, die Übertragung von Analogien, die Variation, die Kombination und systematische Aufgliederung dar, mit dem Ziel, eine möglichst große Zahl von Ideen zu entwickeln. Dazu werden in einem ersten Übungsteil Übungsaufgaben zur Steigerung kreativer Fähigkeiten angeboten (Kapitel 7). Im zweiten Übungsteil werden ausgewählte Übungsaufgaben zu den dargestellten intuitiv-kreativen und den systematisch-analytischen Kreativitätstechniken angeboten (Kapitel 8).

Das abschließende **neunte Kapitel** beschäftigt sich mit den Möglichkeiten der Computerunterstützung sowie den zukünftigen Entwicklungen. Wie die Praxis zeigt, kann die Computerunterstützung den Prozess positiv unterstützen, aber nicht an seine Stelle treten. So existieren zwar mittlerweile eine Fülle von Softwareprogrammen, die zumindest Kreativitätstechniken als ein Werkzeug mit aufgenommen haben, das freie unkontrollierte und „unbeherrschte" Verhalten, das wesentlicher Bestandteil vor allem der intuitiven Kreativitätstechniken ist, lässt sich aber weiterhin nicht ersetzen.

Dieses Buch wendet sich besonders an Praktiker, die bereits erkannt haben, welche Bedeutung kreativitätsfördernde Maßnahmen und der Einsatz von Kreativitätstechniken auf die Steigerung der Ideenfindung ausüben können. Es werden aber auch all diejenigen Führungspersonen und Mitarbeiter von Organisationen und Unternehmen angesprochen, die zwar die Notwendigkeit einer Veränderung ihrer Organisation erkannt haben, aber bisher nicht die Gelegenheit hatten, die ersten Schritte zu unternehmen.

Für Hinweise und Anregungen bin ich allen Leserinnen und Lesern stets dankbar.

Berlin, im Mai 2006 *Michael Knieß*

Inhaltsübersicht

Inhaltsverzeichnis

Kapitel 1: Grundlagen der Kreativität

Der Begriff der Kreativität

Kreativität in einem weiten Sinne kann als die Erzeugung und Auswahl neuer, wertvoller Informationen verstanden werden (*Blohm* 1973). Der Begriff beinhaltet damit Erfindungen und Entdeckungen aller Art sowie ästhetische Schöpfungen der verschiedensten Bereiche, wie der bildenden Kunst, der Musik usw. Im engeren Sinne bedeutet Kreativität, deren Hauptmerkmal die Kombination bzw. Neu-Organisation von Erfahrungsinhalten ist, die Fähigkeit, Konstellationsprobleme zu lösen. Das Charakteristikum der Konstellationsprobleme besteht darin, Elemente oder Systeme derart anzuordnen (konstellieren), dass eine Systemstruktur mit Eigenschaften gebildet wird, die der Problemlösende als Sollzustand anstrebt oder die ihm diesen Zustand näher bringt.

Da Kreativität aber nicht primär nur mit dem Rationalen, Nachvollziehbaren, Bewussten in Verbindung zu bringen ist, kann man unter **Kreativität** besser **die hervorragende Denkfähigkeit zur Lösung schlecht strukturierter bzw. genauer schlecht definierter Probleme wie Such-, Analyse- und Auswahlprobleme verstehen** (*Schlicksupp* 1977). Demnach ist **Kreativität die Fähigkeit, neue Lösungen bzw. neue Ideen zu finden**. Kreativität ist jedoch keine Eigenschaft, die entweder vorhanden oder nicht vorhanden ist. Vielmehr kann sie erlernt werden, wenn auch nicht vollständig. Die Entfaltung der Kreativität hängt dabei personell von einem möglichst in vielen Bereichen reichen Erfahrungswissen, hoher Motivation, Anstrengung und Ausdauer ab (vgl. zum Kreativitätsbegriff auch *Aschenbrücker* 2004, *Braczyk/Kerst/Seltz* 1998, *De Bono* 1996, *Disselkamp* 2005, *Geschka/Lantelme* 2005, *Grunwald* 1998, *Higgins* 1996, *Hilzenbacher* 2005, *Marchazina* 2003, *Schlicksupp* 2004 I, 2004 II).

Klar von der Kreativität abzugrenzen ist aber die Intuition, die als das Gewahrwerden eines Sachverhaltes bezeichnet werden kann, welches nicht auf eine bewusste, lückenlos nachvollziehbare Hinführung beruht (*Blohm* 1973). Intuition ist demnach eine unbewusste Intelligenz, das „richtige Gefühl/Gespür", wodurch das unmittelbar Wesentliche erkannt werden kann (vgl. zum Intuitionsbegriff z. B. auch *Gebert* 2002). Intuition kann daher als *eine* Quelle der Kreativität betrachtet werden. Die andere Quelle kreativ zu wirken ist – wie oben erwähnt – die Rationalität. Wichtig ist, dass beide Möglichkeiten sich nicht gegenseitig ausschließen, sondern ergänzen und wechselseitig verstärken.

Im Gegensatz zur Intuition erfasst die unternehmerische Vision einen längerfristigen, zukünftigen Zeithorizont. Unternehmerische Vision impliziert ein erahnendes Verständnis der zukünftigen realen Situation und ein wegweisendes Selbstverständnis für das Unternehmen in dieser Lage (*Jung* 2005). Eine Vision steuert unbewusst Denken und Handeln.

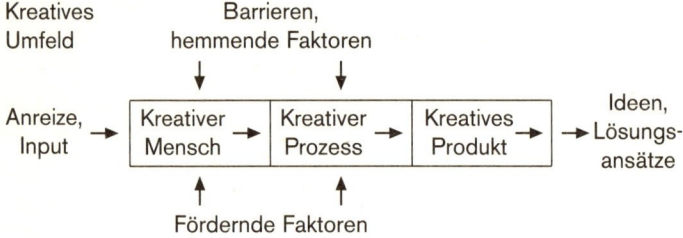

Abb. 1: Einflussfaktoren der Kreativität

Allerdings ist die Vision gegenüber der Utopie dahingehend abzugrenzen, dass eine Vision eine präzise Vorahnung für eine zukünftige Realität meint. Gegenüber der mechanistischen Extrapolation weisen Visionen einen herausfordernden Novitätsgehalt auf, mit ihnen wird „zu neuen Ufern aufgebrochen". Zudem entwickeln sie für ungelöste Fragen eine wegweisende Selektionskraft (*Rühli* 1990). Analog zur Intuition kann eine Vision ebenfalls nicht rational abgeleitet oder systematisch erarbeitet werden.

Die Entfaltung visionärer Fähigkeiten hängt dabei ebenso wie die Entfaltung der Kreativität personell von einem möglichst in vielen Bereichen reichen Erfahrungswissen, hoher Motivation, Anstrengung und Ausdauer ab. Eine sorgfältige Analyse zukünftiger Marktentwicklungen, nicht nur der Absatz-, sondern auch der Beschaffungs- und vor allem der Technikmärkte und unternehmensinterner Fähigkeiten, bildet damit eine wesentliche Voraussetzung für die visionäre Fähigkeit.

Die Kreativität wird durch vier wesentliche Einflussfaktoren bestimmt, das Produkt, den Menschen, den Prozess und die Umwelt (siehe auch *Bullinger/Schlick* 2002). Vergleiche die Abb. 1.

Das kreative Produkt

Ein wesentlicher Einflussfaktor des kreativen Prozesses ist das kreative Produkt, da die Ideen vorher unbekannt gewesen sein müssen. Das kreative Produkt (die kreative Idee, der neue Gedanke) ist das Ergebnis des schöpferischen Prozesses. Probleme ergeben sich bei der Beurteilung, ab wann von einer kreativen Idee gesprochen werden kann und nicht nur von einer Erkenntnis. Diese Unterscheidung ist schwierig und lässt sich nur schwer objektiv beurteilen und messen. Die Beurteilung eines geistigen Produktes als kreativ oder nicht kreativ ist vielmehr sehr subjektiv. In der Literatur wurden zwar Beurteilungskriterien entwickelt, die eine objektive Beurteilung erlauben sollen, aber auch die zunächst als objektiv und eindeutig herausgestellten Kriterien können unterschiedlich ausgelegt werden und zu unterschiedlichen Ergebnissen führen. Man ist sich bisher nur einig, dass ein kreatives Produkt im statistischen Sinne neu und im wirtschaftlichen Sinne wertvoll sein soll (vgl. etwa *Achenbrücker* 2004, *Bullinger/Hermann* 2000, *Johansson* 1997, *Meißner* 1999, *Guntern* 1991, *Steiner* 2003).

Zur Abgrenzung gegenüber nicht kreativen Produkten werden Kriterien wie Neuheit, Ungewöhnlichkeit, Seltenheit (Grad der Novität) und Angemessenheit, Brauchbarkeit sowie Nützlichkeit aufgeführt (*Meyer* 1993). An diesen Begriffen erkennt man bereits die Schwierigkeit einer allgemeingültigen Definition. So kann Neuheit objektiv, d. h. allgemeingültig neu sein oder subjektiv, d. h. bezogen auf eine Person, relativ, d. h. bezogen auf den Sachverhalt oder absolut, wie z. B. eine technische Erfindung, bedeuten.

Der kreative Mensch

Nach personellen Kriterien, die einen kreativen von einem nicht kreativen Menschen unterscheiden wurde schon seit langer Zeit gesucht. In früherer Zeit verband man Kreativität häufig mit krankhaften geistigen Zuständen. Beispiele für das Zusammentreffen von geistiger Krankheit und genialer Kreativität sind in der Geschichte oft anzutreffen. Aber auch die Gleichstellung von Kreativität mit Genialität, Einzelkämpfertum ist nicht selten vorzufinden. Empirische Untersuchungen zeigen jedoch, dass diese Aussagen eher dem Phantastischen zuzurechnen als wissenschaftlich begründbar sind.

Es können aber anhand der durchgeführten Untersuchungen eine Reihe von Eigenschaften abgeleitet werden, die auf eine hohe Kreativität deuten und auch nur so verstanden werden sollten. Besonders wichtig ist jedoch darauf hinzuweisen, dass die Eigenschaften, welche die individuelle Kreativität ausmachen, sowohl anlage- als auch erziehungs- sowie umweltbedingt beeinflussbar sind. Sie sind dementsprechend nicht bei allen Menschen gleich vorhanden bzw. bei den Menschen mehr oder weniger stark ausgeprägt. Kreativität ist aber bis zu einem gewissen Grad durch kreativitätsfördernde Maßnahmen aktivierbar und erlernbar. Kreativitätstechniken können einen Beitrag zur Kreativitätssteigerung leisten.

Bei den durchgeführten Untersuchungen zeigte sich zudem, dass zwischen Persönlichkeitsmerkmalen und kreativen Aktivitäten Wirkzusammenhänge bestehen. Dabei gilt, je positiver bestimmte Eigenschaften (psychische Gesundheit und Selbstbewusstsein, Energiepotenzial, Neugier, Konflikt- und Frustrationstoleranz, Denken in komplexen und vernetzten Systemen, Triebbestimmtheit, Regressionsfähigkeit und Unabhängigkeitsdenken) bei einem Menschen vorherrscht, desto kreativer wird er sich verhalten (*Aschenbrücker* 2004, *Mehlhorn* 1998, *Schmeisser* 1986).

Im Einzelnen werden kreativen Menschen Fähigkeiten zu-
gerechnet (*Delhess* 1998, *Meyer* 1993, *Uebele* 1992, *Bullinger/
Schlick* 2002), wie die Fähigkeit zu divergentem Denken und ein
hohes Selbstvertrauen. Kreative Personen bevorzugen die Komplexität, weisen ein größeres Unabhängigkeitsbedürfnis auf, d. h.
sie sind auch unabhängiger in ihrem Urteil, sie sind dominanter,
wehren sich gegen Unterdrückung oder Einschränkung, haben
einen Sinn für Ästhetik und Freude am Erfolg (Zielmotivation
statt Inhaltsmotivation).

Drei wesentliche Einflussfaktoren der Kreativität sind Tätig-
keitsdrang und Motivation, Kognitionen und Informationsverar-
beitungsprozesse sowie die Persönlichkeit des Menschen.

(1) Tätigkeitsdrang/Motivation: Die Stärke der Aktivität als Reaktion auf Anreize hat einen Einfluss auf die Dauer und Intensität
der Motivation (Motivation = Zustand des Angetriebenseins, in
dem Motive manifestiert werden, die auf eine Bedürfnisreduktion
herabzielen), die den Menschen zum bewussten Handeln veran-
lasst. Kreatives Verhalten, durch das ein Mensch motiviert wird,
neue Ideen zu entwickeln, ist besonders abhängig von den Emotionen und einem hohen Grad an fachlichen Involvements.

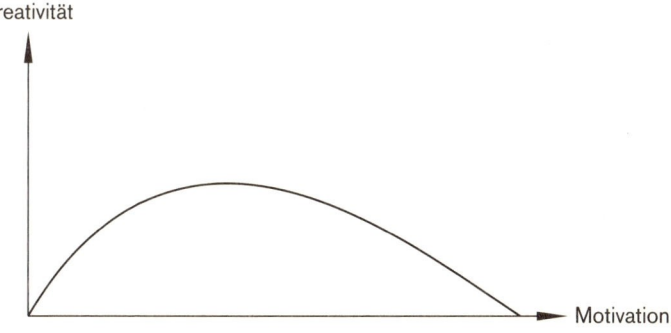

Abb. 2: Verhältnis von Kreativität und Motivation

Während sich Emotionen durch Begeisterung und Spaß an der
Tätigkeit äußern, bewirkt das Involvement eine erhöhte Infor-
mationsaufnahme und eine Konzentrierung auf das Wesentli-

che. Insbesondere bei Maßnahmen zur Motivationserhöhung kann ein Unternehmen über vielfältige Art eingreifen. Motivation kann beispielsweise durch den Arbeitslohn, durch Anerkennung oder durch den Wunsch nach Selbstverwirklichung erzeugt werden. Motivationsbeeinflussend sind u. a. auch das Führungsprinzip (autoritär oder partizipativ), die Arbeitsatmosphäre und die Anerkennung der Mitarbeiterleistungen.

Dass Motivation als Antrieb zur kreativen Leistung wichtig ist, ist unbestritten. Eine stärkere Motivation führt jedoch nur bis zu einem gewissen Grad auch zu einer Kreativitätssteigerung (vgl. Abb. 2).

(2) Kognitionen und Informationsverarbeitung: Als Kognitionen bezeichnet man die Wissenseinheiten, die dem Problemlösenden zur Verfügung stehen. Je größer nun die Menge der Kognitionen ist, desto mehr Möglichkeiten bestehen zur Assoziation und Analogiebildung und damit zur Ideenfindung. Allerdings muss bei zwei gegenläufigen, die Kreativität beeinflussenden Tatbeständen, zwischen dem Einfluss großen Allgemeinwissens und der problemspezifischen Erfahrung unterschieden werden. Während Allgemeinwissen die Assoziationsmöglichkeiten fördert, schränkt Erfahrung das kreative Denken ein. So zeigte sich bei Experimenten, dass Menschen mit großer problemspezifischer Erfahrung oft weniger Gedankenflexibilität besitzen. Sie weisen ausgeprägte kognitive Schemata auf, die sie daran hindern, weit auseinander liegende Bereiche assoziativ miteinander verknüpfen zu können. Außerdem bedeuten neue Aspekte für sie das Umstoßen gewohnter Ansätze. Hierdurch kommt es zur Kreativitätshemmung. Auch die Intelligenz, d. h. die Fähigkeit, Wissenseinheiten zu einer Problemlösung zu verknüpfen, ist der Kreativität nicht uneingeschränkt förderlich. Trotzdem wird ein gewisser Grad an Intelligenz als Voraussetzung für den erfolgreichen kreativen Prozess angesehen.

Nach *Johansson* (1997) sind die Wortgeläufigkeit (Worte zu finden), die Assoziationsgeläufigkeit (Synonyme zu finden) und die Ideengeläufigkeit (Zuordnung von Bedingungen und Begriffen) die kognitiven Voraussetzungen für kreatives Verhalten.

(3) Persönlichkeit: Der Bedeutung der Persönlichkeit als Grundlage der Kreativität kommt eine herausragende Bedeutung zu. Grundsätzlich lassen sich mehrere Persönlichkeitstypen unterscheiden. Nach *Berth* (1992) lassen sich drei wesentliche Persönlichkeitstypen voneinander abheben, die von Untersuchungen des Stanford-Professors *Harold Leavitt* abgeleitet sind:

• Der Entdecker, der sich durch Aufgeschlossenheit, Spontanität und intellektuelle Neugier auszeichnet und nur noch selten anzutreffen ist.

• Der Analysierer und Problemlöser, dessen charakteristischsten Eigenschaften die Besonnenheit, Pflichtorientiertheit, Selbstkontrolle, eine skeptische Grundeinstellung und konkrete Sachbezogenheit sind.

• Der Realisierer, der über die Eigenschaften geistige Flexibilität, soziale Sensibilität, Bereitschaft zur Veränderung, Unkonventionalität, Distanzfähigkeit gegenüber Menschen und Begeisterungsfähigkeit verfügt.

Nach einer immer noch aktuellen, von *Kienbaum* durchgeführten Studie in der Bundesrepublik Deutschland, lassen sich ca. 16 % der befragten Manager eher den Entdeckern zuordnen, 43 % eher den Analysierern und Problemlösern und 41 % zählen eher zu den Realisierern (*Thom* 1992). In der reinen Form sind diese drei Persönlichkeitstypen in der Praxis aber selten anzutreffen. Eine kreative Persönlichkeit sollte im Idealfall eine Mischform dieser drei Grund-Typen sein. Es ist davon auszugehen, dass gerade die große Komplexität der Persönlichkeit ein stark eigenständiges kreatives Verhalten und ein losgelöstes und schweifendes Denken ermöglicht.

Über die Bedeutung der Persönlichkeitsmerkmale und Verhaltensweisen von kreativen Personen gibt es umfangreiche Untersuchungen. Die Komplexität einer kreativen Persönlichkeit zeigt sich an der Vielzahl der Merkmale, Fähigkeiten und Verhaltensweisen, die einen kreativen Menschen charakterisieren. Die folgende Auflistung gibt die wesentlichen, der Kreativität nützenden Eigenschaften, Fähigkeiten und Verhaltensweisen wieder. Demnach sollte die kreative Persönlichkeit vorweisen:

- ein ausgeprägtes Bestreben nach Selbstartikulierung,
- den Drang zum Ausleben von Impulsen, Launen und Spontanität,
- Empfänglichkeit für Gefühle und Empfindungen, wobei die Triebe kontrolliert bleiben,
- eine offene Haltung gegenüber der Umwelt,
- Offenheit für neue Erfahrungen,
- Neugier gegenüber Ungewohntem,
- Anpassungsfähigkeit,
- die Fähigkeit zum Lösen von Konventionen und Traditionen,
- eine Vorliebe für Komplexität und Mehrdeutigkeit (Vereinfachungen werden vermieden, mehrdeutige, widersprüchliche Erfahrungen werden bevorzugt, um sich damit auseinander zu setzen),
- hohes Konfliktlösungspotenzial,
- hohe Stress- und Frustrationstoleranz (Energie),
- Begeisterungsfähigkeit,
- Spaß am Erfolg,
- Eigeninitiative (kreative Menschen gelten als vital, spontan und ausdauernd),
- Problemsensibilität (die Fähigkeit, Unstimmigkeiten, Widersprüche und Neuheiten in der Umwelt zu entdecken und zu problematisieren),
- Vorurteilsfreiheit,
- gedankliche, spontane Flexibilität, die ein Denken mit freien Assoziationen wesentlich ermöglicht,
- Originalität (kreative Menschen besitzen die Fähigkeit, ungewöhnliche Lösungsansätze aufzugreifen und diese weiter zu entwickeln),
- Fähigkeit, in einer kurzen Zeit eine große Anzahl von Lösungsansätzen und Assoziationen zu entwickeln,
- hohes Informationsverarbeitungspotenzial,
- Kommunikationsfähigkeit,
- hohe Leistungs- und Lernmotivation,
- Erfolgsmotivation,
- Durchsetzungskraft.

Das gemeinsame und stark ausgeprägte Vorkommen aller Kreativität fördernder Merkmale und Verhaltensweisen kommt äußerst selten vor. Wenn überhaupt, sind diese Eigenschaften bei Genies vorzufinden. Die Merkmale, Fähigkeiten und Verhaltensweisen kreativer Menschen sind zwar anlage-, umwelt- und erziehungsbedingt mehr oder weniger stark ausgeprägt, sie können aber, wie oben erläutert, bis zu einem gewissen Grade angeregt und erlernt werden.

Der kreative Prozess

Besonders auf der Grundlage psychologischer Untersuchungen konnte das Verhalten und die Prozesse, die zur Kreativität führen, näher beschrieben werden. Zur Erläuterung des Ablaufs eines kreativen Denkprozesses wird oft auf die Vier-Phasen-Theorie von *Guilford* (1950) und das Modell von *Walles* (1926) zurückgegriffen. Diese theoretischen Grundlagen bilden den Ausgangspunkt einer Vielzahl von Modellen, die sich alle in ihrer Phasenbeschreibung ähneln. So unterscheidet *Marr* (1973) folgende Phasen kreativen Denkens:

* Problemformulierung,
* Informationssammlung,
* Inkubation (Entfernung, Verfremdung),
* Problemlösungsversuch durch Informations(um)strukturierung,
* Frustration,
* Entspannung,
* Inspiration,
* Realisierung, Überprüfung, Bewertung, Auswertung, Bekanntgabe der Problemlösung.

Guntern (1991) dagegen gliedert den Prozess in sieben Phasen. Häufiger anzutreffen ist jedoch – wie auch die aktuelle Literatur zeigt (siehe z. B. *Di Renzo* 2000, *Marcharzina* 2004, *Meißner* 1999, *Schaude* 1995, *Schlicksupp* 2004 I, *Uebele* 1992, *Vahs* 2005) – die Einteilung des Ablaufs kreativer Denkprozesse in drei bzw. vier Phasen. So haben *Geschka/Reibnitz* (1977) das Modell von *Walles* abgewandelt und unterscheiden in ihrem besonders gängigen Modell drei wesentliche Phasen (vgl. Abb. 3).

In der **Vorbereitungsphase** (auch als **logische Phase** bezeichnet) erfolgt ausgehend von der Problemstellung die Problemanalyse. In dieser Phase wird das Problem erkannt, d. h. das Problem wird begrenzt, genau definiert, in seine Merkmale zerlegt und analysiert. Dazu gehört auch die Sammlung und Suche nach benötigten Informationen.

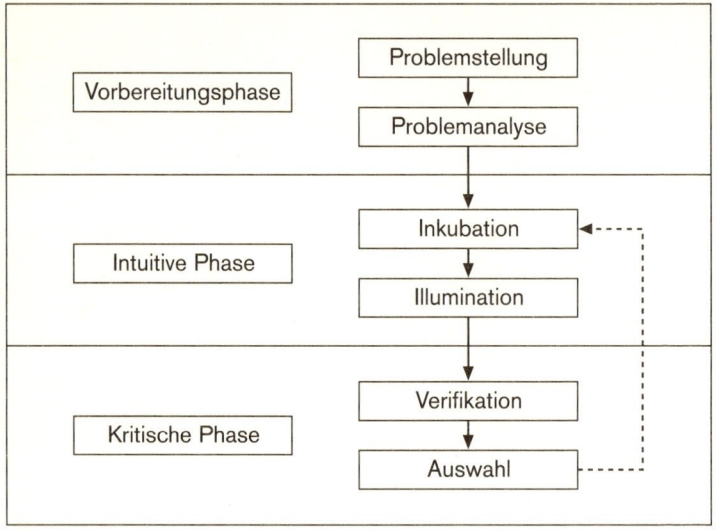

Abb. 3: Der kreative Prozess

Mit dem Festlegen des genau definierten Problems tritt die kreative Person in die zweite Phase, die **intuitive Phase**, über, die von besonderem Wert ist. Sie besteht aus der Inkubationsphase (Entfernung, Verfremdung) und der Illuminationsphase (Erleuchtung). Während in der Inkubationsphase als Phase des unbewussten Problemwälzens die Probleme verarbeitet und kreative Ideen entwickelt werden, erfolgt in der Einsichtsphase das „aha"-Erlebnis bzw. die Problemlösung. Hier werden bedeutsame Elemente und Kombinationen erkannt und treten ins Bewusstsein ein.

Der Erfolg der intuitiven Phase hängt somit von der Fähigkeit einer Person ab, das Unterbewusstsein anzuregen. Das Unterbewusstsein ermöglicht uns, intensiv im Langzeitspeicher zu suchen, während sich bewusste Denkprozesse auf das so genannte „evoked set" im Kurzzeitspeicher beschränken (*Berth* 1981). Zur Problemlösung ist es während der Inkubation wichtig, sich möglichst nicht permanent mit dem Problem zu beschäftigen, sondern einen gewissen Abstand vom Problem zu erreichen. Unbewusste Prozesse helfen demnach beim Lösen von festgefahrenen Lösungsansätzen. Die Entdeckung eines Lösungsansatzes während der Illumination wird wesentlich durch eine entspannte Atmosphäre und einen harmonischen Zustand der problemlösenden Person gefördert.

Der ständige Wechsel zwischen bewussten und unbewussten Prozessen wird durch das Nebeneinander der verschiedenen Bewusstseinsschichten des Menschen, dem Unterbewusstsein, Vorbewusstsein und Bewusstsein, ermöglicht. Unser Handeln und Denken ist stets von allen drei Schichten beeinflusst. Allerdings ist ihr Anteil, da die Übergänge zwischen den Schichten fließend sind, bei jedem Menschen unterschiedlich ausgeprägt. Weil sich in der intuitiven Phase das Unterbewusstsein mit einem Problem beschäftigen kann, während das Bewusstsein sich anderen Dingen zuwendet, sollte diese Fähigkeit gezielt ausgenutzt und gefördert werden.

Die abschließende Phase des kreativen Denkprozesses ist die **kritische Phase** (Verifikation/Auswahl). Hier werden die Ideen hinsichtlich ihrer Verwertbarkeit zur Problemlösung verfolgt, analysiert und bewertet. Als Bewertungskriterien können genutzt werden: Neuheit, im Sinnen von statistischer Ungewöhnlichkeit und Seltenheit, Richtigkeit und Brauchbarkeit, im Sinne von Wirksamkeit.

Das kreative Umfeld

Die persönliche Situation eines Menschen und sein Umfeld, zwischen denen vielfältige Beziehungen bestehen, haben auf die kreative Ideenfindung einen großen Einfluss. So reagiert ein kreativer Mensch mit großer Sensibilität auf Veränderungen, Zwänge und Spannungen. Diese sind aber häufig Auslöser des kreativen Prozesses und dürfen den kreativen Menschen deshalb nicht in seinem kreativen Handeln behindern.

Ein Mensch, hier insbesondere auch die Mitarbeiter in Unternehmen, entwickeln am besten kreative Ideen, wenn ihnen eine entspannte Gesamtatmosphäre geschaffen wird, ausreichend Aktivierung und Motivation vorausgesetzt. Dadurch findet der menschliche Verstand unter Einbeziehung seines vorhandenen Wissens genügend Freiräume für kreative Leitungssteigerung. Hierbei beeinflusst das Umfeld die kreative Person bzw. seine Ideenfindung durch die örtlichen und sozialen Gegebenheiten, wie Raumgestaltung, Geräuschbelästigung und Ablenkung durch andere Mitarbeiter erheblich.

So benötigen kreative Menschen ständig neue Anregungen und Eindrücke. Ideen werden daher am geeignetsten entwickelt, wenn die Möglichkeit zu permanentem Gedankenaustausch eingeräumt und der Zugang zu den relevanten Wissensquellen ermöglicht wird. Zudem sollte eine ungehinderte Kommunikationsfähigkeit gewährleistet sein sowie die interdisziplinäre Kooperation gepflegt und intensiviert werden.

Neben diesen kommunikativen Aspekten sind jedoch auch die sozialen Bedingungen bei der Kreativitätssteigerung wichtig. Hierzu gehört beispielsweise eine in gewisser Hinsicht notwendige Harmonie unter den Mitarbeitern und eine entspannte Arbeitsatmosphäre, in der sich ein kreativer Mensch geborgen fühlt.

Die Grundlage für kreatives Verhalten kann in Unternehmen bereits durch eine kreativitätsfördernde Unternehmensorganisation erreicht werden. Fördernd auf die Ideenfindung wirken sich ein partizipativer Führungsstil und die weitestgehende Vermeidung von Einengungen durch erlassene Regeln und Normen aus. Auch die Bildung von Kleingruppen und die Vermeidung hoher Spezialisierungsgrade der Tätigkeiten bewirkt ein kreativitätsförderndes Umfeld. Soziale Beziehungen innerhalb einer Gruppe sind für kreative Menschen zwar wichtig, doch muss gewährleistet sein, dass ein kreativer Mensch in seinem Arbeitsgebiet genügend Möglichkeit besitzt, ungestört und individuell arbeiten zu können.

Den größten Einfluss umfeldbezogener Kriterien auf die Kreativität weisen nach einer immer noch zeitgemäßen Grundsatzarbeit von *Quiske, Skirl* und *Spieß* (1972) gesellschaftliche und kulturelle Normen und Werte auf. So verdrängt nach ihren Untersuchungen ein zwanghaftes Anpassen an die gesellschaftlichen Normen das Ungewöhnliche und damit kreative Ideen. Dass Normen und Werte gegenwärtig immer noch eine besondere Bedeutung aufweisen, ermittelte z. B. *Di Renzo* in seiner Arbeit (2000).

Bezogen auf die Unternehmensebene können sich als Reaktion auf ein zwanghaftes Anpassen eine Reihe von kreativitätshemmenden Wirkungen ergeben. Nach der von *Quiske, Skirl* und *Spieß* bereits 1972 getroffenen Unterscheidung lassen sich folgende vier grundsätzliche Wirkungen erklären:

(1) Verdrängung von Ideen und Bedürfnissen: Der Mensch resigniert und betrachtet seine Kreativität nicht nur als wirkungslos, sondern sogar als Hemmnis auf Wege zu größerer sozialer Anerkennung.

(2) Regression: Der Mensch zieht sich auf eine andere Ebene der Äußerungsmöglichkeit zurück, bedient sich des Rollenspiels, wie z. B. der Kinderrolle oder des Witzes, um ungewöhnliche Ideen äußern zu können. So wird Humor häufig als ein Zeichen ausgeprägter Kreativität angesehen.

(3) Sublimierung: Der Mensch sucht nach anderen Betätigungsfeldern, um seine Kreativität auszuleben, wie beispielsweise die Kunst, Musik oder Literatur.

(4) Rationalisierung: Der Mensch sucht nach glaubhaften Begründungen für sein ungewöhnliches Verhalten, die jedoch nicht mit seinen ursprünglichen Motiven übereinstimmen.

Statt das kreative Potenzial für Zwecke des Unternehmens einzusetzen, wird von kreativen Menschen bei den beschriebenen Reaktionen auf zwanghaftes Anpassen versucht, die Kreativität in anderer Form, sozusagen verdeckt freizusetzen. Trotzdem bleibt zumeist ein Gegendruck der kreativen Menschen bestehen, der von Unternehmen bewusst genutzt werden kann und so den Mitarbeitern die Möglichkeit gibt, diese kreative Energie für die Durchsetzung der Unternehmensziele einzusetzen.

Kapitel 2: Möglichkeiten der Kreativitätssteigerung

Kreativitätshemmende Einflussfaktoren

Kreativitätshemmende Einflussfaktoren, welche die Wirkung der Persönlichkeit des Menschen, seine Fähigkeiten und das Umfeld auf die Kreativitätsentfaltung negativ beeinflussen, zeigen sich besonders deutlich in den so genannten Kreativitätssperren. Diese können eine Person kurzfristig oder dauerhaft in ihrer Kreativität behindern. Es lassen sich sieben wichtige Gruppen von Kreativitätssperren unterscheiden (*Johansson* 1997):

(1) Auffassungssperren: Sie sind während der Problemanalyse und Problemabgrenzung anzutreffen und entstehen dadurch, dass eine Person oder eine Gruppe von Personen Schwierigkeiten haben, ein Problem zu isolieren bzw. dass ein Problemfeld zu eng begrenzt wird. Weiterhin treten Auffassungssperren durch die Unzulänglichkeit von Personen, ein Problemgebiet von verschiedenen Seiten zu betrachten, vorzeitig auszuwerten bzw. auch durch ein Informationsüberangebot auf.

(2) Emotionale Sperren: So können die Persönlichkeit des problemlösenden Menschen und der Einfluss des Umfeldes verantwortlich für die Ausprägung von Gefühlszuständen sein, welche die Kreativität hemmen. Untersuchungen zeigten, dass sich emotionale Sperren besonders oft durch Desinteresse, Übermotivation, Furcht vor Fehlern, Risiko und Misserfolg sowie die Unfähigkeit, sich zu entspannen bildeten.

(3) Kulturelle Sperren: Die Beziehungen, Werte und Normen zwischen dem Menschen und der Gesellschaft sind ausschlaggebend für kreatives Handeln und Denken. So resultiert aus Klischee-Denken und dem Beachten von Normen, dass jeder kreative Lösungsansatz mit einer entsprechenden gesellschaftlichen Wertung und einem erzeugten Konformitätsdruck überlagert wird. Zudem verhindert der Drang nach Vernunft und Logik, der un-

serer Gesellschaft innewohnt, das Umkehren von gewohnten Grundsätzen und die Suche nach außergewöhnlichen Lösungen. Aber auch das Pflegen der Traditionen verbindet jede Vision mit Vergangenem und schließt so oft echte Neuerungen aus.
Tabus und gesellschaftliche Schranken verhindern darüber hinaus die Beschäftigung mit Bereichen, aus denen fruchtbare Ideen entstehen könnten.
Aber auch das eigene, persönliche Wertesystem kann Kreativitätshemmnisse herbeiführen. Das persönliche Wertesystem und die persönlichen Einstellungen müssen bei der Beschäftigung mit neuen Gedanken eventuell umgeworfen werden. Dies bedarf einer erheblichen Kraftanstrengung und Ungebundenheit. Zur Erzeugung von außergewöhnlichen Ideen ist dieses Loslösen jedoch ein notwendiger Schritt.

(4) Umweltsperren: Die sozialen und organisatorischen Einflüsse eines Systems, hier im Speziellen die eines Unternehmens, üben einen nicht unerheblichen Einfluss auf die Kreativität aus und können zu wesentlichen Hemmnissen führen. Zu den sozialen unternehmensbezogenen Hemmnissen sind zu zählen:
- der Mangel an Kooperationsbereitschaft und an Vertrauen unter den Kollegen,
- persönliche Konflikte,
- starker Leistungsdruck,
- eine mangelnde Toleranz gegenüber den Besonderheiten innovativer Methoden,
- eine mangelnde Unterstützung durch die Geschäftsleitung bei der Ideenrealisierung.

Zu den unternehmensbezogenen organisatorischen Hemmnissen der Kreativität sind zu zählen:
- die Problematik eines zu hierarchisch aufgebauten Unternehmens,
- ein autoritärer Führungsstil und
- ein zu starres Führungssystem.

Aber auch ökonomische Einschränkungen, wie die Knapphcit an Sachmitteln, Geld und Zeit, können einen nicht unerheblichen kreativitätshemmenden Einfluss bewirken.

(5) Intellektuelle Sperren: So wird beispielsweise der kreative Prozess nicht erfolgreich sein, wenn bei den Mitarbeitern ein Informationsdefizit vorliegt, falsche Kreativitätstechniken im Unternehmen angewendet werden oder unrealistische Zielsetzungen von der Geschäftsleitung ausgegeben werden.

(6) Ausdruckssperren: Ausdruckssperren sind ursächlich für die fehlende oder mangelnde Kooperations- und Kommunikationsfähigkeit der Personen. Aber auch ein organisatorisch bedingter Mangel an Kommunikationsfähigkeiten wirkt sich hemmend aus.

(7) Phantasiesperren: Phantasiesperren, die in der Psyche des Menschen begründet sind, führen dazu, dass bewusste oder unbewusste Denkprozesse nicht gleichermaßen genutzt und anerkannt werden. Daraus können Probleme bei den Mitarbeitern resultieren, wie die Furcht vor dem Unbewussten, der Mangel an Zugang zu imaginären Denken oder das Unvermögen, Phantasie von der Realität zu trennen.

Ideenkiller

Viele Ideen stoßen, auch wenn sich später ihr Erfolg herausstellen sollte, auf unternehmensinterne Widerstände, die so genannten Ideenkiller.

Ideenkiller sind Bemerkungen, d. h. Aussagen und Fragestellungen, die den Erfolg einer Kreativitätssitzung bzw. der Ideenrealisierung nachhaltig beeinträchtigen können.

Sie sollten bei einer Kreativitätssitzung unbedingt vermieden werden. Ideenkiller verbindet miteinander, dass sie autoritär wirken und nicht angegriffen werden können bzw. vereinzelt nicht angegriffen werden dürfen.

Um von vornherein solchen Widerständen oder geäußerten Bemerkungen schon entgegentreten zu können, gebe ich hier einen Überblick über verbreitete Aussagen, die Ideen abwürgen:
- Das mag zwar theoretisch richtig sein, aber ...
- So haben wir das noch nie gemacht.
- Zu unmodern!
- Zu modern!

- Damit kommen wir nicht durch!
- Zu akademisch!
- Wollen Sie dafür die Verantwortung übernehmen?
- Das ist doch seit langem bekannt.
- Ob wir dafür jemanden begeistern können?
- Viel zu teuer!
- Wem ist das denn eingefallen?
- Aus Erfahrung kann ich Ihnen sagen, das geht nicht!
- Seit 20 Jahren hat sich das bewährt und auf einmal soll das nicht mehr taugen?
- Dafür sind wir zu klein!
- Dafür sind wir zu groß!
- Was sollen die Kunden darüber denken?
- Lassen Sie uns ein anderes Mal darüber reden.
- Das geht uns (fachlich) nichts an.
- Damit müssen wir einen Ausschuss beauftragen.
- Kunden wollen das nicht!
- Technisch nicht durchführbar!
- Das wird die Leitung nie akzeptieren.
- Wir warten erst mal ab!
- Dafür sind wir nicht zuständig!
- Da müssen wir erst einmal eine Untersuchung vornehmen!
- Wir haben nicht genug Personal!
- Wenn Sie das gut finden, warum hat noch kein anderer es gemacht?
- Für dieses Vorhaben haben wir keine Zeit!
- Selbstverständlich – Sie wissen es besser!
- Sie sehen das Problem nicht.
- Als Experte kann ich Ihnen sagen ...
- Dafür haben wir kein Geld!
- Seien Sie erst mal einige Jahre hier!
- Das bringt doch nichts!
- Zu wissenschaftlich!
- Verstehen Sie unser Problem?
- Es wird nicht funktionieren!
- Derzeit laufen zu viele Projekte.
- Lassen wir erst einmal einige Tests machen.

- Ja, wenn das so einfach wäre!
- Dafür ist die Zeit noch nicht reif!

Aber nicht nur verbale Bemerkungen können den Erfolg einer Kreativitätssitzung nachhaltig beeinträchtigen. Die negative Wirkung der Körpersprache, also der Gestik und Mimik, ist mindestens genauso tief greifend. Unbedingt zu vermeiden sind damit auch nicht verbale Bemerkungen (so genannte Killerfaces) wie:

- Gelangweilt um sich schauen.
- Sich absichtlich anders beschäftigen.
- Abwenden.
- Demonstrativ lächeln.
- Die Idee abwinken.
- Entsetzt schauen.
- Hände vor das Gesicht schlagen.

Personenbezogene kreativitätsfördernde Maßnahmen

Von der Vielzahl von kreativitätsfördernden Maßnahmen sollen hier einige wesentliche erläutert werden. Dabei wird auch auf die Erläuterungen von Maßnahmen zur Kreativitätssteigerung des ersten Kapitels verwiesen. Grundsätzlich lassen sich drei wesentliche Maßnahmengruppen zur Steigerung der Kreativität und zum Abbau von Kreativitätshemmnissen für Unternehmen unterscheiden. Zum einen die personenbezogenen Maßnahmen, zum anderen die unternehmensexternen, umweltbezogenen Maßnahmen und zum dritten unternehmensinterne Maßnahmen zur Steigerung der Kreativität. So lassen sich nach den für die theoretische Begriffsabgrenzung immer noch wichtigen Untersuchungen von *Preiser* (1976) folgende kreativitätsfördernde personenbezogene und umweltbezogene Maßnahmen aufführen (vgl. auch die Ausführungen von *Delhess* 1998, *Fischer/Breisig* 2000, *Schmeisser* 1986):

Aktivierung kreativen Potenzials: Zur Aktivierung des kreativen Potenzials ist der Person in ihrem Anwendungsbereich eine Situation zu verschaffen, die einerseits anregend, abwechslungsreich, vielseitig, mit komplexen Reizen ausgestattet ist, deren Umwelt andererseits aber einen Menschen nicht überfordert und durch seine Reizflut übersättigt. Extreme Situationen, insbesondere Monotonie am Arbeitsplatz und Reizüberflutung, sind daher zu vermeiden.

Enthemmung psychologischer Barrieren: Eine Steigerung des kreativen Potenzials wird durch Enthemmung psychologischer Barrieren der Problembeschäftigung erreicht. Maßnahmen zur Erreichung dieses Ziels sind die Förderung von Selbstbewusstsein und Sicherheit eines Menschen. Erreicht werden kann dies beispielsweise durch den Abbau der Angstgefühle vor Misserfolg, den Abbau von Stress und Zeitdruck. Aber auch die Akzeptierung der Person und das Anerkennen unterdrückter Gefühle, wie Aktivität und Aggressivität, bauen Barrieren ab. Weiterhin sollte die Aufhebung scharfer Grenzziehung zwischen Arbeit und Spiel und eine Reduzierung von Leistungsdruck und Erfolgsorientierung erreicht werden, sodass keine Angst vor Misserfolg, Fehlern und Risiken aufkommen kann. Zudem sollte auf Perfektion und Überbetonung logischer Denkprozesse verzichtet und spöttische und abwertende Äußerungen vermieden werden.

Motivierende Bedingungen schaffen: Kreative Personen sind *intrinsisch* (aus dem Menschen kommend) zu motivieren und *extrinsisch* (aus dem Umfeld des Menschen kommend) durch Lob zu belohnen. Tadel sollten dagegen möglichst nicht ausgesprochen werden. Weiterhin ist das Selbstwertgefühl zu fördern und Motivation durch Selbsterfahrung zu stärken, etwa durch Experimentieren, Fragen, Verändern von Materialien, Begriffen, Ideen. Zudem sollte das Austesten der eigenen Grenzen gefördert werden sowie die Sensibilisierung für die Probleme der Umwelt geschärft werden.

Förderung der Unabhängigkeit: Eine weitere grundsätzliche Maßnahmengruppe zur Kreativitätssteigerung stellt die Förderung der Unabhängigkeit als Persönlichkeitsmerkmal dar. Hierdurch erreicht man, dass eine Person sich gegen aktivitätshemmende Einflüsse, die etwa von sozialem Druck erzeugt werden, durchsetzen kann. Die Förderung der Unabhängigkeit bei der Kreativitätsaktivierung wird auch durch die Reduzierung des Konformitätsdrucks enger sozialer Werte und Normen, wie beispielsweise autoritäre Führungsansprüche, Diskriminierung abweichenden Verhaltens und andersartiger Persönlichkeiten, Berücksichtigung persönlicher Besonderheiten und Interessen sowie Geschlechterrollen erreicht.

Unternehmensbezogene kreativitätsfördernde Maßnahmen

Wichtige kreativitätsfördernde unternehmensinterne Maßnahmen sind dagegen:

Verbesserung des Arbeitsklimas: Positiv auf die Ideenfindung wirkt sich ein Arbeitsklima aus, das durch Erneuerungswillen und Problemlösungsbereitschaft gekennzeichnet ist. Dem Mitarbeiter sollte dabei Gelegenheit gegeben werden, eigenen Ideen nachgehen zu können, eventuell sogar die Idee bis zur Patentreife verfolgen zu können.

Anforderungen an ein entspanntes Arbeitsklima sind z. B. nach *Schlicksupp* (1986) bzw. *Bullinger* (2000):
- Entwickle Vertrauen in die Mitarbeiter.
- Mache Mut zu ungewöhnlichem Denken.
- Eingestehen, dass jeder Mensch Fehler machen kann.
- Offenheit und zwar soviel, wie man von anderen an sich erwartet.

Die Schaffung einer kreativen Atmosphäre ist auch bei der Teamarbeit äußerst wichtig. Es gilt hier, eine Atmosphäre zu schaffen, die alle Teilnehmer anregt, auch unkonventionelle Gedanken bzw. auch nur Ahnungen, wie ein Problem gelöst werden kann, zu äußern. So sollte Teamarbeit nicht in getrennten Räumen, sondern in einem Raum stattfinden. Ein gemeinsamer Arbeitsraum vermittelt den Teilnehmern ein Zusammengehörigkeitsgefühl des Teams. Dabei sollte bei der Raumausstattung darauf geachtet werden, dass sich z. B. keine Schreibtische im Arbeitsraum befinden, die sonst unbewusst Barrieren aufbauen.

Wichtig erscheint, darauf hinzuweisen, vorhandene Hemmungen nicht zu unterschätzen. Eine entspanntere Atmosphäre kann bereits dadurch erzielt werden, dass eine aufgelockerte Kleiderordnung erlaubt ist, Musik im Hintergrund spielt oder Getränke und ein Imbiss gereicht werden. Ein anderes Mal wird bei einer Ideensitzung zur Auflockerung mit einem Märchen begonnen. Sich nur hinzusetzen und zuzuhören genügt, damit sich durch die Kraft des Märchens eine entspannte Situation ergibt. Dabei reicht oft das Erzähltalent eines guten Märchenerzählers aus, um eine Atmosphäre der Ruhe zu schaffen. Die Möglichkeiten sind vielfältig, ein für die Kreativitätssteigerung entspanntes Feld zu schaffen.

Verbesserung des Führungsverhaltens: Eine weitere wichtige Maßnahme stellt eine Verbesserung des Führungsverhaltens dar. Förderlich ist ein Führungsverhalten, das sich an modernen Führungsmodellen orientiert, wie Management by Delegation, Management by Objectives, Management by Motivation etc. Verallgemeinernd kann kreativitätsförderndes Führungsverhalten mit der Aussage „Freiheit unter Verantwortung" gekennzeichnet werden. Im Einzelnen zeichnet sich modernes Führungsverhalten durch einen mitarbeiterorientierten kooperativen Führungsstil, kooperatives, vorurteilsfreies Zusammenwirken zwischen Vorgesetzten und Mitarbeitern, aber auch zwischen den Mitarbeitern aus. Dazu gehört auch die Delegation (Übertragung) von Entscheidungsfreiheit und Verantwortung an die Mitarbeiter, sodass ein größerer, eigener Verantwortungsbereich besteht. Weiterhin sollte den Mitarbeitern eine hohe Sicherheit über den eigenen Status gegeben werden, sodass die Änderungsbereitschaft der Personen geweckt wird. Auf Personalfreisetzungen wegen erfolgreicher Ideenumsetzungen sollte möglichst vermieden werden. Nur so können bestehende Widerstände gegen Neuerungen abgebaut werden.

Förderlich sind zudem mehr Anerkennung neuer Ideen durch die Vorgesetzten, die Gelegenheit, eigenen Ideen nachgehen zu können sowie Toleranz gegenüber Fehlschlägen und Misserfolgen. So ist die oftmals zu beobachtende Brandmarkung derjenigen, die mit missglückten Ideen verbunden werden, ein Faktor, der klar verstanden wird und sich lang und nachhaltig auf die Mitarbeiter auswirkt. Nur sehr langsam kann risikofreudiges Verhalten wieder entstehen. Misserfolge sind vielmehr positiv zu werten und als Chance zum Lernen anzusehen. Nur wenn in Unternehmen die Risikobereitschaft besteht, neue Wege zu gehen, die aber Irrwege oder Sackgassen sein können bzw. zumeist sind, erhält man die Chance, überproportional Ideen zu finden und verwirklichen zu können.

Kreativitätssteigerung durch Verbesserung der Aufbau- und Ablauforganisation:

- Fördernd auf die Kreativität wirkt sich eine Matrixorganisation aus, deren Gliederung nach Verrichtungsarten und nach Produkten oder Kunden etc. erfolgt.
- Die Organisation sollte für neue Ideen durchlässig sein. Kreative Personen benötigen in einer Unternehmenshierarchie Förderer (auch Sponsoren, Paten oder Machtpromotoren genannt), da sie mehrheitlich nicht über genügend Anordnungs- bzw. Machtbefugnis verfügen. Neue Ideen stoßen oft in den Hierarchieebenen von Organisationen auf Widerstände, denn mit den Ideen können Veränderungen der gewohnten Abläufe einhergehen. Es kommt zumeist zu einem Kräftemessen. Die Installierung von Gegengewichten, so genannten Ideenträgern, kann hier Abhilfe schaffen. Eine durchlässige Organisation erlaubt zudem den Kontakt von Ideenträgern und Ideendurchsetzern auch außerhalb des Dienstweges auf informeller Basis.
- Minimierung bürokratischer Abläufe, wie z. B. vieler Vorschriften und Regeln sowie der strengen Einhaltung der Instanzenwege.
- Verringerung der weitgehenden Standardisierung der Abläufe, die zu gewohnheitsmäßigen Erstarrungen führen und damit spontanes Verhalten verhindern.
- Aufbau einer offenen Kommunikation, in der ein Höchstmaß an Informationsversorgung auch an untere Hierarchieebenen besteht.
- Permanentes Infragestellen des Bestehenden.
- Leistungsgerechtes Gehalt.
- An wissenschaftlichen und praktischen Erkenntnissen orientierte moderne Arbeitsgestaltung, d. h. Förderung der Arbeitszufriedenheit und moderne Arbeitsstrukturierung, wie Job En-

richment (Arbeitsbereicherung), teilautonome Gruppenarbeit (selbststeuernde Gruppen), die als die wichtigsten Maßnahmen angesehen werden können, Job Rotation (systematischer Arbeitsplatzwechsel) und Job Enlargement (Arbeitserweiterung).

- Weniger Komitees und Arbeitsausschüsse, die häufig neue Vorhaben und Ideen zerreden, dafür die Forderung nach mehr Projektarbeit.

- Günstige Arbeitsbedingungen (Arbeitsmittel, personelle Unterstützung) sowie Arbeitsplatzsicherheit.

Kreativitätssteigerung durch Förderung der Mitarbeiter:

- Durchführung von Kreativitätstraining und Verhaltenstraining.

- An sozialen Fähigkeiten und Einstellungen orientierte Beförderung.

- Fort- und Weiterbildungsmöglichkeiten.

- Abwechslungsreiche und herausfordernde, die Fähigkeitsentfaltung fördernde Tätigkeit und weniger Routinearbeiten.

- Aufstiegsmöglichkeiten.

- Anregende Zusammenarbeit mit den Kollegen durch Teamarbeit oder arbeitsplatzübergreifende Aufgaben.

- Möglichkeit, sich in der Fachwelt einen Ruf zu verschaffen. Allein die verstärkte Möglichkeit, sich mit der fachlichen Umwelt, wie z. B. auf Messen, Kongressen oder Gesprächsrunden auseinander zu setzen, erhöht den Input für kreative Prozesse und kommt so letztendlich auch dem Unternehmen bzw. der Organisation zugute.

Kreativitätssteigerung durch eine kreativitätsfördernde Unternehmenskultur: Eine kreativitätsfördernde Unternehmenskultur (Unternehmenskultur verstanden als die Gesamtheit aller Wertvorstellungen, Denkhaltungen und Normen, die das Verhalten der Mitarbeiter und somit das Bild des Unternehmens prägen) zeichnet sich durch einen hohen Stellenwert der Kreativität im sichtbar gelebten Wertesystem aus. Hierbei darf kein Zweifel aufkommen, dass Kreativität ein erstrebenswertes Ziel für das Unternehmen und die Mitarbeiter ist. In Selbstdarstellungen nach innen und außen sollte daher beispielsweise bei Gesprächen und Besprechungen (auch nach außen) häufig Bezug auf Kreativität genommen werden. Weiterhin zeichnet sich eine kreativitätsfördernde Unternehmenskultur dadurch aus, dass kreatives Verhalten belohnt wird, etwa durch Auszeichnungen, Übertragung weiterer kreativ lösbarer Problemstellungen, die Schaffung von Freiräumen sowie eine weitgehende Unterstützung. Andere Möglichkeiten die Kreativität in die Unternehmenskultur zu verankern sind beispielsweise das Anbringen „Schwarzer Bretter", die sich ausschließlich mit dem Thema Kreativität auseinandersetzen, das Anfertigen von Berichten über besondere Erfolge (etwa in der Betriebszeitung). Aber auch die Veröffentlichung von Namen und deren Erfolge sowie die Institutionalisierung von Wettbewerben um die besten Ideen führen zu einer verstärken Einbeziehung der Kreativität in die Unternehmenskultur. Eine weitere Möglichkeit wäre das Anbringen von Plakaten mit Beispielen von Problemen und genügend freier Platz, um Lösungsansätze einzutragen. Zu denken ist etwa auch an einen so genannten Kummerkasten, in den sowohl positive als auch negative Äußerungen (auch anonym) eingeworfen werden können.

Kreative Menschen benötigen zudem ein Unternehmensumfeld, wo nicht bestraft wird, wenn Geld ausgegeben wird, sondern vielmehr Veränderungen belohnt werden. Dazu gehört auch, dass das Recht zum Experimentieren in der Unternehmenskultur integriert wird. Die Gewährleistung der richtigen Mischung aus Systematik und Chaos, aus Freiräumen und Kontrolle, also Widersprüchliches, ist ein idealer Nährboden für Kreativität.

Erlernbare Regeln für kreatives Denken

Wie im ersten Kapitel dargestellt, kann Kreativität bis zu einem gewissen Grade aktiviert und erlernt werden. Im Übungsteil sind dazu eine Vielzahl von Aufgaben und Spielen angeführt, die helfen können, kreatives Verhalten zu steigern. Die Übungen sind Bildung, Unterhaltung und Anregung zugleich und sollen dazu beitragen, die für Kreativität wichtigen Eigenschaften wie schöpferische Phantasie, Vorstellungsvermögen, Unterscheidungsvermögen, geistige Flexibilität sowie Steigerung der Assoziationsfähigkeit und des Kombinationsvermögens zu fördern.

Mögliche Regeln zur Kreativitätssteigerung sind in den Kreativitätstechniken in mehr oder weniger ausgeprägter Form und Anzahl wieder zu finden. Neben den im Übungsteil darstellten Möglichkeiten zur Kreativitätssteigerung, sind beispielsweise folgende Methoden zu nennen.

So ist ein oft vorkommender Fehler beim kreativen Denken, dass an einer vorgefassten Meinung, am ersten Eindruck oder einem Vorurteil festgehalten und nicht über den Tellerrand hinausgeschaut wird. Wenn man glaubt, eine gute Lösung gefunden zu haben, vergeudet man keine Zeit mit der Suche nach anderen Lösungen. Je intelligenter ein Mensch ist, desto eher wird er sich so verhalten. Für dieses als Intelligenzfalle bezeichnete Verhalten (*De Bono* 1995) wurde eine Methode entwickelt, die es auch intelligenten Personen ermöglicht, ohne Gesichtsverlust zu handeln und ohne Vorurteil auch andere Lösungswege zu erkennen. Diese Methode wird als PMI-Methode bezeichnet (*De Bono* 1995).

Dabei steht P für plus oder positive Lösungen, M für minus oder negativ und I für interessant. Beispielsweise sind für die Frage: „Sollen die Telefonhäuschen gelb angestrichen werden?" folgende Äußerungen denkbar. Positive Äußerungen sind z. B., gelbe Telefonhäuschen sind leichter von der Straße aus zu sehen, nachts besser erkennbar, besser anzustreichen etc. Negative Äußerungen könnten sein, gelbe Telefonhäuschen seien langweilig, haben ein negatives Image etc. Interessante Äußerungen wären beispielsweise, interessant zu beobachten, wer den Vorschlag unterstützt, interessant zu sehen, ob die Mehrheit dies befürworten würde etc. Diese Frage mag einfach sein, aber im Unternehmensalltag gibt es eine Fülle von Fragen, wie: „Soll die EDV-Abteilung zentral oder dezentral organisiert werden?", „Auf welche Zukunftsmärkte sollen wir uns konzentrieren?", die einer kreativen Lösung bedürfen.

Die PMI-Methode sollte insbesondere auch in Fällen eingesetzt werden, die unkompliziert sind und bei denen die Lösung praktisch ins Auge springt. Unsere natürliche Neigung ist es, schnell eine Lösung zu entwickeln und diese dann vehement zu verteidigen.

Eine weitere Methode ist das beabsichtigte Suchen nach bzw. Denken in Alternativen. Die Regel, Alternativen zu suchen, widerspricht unserem natürlichen Naturell, möglichst schnell eine Lösung zu suchen und unterstützt die Findung neuer Ideen. Selbst bei einfach anmutenden Problemen erhöht das Denken in Alternativen damit die Findung neuer Ideen. Ähnliches gilt für die Bildung von Analogien, die im Rahmen der Kreativitätstechniken ausführlich erläutert werden (vgl. auch die Darstellung der Methoden in Kapitel 4).

Aber auch die zufällige Stimulierung über Reizwörter, die wesentliches Merkmal der Synektik-Methode und deren Abwandlungen ist, kann als Methode angewandt die Ideenfindung steigern. So rufen eine zufällige Zahl, ein zufälliges Wort, ein zufälliger Gegenstand oder eine Person spontane Reize hervor, die gezielt eingesetzt eine Problemlösung bewirken. Beispielsweise wurde das Wort Schlange zufällig ausgewählt (die Zufallswahl könnte etwa dadurch erreicht werden, dass eine Seiten- und Zeilenzahl eines Lexikons genannt wurde) und soll als Auslöser für neue Ideen beim Anwendungsgebiet Boot dienen. So könnte man als Lösung auf die Idee kommen, die schlangenförmige Fortbewegungsart für den Antrieb von Booten zu nutzen.

Wichtig ist hier, dass das zufällig ausgesuchte Wort oder die Person auch genommen und auf keinen Fall durch ein anderes Wort oder eine andere Person ausgetauscht wird (eine zufällige auszuwählende Person könnte aus einer Zeitschrift gefunden werden, etwa durch Angabe einer Seitenzahl).

Darüber hinaus kann die Anerkennung positiver Erfahrungssätze in Unternehmen einen nicht unwesentlichen Beitrag zur Kreativitätssteigerung bringen. Wichtige positive Erfahrungssätze sind beispielsweise:

- Entwickle Vertrauen in die Mitarbeiter!
- Mache Mut zum ungewöhnlichen Denken!
- Gestehe ein, dass jeder Mensch Fehler machen kann!
- Zeige Offenheit, und zwar soviel, wie man von anderen an sich erwartet.

- Beobachte die Umwelt, auch wenn man wenig Neigung dazu verspürt!
- Pflege Kontakte zur Fachwelt und anderen Wissensträgern!
- Schaffe Beteiligung an Forschungskooperationen!
- Denke in Alternativen!
- Stelle permanent das Bestehende in Frage und analysiere es!
- Denke auch nach Rückschlägen positiv und sei stets konzentriert!
- Behalte den Humor!
- Fördere und prüfe Vorschläge, Ideen, Kritiken!
- Belohne diese, auch wenn sie nicht weiter verfolgt werden!
- Institutionalisiere die Kreativität, etwa durch Intrapreneurship (Unternehmer im Unternehmen), d. h. suche unternehmerische Mitarbeiter, setze sie zeitlich frei und fördere sie!

Bedeutung von Entspannungstechniken

Positiv auf die Steigerung der persönlichen Kreativität wirkt sich auch der Einsatz von systematischen Entspannungstechniken, wie zum Beispiel Yoga, Akupressur, Tai-Chi, Autogenes Training oder Meditation, aus. Als eine Technik, die im Alltag leicht angewandt werden kann, empfehlen auch *Backerra, Malorny, Schwarz* (2002) die Progressive Muskelentspannung von *Jacobson* als eine der bekanntesten Methoden.

Die Progressive Muskelentspannung (auch als *Progressive Relaxation* oder *Tiefenentspannung* bekannt) wurde bereits in den zwanziger Jahren von dem amerikanischen Arzt *Edmund Jacobson* entwickelt. *Jacobson* hatte bei sich und seinen Patienten beobachtet, wie sich psychische Belastungen und Muskelverspannungen gegenseitig verstärken können. Aus dieser Einsicht heraus entwickelte er ein Verfahren zur Lockerung der gesamten Muskulatur.

Das Verfahren gilt heute als eines der einfachsten und effektivsten Entspannungsübungen überhaupt. Es kann – fachkundige Anleitung vorausgesetzt – in ein paar Wochen erlernt werden. Die Übungen sind im Allgemeinen überall – auch zu Hause, im Büro oder unterwegs – denkbar. Der Ablauf ist grundsätzlich immer gleich:

Anspannen – Halten – Lockern – Nachspüren

Beim „klassischen" Verfahren werden systematisch 16 Muskel-
gruppen verschiedener Körperbereiche angespannt und anschließend gelockert. Begonnen wird üblicherweise mit den Muskeln
einer Hand und eines Unterarmes, die zuerst etwa fünf bis acht
Sekunden angespannt und danach etwa 30 Sekunden bewusst
gelockert werden. Danach folgen die Muskelpartien des Ober-
armes. Muskelgruppe für Muskelgruppe schreiten die Übungen
nach dem oben genannten Prinzip nun den gesamten Körper –
zuletzt auch das Gesicht – voran (daher die Bezeichnung „pro-
gressiv" = voranschreitend).

Es muss jedoch nicht immer der Einsatz von speziellen Techniken zur Entspannung herangezogen werden. Oft reicht auch
sportliche Betätigung, Unterhaltung, ein fröhlicher Grillabend,
ein schöner Spaziergang in der Natur oder ein gutes Buch, um
abgelenkt zu sein und den Kopf frei für neue Ideen zu haben.

Einzel- oder Gruppenarbeit

Eine pauschale Aussage, ob Einzel- oder Gruppenarbeit zur
Kreativitätssteigerung besser geeignet ist, kann und sollte nicht
getroffen werden. Beide grundsätzlichen Vorgehensweisen haben
ihre Vorzüge und Nachteile und je nach verwendeter Kreativitätstechnik eignet sich besser die Gruppenarbeit oder – was wohl
den größten Erfolg bringt – eine Kombination aus Einzel- und
Gruppenarbeit. So sind bei den meisten Kreativitätstechniken sowohl Einzelarbeit als auch Gruppenarbeit zu empfehlen.

Auch die Kreativitätsforschung hat das Entscheidungsproblem,
ob grundsätzlich Gruppenarbeit der Einzelarbeit oder Einzel- der
Gruppenarbeit vorzuziehen ist, bisher nicht lösen können. Zudem weist die Gruppenarbeit als wesentlichen Vorteil auf, dass
durch die Gruppenarbeit eine Wissenshäufung stattfindet, die zu
mehr Assoziationsmöglichkeiten führt. Daraus folgt eine größere
Anzahl von erzeugten Ideen als bei der Einzelarbeit.

Persönlichkeitsbedingt kommt es jedoch bei Gruppenarbeit,
wegen der geringeren Identifizierbarkeit und/oder der höheren
Ersetzbarkeit individueller Beiträge zur Gesamtlösung, eher zu

einem Motivationsverlust während der Sitzung. Da es bei Gruppenarbeit nicht um die individuellen Erfolge geht, sondern um die Teamleistung, besteht außerdem die Gefahr, dass die besten Ideen nicht genannt und zu anderer Zeit als individueller Erfolg verkauft werden. Weitere Aspekte, die gegen einen zu hohen Erwartungsdruck bei Gruppenarbeit sprechen, sind die **Bewertungserwartungsangst** und die **Produktionsblockierung**. Bewertungserwartungsangst bedeutet, dass die Gruppenteilnehmer bei besonders ausgefallenen Ideen Angst vor Kritik aufzeigen, die dann zu Hemmungen führen. Außerdem können ausgefallene Ideen aus Angst, eigene Schwächen zu offenbaren bzw. die Sorge, dass die eigene Idee zu sehr von der Norm abweicht, nicht genannt werden. Die Teilnehmer schweigen vielmehr.

Als weiterer Vorzug der Gruppenarbeit kann aufgeführt werden, dass die Arbeit in der Gruppe zu einer stärkeren Aktivität und zu stärkeren Anreizen führt, neue Ideen zu produzieren. Der Einzelne bzw. seine ausgesprochenen Ideen werden durch Gruppenarbeit gestärkt, sie erhalten durch die Gruppe eine gewisse Geborgenheit und Identität. Diese Situation kann dazu führen, dass die Gruppenteilnehmer uneingeschränkt und unvoreingenommen an einer Problemlösung arbeiten. Die Anzahl der Ideen, welche in einer euphorischen Atmosphäre entstehen und verarbeitet werden, ist bedeutend größer als bei Einzelarbeit. Es sind jedoch die internen Spannungen, die bei Gruppenarbeit entstehen, unbedingt zu beachten. So wird kaum ein Teilnehmer seine Einstellungen, Erfahrungen und Emotionen vor einer Gruppensitzung ablegen können.

Spannungen, die durch Konkurrenzverhalten, Eitelkeit und verschiedene Einstellungen bei der Gruppenarbeit entstehen, können dazu führen, dass die Ergebnisse insgesamt schlechter sind als bei einer Einzelarbeit. Hier ist es besonders wichtig, dass ein guter Moderator bei der Sitzung anwesend ist, um Spannungen schnell abzubauen. Trotzdem kann kaum verhindert werden, dass sich aufgrund berechnenden Verhaltens oder Sympathien Teilgruppen ausbilden.

Als weiteres Problem der Gruppenarbeit ist die Zeitpunktoptimierung zu beachten. Teamarbeit und die Arbeitsbereitschaft der Teilnehmer unterliegen sehr stark situativen Schwankungen. Es ist fraglich, inwiefern dieser Zeitpunkt für jeden Teilnehmer auch mit dem Zeitpunkt der Sitzung zusammenfällt. Zudem ist auf eine genügende Anreizqualität während der Gruppenarbeit zu achten. Die in Kreativitätssitzungen entstehenden Anreize sind qualitativ oft sehr ähnlich. Ihre auf die Teilnehmer ausgeübte Wirkung nimmt daher durch Gewöhnungsprozesse im Sitzungsverlauf ab. Die Ideenproduktion verläuft daher ähnlich einer S-förmigen Kurve, d. h. die Anzahl der Ideen steigt bis eine gewisse Sättigung erreicht ist und nimmt danach ab (vgl. Abb. 4).

Durch entsprechende Anreize eines gut geschulten Moderators kann jedoch – nach einem gewissen Abfallen der Kurve – ein weiteres Ansteigen erwirkt und damit eine weitere Ideenproduktion erreicht werden. Wissenschaftlich ist jedoch noch nicht endgültig geklärt worden, ob nicht die Anreize, denen die Teilnehmer im Alltag ausgesetzt sind, eine mindestens genauso gute Basis für kreatives Denken beinhalten.

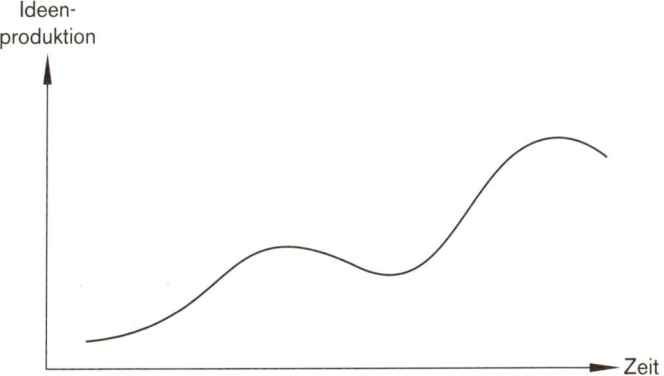

Abb. 4: Ideenfindung während der Gruppenarbeit

Da die Leistungsfähigkeit und -bereitschaft einer Gruppe von den Fähigkeiten der einzelnen Teilnehmer abhängt, ist ferner zu berücksichtigen, dass zwischen den Teilnehmern keine zu großen erkennbaren Unterschiede in der Leistungsfähigkeit und Leistungsbereitschaft bestehen. Dies kann ansonsten zu Motivationsverlust und Passivität bei den Teilnehmern sowie zu Wirkungslosigkeit von Anreizen führen.

Gruppenarbeit hat außerdem einen positiven Einfluss auf die sozialen Verhältnisse im Unternehmen sowie die Einstellungen zur Arbeit und zum Unternehmen sowie die weitere Leistungsbereitschaft der Teilnehmer. Wesentlich für eine positive Wirkung auf das Unternehmen ist jedoch die Freiwilligkeit der Teilnahme. Bei freiwilliger Teilnahme kann von einem positiven Einfluss ausgegangen werden, zumindest für die Gruppenteilnehmer.

Im Einzelnen können folgende positive Auswirkungen von Gruppenarbeit auf die sozialen Verhältnisse im Unternehmen auftreten:

- Zufriedenheit mit der Arbeit,
- Verhältnis zu Kollegen und Vorgesetzten wird verbessert,
- Arbeitsmotivation und Arbeitsklima werden verbessert,
- Steigerung der Arbeitsqualität,
- größeres Maß an Entfaltungsmöglichkeiten für den Einzelnen.

Neben den bereits erwähnten Kritikpunkten an Gruppenarbeit, die dementsprechend als Vorzüge der Einzelarbeit anzusehen sind, weist die Einzelarbeit weitere Vorzüge auf.

Als wichtigster Vorteil der Einzelarbeit kann die Zeit- und Ortsunabhängigkeit angesehen werden. Die für kreatives Arbeiten notwendigen Anreize können bei Einzelarbeit dementsprechend aufgenommen werden, wann und wo sich der Einzelne befindet. So können sich einzelne Personen mit den Problemen in wesentlich größeren Rahmen beschäftigen, wenn sie es für optimal erachten. Zudem ist die Inkubationszeit nicht von der Dauer der Gruppensitzung abhängig, d. h. die Idee kann auch zu einem späteren Zeitpunkt erzeugt werden. Ein weiterer Vorteil von Einzelarbeit ist, dass Anerkennung für Erfolge nicht geteilt werden muss. Daraus folgt oft eine intensivere Beschäftigung mit bereits bestehenden Lösungen. Außerdem ist die Einzelperson nicht von der Art und Weise eines Moderators abhängig und kann völlig frei phantastische Ideen produzieren, ohne die Angst zu haben, sich zu blamieren.

Neben den Nachteilen von Einzelarbeit, wie schnelleres Ermü-
den und eventuelles Festbeißen an bisherigen Lösungen, sind insbesondere die Vorzüge der Gruppenarbeit (Wissenskumulation,
größere Anzahl von Lösungen, stärkere Anreize, positiven Einfluss auf das soziale Gefüge) die Nachteile der Einzelarbeit.
Wie eingangs bereits erwähnt, wird sich der größte Erfolg beim
Problemlösen mit Kreativitätstechniken dann einstellen – wie
auch in einer Vielzahl von Techniken bereits vom Ablauf der Sitzung vorgesehen –, wenn die Elemente von Gruppen- und Einzelarbeit kombiniert werden.

Praktische Regeln für die Gruppenarbeit

Folgende, die Kreativitätstechniken übergreifende wichtige
Grundsätze der Gruppenarbeit sollten beachtet werden (zu be-
achtende Besonderheiten werden im Rahmen der Darstellung
der einzelnen Methoden erläutert), damit die erstmalige und
nachhaltige Durchsetzung von Kreativitätstechniken den gewünschten Erfolg bringt.
Bei der Mehrzahl der Fälle ist die Gruppenarbeit durch einen
Moderator zu leiten, der aber nicht notwendiger Weise ein unter-
nehmensexterner sein muss. Es gelingt aber die Einführung und
Durchsetzung von Kreativitätstechniken umso besser, wenn der
Moderator ein Methodenfachmann ist und eine Moderatoren-
schule besucht hat.
Die Beiträge der einzelnen Teilnehmer, die während der Kreativitätssitzung geäußert wurden, sind lückenlos festzuhalten.
Die empfohlene Gruppengröße schwankt bei den meisten Kreativitätstechniken zwischen fünf und zwölf (max. fünfzehn) Teilnehmern.
Zur Vermeidung von sozialen Spannungen sollte eine möglichst sozial homogene Gruppe gebildet werden. Neben der bereits erwähnten Auswahl von Personen mit ähnlicher Leistungsfähigkeit und -bereitschaft, erreicht man dies beispielsweise dadurch, dass alle Teilnehmer aus einer ähnlichen Hierarchieebene
kommen.
Kann dies nicht erreicht werden bzw. bedarf das Problem Teil-

nehmer aus verschiedenen Hierarchieebenen, so lautet eine wichtige Regel für Gruppenarbeit: **In der Gruppe gibt es keine Rangunterschiede.** Für einmalige oder nur kurzzeitig eingerichtete Kreativitätssitzungen wird es zwar sicherlich schwierig sein, die Distanzen abzubauen, gerade hierin liegt jedoch der Schlüssel zum Erfolg.

Die Teilnahme eines Machtpromotors, wie z. B. der Geschäftsführung, ist vor allem zur Überwindung von eventuellen Widerständen und zur Ideendurchsetzung hilfreich.

Um die Vielfalt der Aspekte der Gruppenarbeit zu ermöglichen und von den Erfahrungen, Kenntnissen und Fähigkeiten einer möglichst großen Anzahl von Personen zu profitieren, ist bei Gruppenarbeit auf die Heterogenität zu achten, d. h. die Teilnehmer sollten aus verschiedenen Fachbereichen kommen. Auch die Mischung der Geschlechter hat eine positive Wirkung auf kreative Gruppenarbeit.

Vor der praktischen Anwendung der Kreativitätstechniken hat es sich empfohlen, eine Trainings- und Experimentierphase zur Einübung der Regeln voranzustellen. Dadurch können auch vorhandene Widerstände bei Mitarbeitern und Geschäftsleitung gegen einen Methodeneinsatz abgebaut werden.

Die erstmalige Einführung sollte sich auf einen überschaubaren und am Erfolg versprechenden Bereich der Organisation beziehen, da so ein positives Einsatzfeld für Kreativitätstechniken geschaffen wird.

Vor der erstmaligen Einführung, aber auch vor jeder Sitzung sind die organisatorischen Aufgaben zu erledigen. Dazu zählen Tätigkeiten wie die Festlegung von Datum und Zeit, die Beschaffung und Vorbereitung eines Schulungsraumes, die Bereitstellung der Arbeitsmittel sowie der personellen und finanziellen Mittel und die Organisation der Protokollierung. Es empfiehlt sich, hierfür eine zentrale Anlaufstelle zu schaffen.

Wie bereits erwähnt, ist es zudem äußerst wichtig, dass die Teilnahme an kreativer Gruppenarbeit freiwillig ist.

Zur Auflockerung empfiehlt sich zu Beginn einer jeden Sitzung während der so genannten „warm-up-Phase" die Nutzung von Aufwärmfragen. Es handelt sich hier um Fragen, die die Kreati-

vität und Motivation ermuntern sollen und die grundsätzlich jeder beantworten kann (wie z. B.: Nennen sie 15 Gegenstände
die grün und essbar sind). Im Übungsteil sind eine Reihe weiterer Beispiele von Aufwärmfragen aufgeführt (siehe Kapitel 8, Abschnitt Aufwärmfragen).

Kapitel 3: Kreativitätstechniken in der Praxis

Kreativitätstechniken im Überblick

Als Kreativitätstechniken bezeichnet man systematische und strukturierte Techniken, die das kreative Potenzial einer Gruppe oder einer einzelnen Person fördern. Ziel der Anwendung der Kreativitätstechniken ist die Entwicklung einer möglichst großen Anzahl von Ideen. Dadurch gerät die Qualität der Lösungen oft in den Hintergrund. Es ist nicht die Aufgabe von Kreativitätstechniken, eine Bewertung bzw. Auswahl der Lösungsansätze vorzunehmen. Zur Bewertung von Lösungsansätzen stehen eine Vielzahl anderer Methoden und Techniken, wie Scoring-Modelle, Nutzwertanalyse, Wertanalyse nach DIN 69910, Gemeinkostenwertanalyse, Entscheidungstabellentechnik oder Risikoanalyse zur Verfügung.

Kreativitätstechniken stellen dementsprechend das Gerüst bzw. den Ablaufplan für die Anwendung einer gezielten Zusammenstellung von Methoden dar. Mit ihrem Einsatz sollen die unterschiedlichsten Denkprozesse aktiviert und ein häufiger Wechsel von Analyse und Intuition ermöglicht werden. Die Vorgehensweise bei den unterschiedlichen Techniken orientiert sich dabei zumeist an den Phasen des kreativen Prozesses (vgl. zu den Phasen Kapitel 1).

In den meisten Kreativitätstechniken werden entweder intuitive oder systematisch-analytische Methoden verwendet. Man kann daher nahezu alle Kreativitätstechniken in intuitive und systematisch-analytische Methoden unterteilen (*Petri* 1992, *Schlicksupp* 1986, 2004 I, *Specht/Beckmann/Amelingmeyer* 2002, *Wördenweber/Wickord* 2004).

Grundgedanke der intuitiven Methoden ist es, eine Überwindung gewohnter Denkmuster zu erreichen. Bei den Methoden wird deshalb systematisch-analytisches Vorgehen vermieden. Ziel ist es, spontan möglichst unterschiedlichste und ungewöhnliche Ideen entstehen zu lassen, die mit bekannten Formen wenig Ähnlichkeit haben. Die Anwendung dieser Methoden ist umso erfolgreicher, je mehr es gelingt, Anreize in den Ablauf einzugeben, die das kreative Denken anregen.

Häufig werden die Ideen bei den intuitiven Verfahren durch Gruppenarbeit gewonnen, da so aus den unterschiedlichsten Bereichen Anregungen für Lösungsansätze gewonnen werden können. Hier kommt, wie im Kapitel 2 detailliert ausgeführt, der Moderation der Sitzungen eine besondere Bedeutung zu.

Leitgedanke der systematisch-analytischen Methoden ist es, ein Problem in eine Vielzahl unabhängiger Teilprobleme zu zerlegen, um diese jeweils für sich zu lösen. Durch Kombination der Einzellösungen bzw. durch Strukturierung und Variation wird dann eine Gesamtlösung zusammengefügt. Die systematische Erarbeitung von Ideen steht dabei im Vordergrund. Dadurch eignen sich diese Methoden auch gut für Einzelarbeit.

Entsprechend ihrer Verfahrensmerkmale lassen sich die beiden grundsätzlichen Methodenarten in weitere Methodengruppen gliedern.

So ist innerhalb beider Gruppen sowohl die assoziative Verknüpfung von Strukturelementen als auch die Konfrontation bzw. Gegenüberstellung unterschiedlicher Strukturen miteinander möglich. Es lassen sich daher folgende Methodengruppen von Kreativitätstechniken unterscheiden: Kreativitätstechniken der **intuitiven Assoziation**, Kreativitätstechniken der **intuitiven Konfrontation**, Kreativitätstechniken der **intuitiven Orientierung**, Kreativitätstechniken der **systematisch-analytischen Assoziation** und Kreativitätstechniken der **systematisch-analytischen Konfrontation** und der **systematischen Problemspezifizierung** (vgl. Abb. 5).

Die wesentlichen Unterschiede dieser Methodengruppen ergeben sich durch die verwendeten Methoden. Während die Methode der intuitiven Assoziation auf freier Assoziation aufbaut, in deren Ablauf intuitiv Ähnlichkeiten gesucht und miteinander verknüpft werden, verwenden die Methoden der intuitiven Konfrontation vorwiegend die Methode der Analogiebildung. Hierbei unterstützen die eingesetzten Methoden die intuitive Suche nach vermeintlich problemfremden Strukturen, die im Verlauf

Methodengruppe	Grundgedanke	Beispiele
A. Intuitive Methoden		
(1) Intuitive Assoziation		
(a) Methoden des Brainstorming	Ungezwungene Diskussion ohne Kritik, spontane Einfälle und Assoziationen sollen ausgedrückt werden, Quantität vor Qualität	• Klassisches Brainstorming • Imaginäres Brainstorming • Diskussion 00
(b) Methoden des Brainwriting	Spontane Ideen werden auf Formulare oder Zettel geschrieben, Weitergabe gemäß bestimmter Regeln	• Brainwriting-Pool • Methode 635 • Mind-Mapping • Galerie-Methode
(2) Intuitive Orientierung	Suche nach problemfremden Bereichen zur Ideenfindung	• Inkubation • Bionik
(3) Intuitive Konfrontation	Verwendung der Methode der Analogiebildung, Erzeugung von Reizobjekten, die mit dem Problem nicht im Zusammenhang stehen und Konfrontation dieser Reizobjekte mit dem Problem, woraus Ideen abgeleitet werden können	• Synektik • TILMAG • Visuelle Synektik • BBB-Methode • Reizwort-Analyse • Force-Fit-Spiel • Sechs-Denkhüte-Methode
B. Systematisch-analytische Methoden		
(1) Systematisch-analytische Assoziation	Zerlegung eines Problems in eine Vielzahl unabhängiger Teilprobleme, um diese jeweils für sich zu lösen. Durch Kombination der Einzellösungen bzw. durch Strukturierung und Variation wird dann eine Gesamtlösung zusammengefügt	• Morphologische Methode • Sequentielle Morphologie
(2) Systematisch-analytische Konfrontation	Wie (1) aber unter Verwendung der Methode der Analogiebildung	• Morphologische Matrix
(3) Systematisch-analytische Problemspezifizierung	Systematische Zerlegung eines Problems und hierarchische Strukturierung, um die Kernfragen eines Problems oder Einzelprobleme sichtbar werden zu lassen, die dann zur Problemlösung führen	• KJ-Methode • NN-Methode • Relevanzbaum

Abb. 5: Die unterschiedlichen Kreativitätstechniken

des kreativen Prozesses in Beziehung zum Ausgangsproblem gesetzt werden.

Wie oben erläutert, wird bei den systematisch-analytischen Methoden ein Problem in eine Vielzahl von Teilproblemen zerlegt und weiterverarbeitet. Bei der Gruppe der Methoden der systematisch-analytischen Assoziation werden nun alle möglichen Ausprägungen der Problemelemente gesucht und miteinander verknüpft.

Dagegen werden bei den Methoden der systematisch-analytischen Konfrontation durch Kombination, Zerlegung und Abänderung Formen gesucht, die der Problemstellung gegenübergestellt werden.

Bei den Methoden der systematischen Problemspezifizierung wird ein Problemfeld systematisch zerlegt und hierarchisch strukturiert, um die zentralen Fragen eines Problemsbereichs oder ein Einzelproblem sichtbar werden zu lassen, die dann zur Problemlösung führen.

Die Bedeutung der Frage als Element der Kreativitätstechniken für eine erfolgreiche Ideenfindung

Neben den kreativen Prinzipien sind Fragen ein wichtiger Bestandteil von Kreativitätstechniken. Die Frageformulierung sowohl bei der Gruppenarbeit als auch bei der schriftlichen Fragestellung hat für eine erfolgreiche Problemkonkretisierung und damit zur Ideenfindung einen großen Einfluss. Die Art und Form der Fragestellung beeinflussen daher die Ergebnisse der Ideenfindung außerordentlich.

In der ersten Phase des kreativen Prozesses sind offene Fragen einzusetzen, Fragen, die zur Beantwortung reizen sowie Fragen, die eine vielfältige Antwort ermöglichen und natürlich für alle verständlich sind. Sie eröffnen uns einen größeren Blickwinkel bei der Problemanalyse und der Entwicklung neuer, ungewöhnlicher Konzepte.

Zudem bewirken diese Fragen Antworten mit großer Bandbreite und mit gestreuter Zielrichtung sowie schwacher Präzision. Das ist insbesondere für die erste Phase des kreativen Prozesses wichtig. Erst mit fortgeschrittener Problemspezifizierung können dann konkretere Fragen eingesetzt werden.

Dagegen sollten in der ersten Phase des kreativen Prozesses die folgenden Fragenarten nicht eingesetzt werden:

- Rhetorische Fragen.
- Ja/Nein-Fragen. Die Probleme sind zumeist nicht eindeutig mit gestellten Fragen beantwortbar, die ein Ja oder Nein verlangen. Zudem kann die Meinungsvielfalt einer Gruppe mit derartigen Fragen nicht erfasst werden.
- Für die Teilnehmer peinliche Fragen.
- Lehrerfragen (Ergebnis richtig oder falsch).
- Fangfragen.

Aber auch Fragearten, welche beispielsweise im Verkaufstraining oder in der Verhörpraxis erfolgreich eingesetzt werden, sind für die Ideenfindung nicht geeignet.

In den anderen Phasen des kreativen Prozesses eignen sich auch besonders die so genannten Transparenzfragen, die sowohl sach- als auch emotionsbezogen sein können. Ihre Absicht besteht darin,

- eine gezielte und beschleunigte Rückkopplung zu gewährleisten,
- die Teilnehmer zu aktivieren,
- Stimmungen, wie den Grad der Zustimmung oder Ablehnung, sichtbar werden zu lassen.

Beispielsweise hat *Berth* einen Fragenkatalog von kombinierten sach- und emotionsbezogenen Fragen entwickelt, welcher der stärkeren Aktivierung und Dynamisierung der Gruppenarbeit während des kreativen Prozesses dient. Bei diesen sehr provokativen Fragen handelt es sich im Einzelnen um:

- Was wäre ihnen besonders peinlich, ekelig, lächerlich?
- Wie sehe eine ganz phantastische Vision aus? Lassen Sie daran kein gutes Haar?
- Wie müsste es aussehen, damit es von allen gelobt werden würde?
- Wie wäre es zu veredeln?
- Wie wäre es ordinär machbar?

- Was könnte ein Kind damit anfangen, was würde es empfinden und denken?
- Wie könnte man jemanden damit schädigen, welche Gefahren liegen darin?
- Wer könnte Furcht davor haben?
- Wen könnte man damit besonders erfreuen?
- Was würden Sie auf keinen Fall damit unternehmen?
- Wie würde ein Mann (eine Frau) wohl darauf reagieren?

Ziel dieser Fragen ist eine Aufrüttelung der Teilnehmer, um sie aus der Reserve zu locken. Es ist jedoch fraglich, ob diese Fragen in einer derartigen Form angewendet werden können.

Der bekannteste Fragenkatalog ist von *Osborn* entwickelt worden. Diese so genannten Spornfragen sind rein sachbezogen und haben den Zweck, Veränderungen bereits bestehender Vorstellungen zu erwirken. Beispielsweise zählen zu den Spornfragen:

- Wie kann man es kleiner machen (weniger, leichter, dünner, flacher, abziehen, kürzer)?
- Wie kann man es größer machen (hinzufügen, stärker, dicker, ...)?

Osborns Fragen sind im Rahmen der meisten Kreativitätstechniken einsetzbar. Mit seinen oder ähnlichen Fragen arbeiten die meisten Personen unbewusst oder bewusst. Wegen des Checklistencharakters des Fragenkatalogs kann dieser als eigenständige Technik bezeichnet werden. Eine ausführliche Darstellung der Spornfragen von *Osborn* erfolgt daher im Kapitel der Kreativitätstechniken (vgl. Kapitel 4).

Moderation

Bei einer Vielzahl von Kreativitätstechniken, die in Gruppen angewendet werden, besonders bei den intuitiven, ist eine Moderation notwendig. Zwar ist der Moderator nicht explizit für die Qualität der Lösungen verantwortlich, seine Vorgehensweise der Moderation beeinflusst aber wesentlich die Ergebnisse (vgl. auch Kapitel 2). Deshalb werden an einen Moderator besondere Anforderungen gestellt. Seine Funktion besteht darin, eine Gleichberechtigung der Bestandteile von Gruppenarbeit, nämlich Aktivität, Kontakt, Gefühl und Gruppenziel zu erwirken. Die sachlichen und ökonomischen Gesichtspunkte stellen dabei den Handlungsrahmen dar. Der Erfolg einer Sitzung hängt damit ursächlich von den Fähigkeiten des Moderators ab, den Rhythmus seiner Moderation den Bedürfnissen der Teilnehmer anzupassen.

Unabhängig von den bei speziellen Kreativitätstechniken vorzufindenden Besonderheiten einer guten Moderation sind die wesentlichen geforderten Eigenschaften an einen guten Moderator im Einzelnen:

- Er sollte über ein gutes Einfühlungsvermögen in gruppendynamischen Vorgängen verfügen und flexibel im Umgang mit Menschen unterschiedlichster Herkunft sein.
- Er sollte über gute rhetorische Fähigkeiten verfügen.
- Gegenüber den Teilnehmern sollte er sich neutral verhalten.
- Die Techniken und Methoden sollten von ihm beherrscht werden.
- Er darf nicht als Lehrer auftreten, sondern sollte als Mitglied der Gruppe betrachtet werden.
- Es muss geduldiger Zuhörer sein, da er selbst kaum Zeit hat, eigene Ideen zu äußern. Zudem stellt er seine eigenen Meinungen zurück und bewertet auch keine Verhaltensweisen. Ein richtig oder falsch sollte es während der Sitzungen nicht geben.

Weiterhin ist für den Erfolg der Gruppenarbeit von Bedeutung, insbesondere in der ersten Phase des kreativen Prozesses, dass der Moderator gut über das Problem und die Zielvorstellungen informiert ist. Was insbesondere beim Einsatz externer Moderatoren zu berücksichtigen ist.

Moderationen können zwar in ihrer Durchführung je nach Aufgabenstellung, Teilnehmerkreis, Zeitrahmen, Organisationskontext, Stil und Persönlichkeit des Moderators recht verschieden geprägt sein, es gibt jedoch eine Reihe wiederkehrender Aufgaben, die von einem Moderator zu übernehmen sind.

Zu den **Aufgaben** während der **Vorbereitungsphase** gehört die Auswahl der Teilnehmer und die Ablaufplanung. Bei der Auswahl der Teilnehmer, die nicht zwingender Weise durch den Moderator, aber zumindest durch eine Koordinierungsstelle vorgenommen werden sollte, sind u. a. die Fragen zu klären, ob die Zusammensetzung der Gruppe richtig ist, die Gruppe nicht zu groß und nicht zu klein ist. Zur Ablaufplanung gehört das Organisatorische.

Neben der Sitzungsplanung und Vorbereitung hat ein Moderator **während einer Gruppenarbeit** eine Vielzahl von Aufgaben zu übernehmen. Im Einzelnen sind dies:

- Die Kreativitätssitzung zu leiten,
- Problemstellung erläutern,
- die Arbeitsmittel und -techniken zu erläutern und auf die Einhaltung der Regeln zu achten,
- für eine offene und kooperative Atmosphäre zu sorgen und damit die Kommunikation zwischen den Teilnehmern zu verbessern,
- die Visualisierung zu fördern,
- die Aktivität der Gruppe durch Fragen anzuregen und so die Teilnehmer füreinander und für das Problem zu öffnen,
- Fragen und evtl. Provokationen erzeugen, um eine Gruppendynamik zu erreichen,
- Konflikte zu lösen, ohne moralische Appelle auszusprechen,
- die Entscheidungswilligkeit der Teilnehmer zu erhöhen,
- niemanden in die Defensive geraten zu lassen, sodass er sein Gesicht verlieren könnte.

Nach Abschluss einer Veranstaltung sind noch weitere Aufgaben zu erledigen. Neben dem eventuellen nachträglichen Anfragen an die Teilnehmer, ob noch Ideen aufgetaucht sind, ist besonders wichtig, das Protokoll abzufassen. Hier sollte wörtlich oder zusammengefasst der Sitzungsverlauf erkennbar sein. Bei der Abfassung des Protokolls ist auch darauf einzugehen:

- Wer nahm an der Sitzung teil?
- Wo und wann fand die Sitzung statt, wie lange dauerte sie?
- Wie lautete die genaue Problemstellung und welche Methode zur Problemlösung wurde gewählt?

Das Sitzungsprotokoll sollte zudem die erzielten Ergebnisse sowie deren Beitrag zur Problemlösung beinhalten. Eventuell kann auch eine Sitzungsbeurteilung mit aufgenommen werden. Wichtig ist zudem, dass die Teilnehmer einer Gruppensitzung über das Ergebnis der Auswertung sowie die geplante Weiterführung der Ideen informiert werden. Die Bereitschaft bei einer anderen Kreativitätssitzung teilzunehmen, steigt so erheblich.

Präsentation und Visualisierung

Der Visualisierung kommt bei der Gruppenarbeit, aber auch in anderen Bereichen eines Unternehmens oder einer Organisation zumeist eine viel zu geringe Bedeutung zu. Wie bekannt ist, verfügt der Mensch über fünf Sinne, also fünf Wahrnehmungskanäle. Für die meisten Kommunikationsprozesse wird jedoch nur ein Wahrnehmungskanal, das Ohr genutzt. Durch optische Reize wird die Konzentration und Aufmerksamkeit von Personen aber erheblich gesteigert. Zudem wird durch den Wahrnehmungskanal Auge die Merkfähigkeit gestärkt. Informationen werden zu 90 % visuell wahrgenommen (*Meyer* 1999). Gleichzeitig Gehörtes und Gesehenes bleibt besser im Gedächtnis. Während die Behaltensleistung bei „nur hören" bei 5–10 % liegt, werden bei gleichseitigem „hören und sehen" 30–50 % der Informationen im Gedächtnis behalten (*Schaude* 1995). Ursächlich dafür ist, entsprechend der Hemisphärentheorie, dass bildhafte Informationen in der rechten und Inhalte von Wörtern in der linken Hirnhälfte verarbeitet werden. Die von *Paviol* daraus entwickelte These der dualen Codierung besagt nun, dass Informationen, die sowohl wörtlich als auch bildhaft übermittelt werden, besonders gut im Gedächtnis verbleiben (vgl. auch *Bayerl* 2005, *Noack* 2005).

Die Nutzung der Visualisierung für Gruppenarbeit bietet somit eine Reihe von wesentlichen Vorteilen:
• Durch das bildhafte Darstellen von Informationen und die bildhafte Gegenüberstellung von Alternativen können Wiederholungen vermieden werden und der Entwicklungsstand einer Sitzung wird permanent ersichtlich.
• Bildhafte Darstellungen erleichtern eine gleiche Deutung bei

allen Gruppenteilnehmern. Probleme können so konkreter diskutiert werden und die Aufmerksamkeit der Teilnehmer kann gebündelt werden.

- Bildhafte Darstellungen zwingen die Teilnehmer zu einer Auswahl von wichtigen und unwichtigen Informationen. Das Aufnahmevermögen der Teilnehmer ist dadurch erst zu einem späteren Zeitpunkt erschöpft.
- Verbal schwierig zu erklärende Sachverhalte sind durch Grafiken und Bilder leichter vermittelbar.
- Ergebnisse und Aussagen können sofort festgehalten werden und stehen so für einen späteren Zeitpunkt zur Verfügung.

Für Kreativitätssitzungen bedeuten die Vorteile einer verstärkten Nutzung der Visualisierung eine Ergebnissteigerung. So kann durch ganzheitliche Aufnahme und Interpretationserleichterung eine größere Informationsmenge übermittelt werden. Zudem wird die Gefahr einer Kritik gemindert, da die Aufnahme bildhafter Darstellungen unter schwach kognitiver Kontrolle stattfindet.

Gerade die bildhaften, ganzheitlichen Darstellungen in Verbindung mit akustischen Wahrnehmungen werden im Unterbewusstsein gespeichert und stehen so zur Problemlösung zur Verfügung.

Arbeitsmittel der Visualisierung sind z. B. Kärtchen in verschiedenen Farben (besonders geeignet sind die Farben weiß, hellgrün, gelb, orange), Überschriftenstreifen, Klebepunkte für Bewertungen, Filzstifte (besonders geeignet die Farben schwarz, blau, grün, rot), Kuller bzw. Ovale für Betonungen etc.

Zur Strukturierung der Ideensammlung während der Gruppensitzung können die Arbeitsmittel Tafeln/Flip-Charts, Folien oder Pinnwände unterschieden werden. Für die meisten Kreativitätssitzungen eignen sich entweder Tafeln/Flip-Charts oder Pinnwände. Gegenüber den Foliendarstellungen oder Beamern weisen sie wesentliche Vorteile auf: Sie sind technisch einfacher handhabbar, erfordern kein Verdunkeln des Raumes, wirken weniger ermüdend und eignen sich besser zur Strukturierung von Ideen. Veränderungen und Ergänzungen können mit Tafeln/Flip-

Charts insbesondere aber mit Pinnwänden wesentlich einfacher vorgenommen werden als beispielsweise mit Kärtchen.

Bei der Visualisierung ermöglicht die Einhaltung von Gestaltungs- und Handhabungsprinzipen, wie die Anordnung der Elemente, Hervorhebungen, Farbe, Form und Strukturierung eine Verbesserung der Ergebnisse. Das betrifft vor allem sitzungsvorbereitende Maßnahmen. Grundsätzlich sollten folgende allgemeine Grundsätze der Visualisierung bei einer Gruppenarbeit Berücksichtigung finden:

- Komplexe Tabellen und Zahlenreihen erfordern zum Betrachten viel Zeit und sind daher für Sitzungen wenig geeignet,
- bei Verwendung von Folien oder Beamern ist darauf zu achten, dass die Grafiken nicht überfrachtet werden. Überladene Darstellungen verwirren schnell und sind ohne Erläuterungen kaum verständlich,
- große Schrift verwenden und möglichst wenig Text (Stichworte verwenden),
- pro Thema eine Folie/ein Arbeitsblatt benutzen.

Einsatzfelder und Anwendung in der Praxis

Umfang vom Kreativitätstechniken: 3.000 Problemlösungsmethoden und Techniken zur Unterstützung geistiger Tätigkeiten umfasst eine von *Hürlimann* (1981) erstellte Untersuchung. Auch wenn die meisten der dargestellten Methoden nicht zu den Kreativitätstechniken im engeren Sinne zu zählen sind, gibt es nach aktueller Darstellung noch rund 100 Kreativitätstechniken im weiteren Sinne, die zur Ideenfindung genutzt werden können (vgl. auch *Bullinger/Schlick* 2002, *Geschka/Lantelme* 2005, *Higgins* 1996, *Pleschak* 1996, *Schlicksupp* 1995, 2004 II). Bei anderen Autoren schwankt die Zahl (ohne Vollständigkeit zu garantieren) zwischen 80 und 200 Techniken zum kreativen Denken und Arbeiten.

Anwendung in der Praxis: Trotz der Vielzahl der Methoden, die sich teilweise jedoch nur durch kleinere Abwandlungen unterscheiden, werden nur relativ wenige in der Unternehmenspraxis eingesetzt. Nach einer charakteristischen Darstellung von

Schlicksupp (1989) sind im deutschsprachigen Raum insbesondere diese Methoden bekannt:

- Klassisches Brainstorming,
- Methode 635,
- Metaplan,
- Klassische Synektik,
- Morphologischer Kasten,
- Morphologische Matrix.

Die auch momentan immer noch umfassendste Untersuchung zum Einsatz von Kreativitätstechniken in der Praxis wurde von *Köhler/Tebbe/Uebele* durchgeführt (*Uebele* 1988). Wie die 1981 durchgeführte Untersuchung bei 317 großen Industrieunternehmen mit mehr als 500 Beschäftigten der Bundesrepublik Deutschland zeigt, wird in 37 % der Unternehmen mindestens eine Kreativitätstechnik aus eigener Anwendung gekannt bzw. eingesetzt und 30,9 % der Befragten gaben an, die Techniken zur Neuproduktideengewinnung zu nutzen. Die Verwendung beschränkte sich aber häufig auf die Brainstorming-Methode (vgl. Abb. 6).

Technik der Ideenfindung	Zahl der Anwendungen	relative Häufigkeit
(1) Brainstorming	73	67,6 %
(2) Synektik	9	8,3 %
(3) Morphologischer Kasten	9	8,3 %
(4) Brainwriting	3	2,8 %
(5) Sonstige Methoden	14	13,0 %
	108	100,0 %

Abb. 6: Verwendung von Kreativitätstechniken nach einer empirischen Untersuchung von *Uebele* (1988)

Dabei sind nach dieser Untersuchung die Anwendungserfahrungen mit Kreativitätstechniken überdurchschnittlich in den Branchen Nahrungs- und Genussmittel sowie Chemie, Gummi und Kunststoffe gemacht worden. Dagegen war die Verbreitung in den Branchen Eisen, Stahl, NE-Metalle und Möbel, Papier

und Verpackung unterdurchschnittlich. Allerdings hatten Kreativitätstechniken in der letztgenannten Branche eine überdurchschnittlich hohe Bedeutung für die Ideenfindung (vgl. Abb. 7).

Entgegen der Anwendungshäufigkeit verschiedener Methoden
der Kreativitätssteigerung, war die eingeschätzte Bedeutung der
Kreativitätstechniken für die befragten Unternehmen sehr hoch.
So beurteilten 61,2 % der Unternehmen die Kreativitätstechniken als sehr wichtig oder wichtig ein. Lediglich 27,5 % stuften
deren Bedeutung als eher unwichtig ein. Eine besonders hohe
Bedeutung ihrer Einschätzung erfuhren die Methoden durch die
Branchen Möbel, Papier und Verpackung; Eisen, Stahl, NE-Metalle und Nahrungs- und Genussmittel.

Branche	Verbreitung in %
(1) Nahrungs- und Genussmittel	46,4
(2) Chemie, Gummi und Kunststoffe	39,2
(3) Elektrotechnik, Feinmechanik, Optik, Messtechnik	32,0
(4) Steine/ Erden, Glas/Keramik	31,8
(5) Sonstige Konsumgüter	30,8
(6) Fahrzeugbau, Luft- und Raumfahrttechnik, Schiffbau	27,8
(7) Stahl- und Maschinenbau	27,1
(8) Textil und Bekleidung	23,8
(9) Eisen, Stahl, NE-Metalle	22,5
(10) Möbel, Papier und Verpackung	21,1

Abb. 7: Verbreitungsgrad von Kreativitätstechniken (nach *Uebele* 1988)

Dagegen erbrachte eine Untersuchung von *Geschka* und *Yildiz*
(1990; schriftliche Befragung bei 500 Unternehmen aller Branchen), dass selbst die bekannteste Methode, das **klassische Brainstorming**, von 26 % der befragten Unternehmen noch nie angewandt wurde. Die Ergebnisse stimmen mit einer älteren Untersuchung der Deutschen Gesellschaft für Betriebswirtschaft (1979)
überein, die bei ihrer empirischen Untersuchung (400 mittelständische Industrieunternehmen zumeist weniger als 500 Beschäftigte vor allem der Branchen Maschinenbau, Elektrotechnik, Ei-

sen-, Blech- und Metallwaren, Chemie; 100 beteiligte Unternehmen, Interviewleitfaden und persönliche Interviews) feststellten, dass 79 % der befragten Unternehmen keine Kreativitätstechniken einsetzen. Selbst die klassische Brainstorming-Methode wurde nur von 11 % der Befragten gelegentlich und von 10 % regelmäßig eingesetzt.

Auch eine 1990 durchgeführte Untersuchung des Verfassers bei zumeist mittelständischen Unternehmen der Bundesrepublik Deutschland (mit weniger als 1.000 Beschäftigten) über die Bedeutung der Nischenpolitik bei Produktionsunternehmen erbrachte einen geringen Verbreitungsgrad von Kreativitätstechniken (*Knieß* 1992). Zwar setzen nach der Untersuchung (Stichprobe 67 Unternehmen, mündliche Befragung) 51,4 % der befragten Unternehmen Prognosemethoden, hier explizit Kreativitätstechniken, ein, der Einsatz beschränkte sich aber zumeist auf einfache Kreativitätstechniken, wie Brainstorming und Szenario-Technik (dabei wurde zumeist eine abgewandelte Form der Szenario-Technik eingesetzt, die unstrukturierter abläuft). Ohne Berücksichtigung der Brainstorming-Methode, setzten nur noch 29,7 % der befragten Unternehmen Kreativitätstechniken ein, und ohne die Brainstorming-Methode und die Szenario-Technik verringert sich die Zahl gar von 51,4 % auf 13,5 % (Abb. 8).

Kreativitätstechniken	Verbreitung (in %)
Kreativitätstechniken insgesamt	51,4
ohne Brainstorming /mit Szenario-Technik	29,7
ohne Brainstorming /ohne Szenario-Technik	13,5

Abb. 8: Verbreitungsgrad von Kreativitätstechniken

Eine Ausnahme ist in der Szenario-Technik zu sehen. Die Szenario-Technik wird zwar weiterhin nahezu nur in Großunternehmen eingesetzt, hier aber mit steigender Beliebtheit. So nutzen nach *Geschka* (1999) in Unternehmen mit mehr als 40.000 Beschäftigten 40 % die Szenario-Technik, in Unternehmen zwischen 20.000 und 40.000 Beschäftigten liegt die Einsatzquote bei 30 % und über alle (Groß-)Unternehmen immerhin noch bei 21 %. Einschränkend sei jedoch darauf verwiesen, dass der Einsatz hier weniger zur Neuproduktideenfindung im engeren Sinne, denn vielmehr als Basis umfassender Planungsstrategien zu sehen ist (vgl. auch Kapitel 6, Abschnitt Szenario-Technik).

Ingesamt ist ansonsten der Einsatz der Kreativitätstechniken weiterhin gering. So berichtet *Czichos* (1993) von seiner Befragung auf einem Kreativitätskongress, bei dem von 120 Teilnehmern zwar 90 das Brainstorming kannten, aber lediglich noch 20 Personen die Methode 635, 15 Personen die Morphologische Methode und nur noch zehn Personen das Force-Fit-Spiel. Auch nach einer Untersuchung von *Geschka/Dahlem* (1996) ist das Brainstorming weiter die am häufigsten angewendete Kreativitätstechnik. Die Nutzung anderer Methoden ist weiterhin gering. Zum gleichen Ergebnis kommt *Schachtner*, der 1998 bei 92 großen deutschen Unternehmen mit mehr als 1.000 Beschäftigten eine Befragung zum Ideenmanagement durchführte. Hiernach nutzen die Unternehmen die Brainstorming-Methode und die Methoden Brainwriting und Morphologischer Kasten, die letzteren beiden aber nur selten (*Schachtner* 2001).

Die jüngste Literatur spricht ebenfalls – allerdings ohne Differenzierung – weiterhin von einer geringen Nutzung der Kreativitätstechniken in der Praxis (z. B. *Fischer/Breisig* 2000, *Geschka* 2002, *Hauschildt* 2004, *Stern/Jaberg* 2003). Die Ergebnisse der obigen Untersuchungen dürften damit bis heute wenig an Gültigkeit verloren haben.

Wird berücksichtigt, dass über 90 % der Unternehmen in der Bundesrepublik zu den kleinen und mittleren Unternehmen mit weniger als 500 Beschäftigte gezählt werden, kann zusammenfassend davon ausgegangen werden, dass trotz des seit den sechziger und Anfang der 70er Jahre fast unveränderten Methodenrepertoires die Verbreitung von Kreativitätstechniken in der Unternehmenspraxis insgesamt weiterhin als sehr gering eingestuft werden muss.

Dagegen steht eine enge positive Beziehung zwischen Unternehmenserfolg und Einsatz von Kreativitätstechniken. Wie Untersuchungen zeigen, sind Unternehmen, die Kreativitätstechniken einsetzen, überproportional erfolgreich. So heben sich nach einer empirischen Befragung von *Geschka/Dahlem* (1996) bei

153 Unternehmen erfolgreiche Innovationsunternehmen von anderen Unternehmen durch eine intensive und formalisierte Anwendung von Kreativitätstechniken, auch anspruchvollerer, sowie die Beachtung von Hierarchiefreiheit und Interdisziplinarität bei Gruppenbildungen ab.

Anwendungsprobleme und Schwierigkeiten

Unabhängig von Anwendungsvoraussetzungen und Schwierigkeiten einzelner Kreativitätstechniken, die bei der Darstellung der jeweiligen Methoden erläutert werden (vgl. Kapitel 4, 5 und 6), sind folgende allgemeine, die Kreativitätstechniken übergreifende Probleme und Schwierigkeiten der Anwendung festzustellen.

In einer Untersuchung von *Schlicksupp* (2004 I) wurde als besondere Schwierigkeit bei der Anwendung und Einführung der Kreativitätstechniken festgestellt, dass als die größte Ursache für Schwierigkeiten die mangelnde Kenntnis in der Anwendung der Techniken anzusehen ist. Wie oben bereits erläutert, sind höchstens zehn Methoden im deutschen Sprachraum bekannt. Je kleiner das Unternehmen, je geringer die Kenntnis der Anwendung der Techniken. Vielfach ist nur noch die Brainstorming-Methode in Unternehmen geläufig. Die Regeln der einzelnen Techniken sind vielfach nur unvollständig erworben (etwa auf einem 1-Tages-Seminar). Gerade aber bei den Methoden der intuitiven Konfrontation und bei den systematisch-analytischen Methoden bedarf es einer genauen Kenntnis deren Anwendung. Weitere wesentliche Schwierigkeiten ergeben sich aus der ungenügenden Qualifikation der Mitarbeiter, aus Zeit-, Termin-, und Personalproblemen sowie aus der Ablehnung der Methoden aufgrund von internen Widerständen.

Folgende grundsätzlichen Probleme bei der Anwendung in der Praxis können zusammenfassend dargestellt werden (vgl. zur theoretischen Begriffsabgrenzung der Anwendungsprobleme auch *Schadenhofer* 1982):

(1) Den Methoden inhärente Probleme, d. h. die Techniken führen nicht mit Sicherheit zum Optimum, können nur nach einer intensiven Trainings- und Anlernzeit sinnvoll genutzt werden. Daneben ergeben sich Probleme, da die Verfahrensregeln der Techniken teilweise im Widerspruch zu bisherigen Verhaltensmustern stehen.

(2) **Akzeptanzprobleme,** da der Erfolg der Ideenfindung nicht ursächlich den Techniken zugeschrieben werden kann sowie mangelnde Anerkennung der Methoden durch Mitarbeiter und Management.

(3) **Kommunikationsprobleme.** Wie oben bereits erläutert, stellen Methoden der Gruppenarbeit relativ hohe Anforderungen an die Moderation. Unternehmensinterne Personen verfügen oft nicht über die für die Techniken notwendigen Voraussetzungen, vor allem bei den komplexeren Methoden. Dies führt zu Kommunikationsproblemen innerhalb der Sitzungsgruppe und verhindert eine erfolgreiche Ideenfindung.

(4) **Organisatorische Probleme.** Neben den organisatorischen Anwendungsproblemen, dass es in Unternehmen und Organisationen oft an Zeit, Räumlichkeiten und Arbeitsmitteln für die Gruppenarbeit mangelt, wird häufig nicht beachtet, dass Kreativitätssitzungen neben den Aufgaben, die während der Durchführungsphase zu erledigen sind, auch andere Arbeiten beinhalten. So ist in der Vorbereitungsphase u. a. die genaue Problemdarstellung zu formulieren, die Sitzung vorzubereiten, d. h. Arbeitsmittel und Arbeitsraum sind zu besorgen und die Koordination (z. B. Einladung der interdisziplinären Arbeitsgruppe) ist zu übernehmen. In einer Auswertungsphase müssen die Ideen ausgewertet werden und anschließend ist die weitere Arbeit zur Bewertung und Realisation erarbeiteter Ideen zu veranlassen.

Beispiel einer erfolgreichen Anwendung

Abb. 9 (S. 54 f.) zeigt eine umfassende Darstellung eines Beispiels des erfolgreichen Einsatzes von Kreativitätstechniken bei 2 Unternehmen mit ähnlicher Ausgangssituation (*Uebele* 1988), die für die weitere Betrachtung Grundsatzcharakter hat.

Insbesondere die hohe Motivation der Ideenfindungsgruppe, die nachhaltige Unterstützung durch die Unternehmensleitung,

Unternehmen		
Merkmal	Holzverarbeitende Industrie (Möbelhersteller; ca. 500 Beschäftigte)	Produktionsschwerpunkt: Nachrichten- und Kommunikationstechnik; ca. 3.100 Beschäftigte
Anwendungsproblem	Entwicklung neuer Serien-Kastenmöbel für den Wohnmöbelbereich (Produktmodifikation) durch Formgestaltung, Teilevariation ...	Entwicklung konkreter Neuproduktideen in 10 ausgewählten Suchbereichen (horizontale Diversifikation)
Ausgangssituation	Schneller Modellwechsel wegen kurzer Produkt-Lebenszyklen; Zwang zur kurzfristigen Anpassung unter Einbeziehung von Modetrends	Sättigungserscheinungen auf den bisher wichtigsten Märkten; zur Erreichung strategischer Umsatzziele Einführung einer wachstumsträchtigen neuen Produktgruppe
Sonstige Bedingungen	Verträglichkeit neuer Varianten mit bestehenden Typen und Normen in der Produktion und im Zulieferbereich	Nutzung des verfügbaren technologischen Knowhows; Orientierung an den bedeutendsten Stärken und Schwächen
Ideenquelle vor Einsatz des Brainwritings	Fachzeitschriften, Modellbauzeitschriften, Kataloge, fachfremde Zeitschriften	Messebesuche, Marktforschungsanalysen, Kunden- und Außendienstanalyse, Konkurrenzanalyse
Teamzusammensetzung	6 Personen: 2 Designer, Konstruktionsleiter, Produktgruppenleiter, Technischer Zeichner, Gebietsverkaufsleiter	Geschäftsleitung, Projektteam, Mitglieder des externen Beratungsinstituts
Ausgestaltung der Methode	Jeder Teilnehmer hat innerhalb von 15 Min. jeweils ca. 5 Ideen verbal oder als Grobskizze zu Papier zu bringen (jeweils 1 Zettel); Ideen werden auf Pinnwand angeordnet und diskutiert; Ergänzung und Variation der Ideen durch freie Assoziation; evtl. neue Diskussion. Dauer: ca. 1h	Grundprinzip der Methode 635: Jeder der 6 Teilnehmer schreibt jeweils 3 Ideen in 5 Min. auf; es können Ergänzungen bzw. neue Ideen hinzugefügt werden. Nach 30 Min. liegen $3 \times 6 \times 6 = 108$ Ideen vor. Hier: ca. 400 Ideen, da mehr als 6 Teilnehmer

Unternehmen		
Ergebnisse	Zahlreiche Ideen, die in einem weiteren schritt auf Realisierbarkeit und Marktchancen untersucht werden. Die anderen Ideen werden zeichnerisch umgesetzt und von einem Gremium (Geschäfts-, Verkaufs- und Designleitung) weiter diskutiert	Ca. 400 Ideen, die im Rahmen einer umfassenden Bewertung und Auswahl in mehreren Phasen gefiltert werden. Erfolgversprechende Ideen (z.B. Fernanzeige für Reifendruck) werden unter Einsatz der Synektik weiter untersucht
Bewertung und Folgen	Die methodische Vorgehensweise hat sich bewährt und soll künftig regelmäßig eingesetzt werden	Nach ausführlicher Marktstudie erweist sich die Produktgruppe „Einbruch-Meldesystem" als am erfolgreichsten. Sie erfüllt am Markt die Erwartungen. Die eingesetzten Kreativitätstechniken werden als sehr bedeutsam für Produktinnovationen angesehen

Abb. 9: Anwendung von Kreativitätstechniken in zwei Unternehmen (aus *Uebele* 1988)

die sorgfältige und gut vorbereitete Vorgehensweise und die systematische Analyse der Lösungsansätze führten bei den Unternehmen zu einer erfolgreichen Anwendung.

Auch wenn viele der bei den verschiedensten Autoren dargestellten Methoden der Kreativitätssteigerung nur Abwandlungen bereits bekannter Techniken darstellen, sind im Vergleich zum bisherigen Einsatz der Methoden der Ideenfindung noch große Abweichungen zu einer möglichen Anwendung festzustellen.

Im Folgenden sollen daher für die praktische Arbeit wichtige intuitive und systematisch-analytische Methoden dargestellt werden.

Die Darstellung der Methoden orientiert sich an der im ersten Abschnitt vorgenommen Gliederung der Kreativitätstechniken. Neben der Darstellung der Leitideen der Techniken, der Eignung der Methode für die praktische Anwendung und der Erläuterung wichtiger einzuhaltender Regeln für den erfolgreichen Einsatz, kommt der Beispielsdarstellung eine wesentliche Bedeutung zu.

In den beiden anschließenden Kapiteln ist eine Vielzahl von Übungsaufgaben (mit Lösungen) dargestellt, die den Einsatz wichtiger Kreativitätstechniken näher bringen sowie Möglichkeiten der Kreativitätssteigerung eröffnen.

Es sei aber noch einmal erwähnt, dass zu hoch gesteckte Erwartungen und mangelnde Geduld während der Anlernphase die Methoden der Ideenfindung schnell in ein schlechtes Ansehen bringen können. Die Techniken sind keine Trichter, aus denen automatisch Produkt- oder Prozessinnovationen in beliebiger Anzahl gezogen werden können. Eine Garantie, dass die optimale Lösung erzielt werden kann, können die Methoden nicht leisten. Die richtige Anwendung der Methoden der Ideenfindung kann aber den Ideenfindungsprozess entscheidend steigern und so zu einem Wettbewerbsvorteil für das Unternehmen oder die Organisation führen.

Kapitel 4: Intuitiv-kreative Methoden

4.1 Das klassische Brainstorming und seine Varianten

Klassisches Brainstorming (Ideenwirbel, Gehirnsprudel)

Grundgedanke: Eine der wichtigsten, vielleicht die wichtigste in Unternehmen und Organisationen eingesetzte Methode der Ideenfindung ist das klassische Brainstorming.

Die intuitiv-kreative Methode des Brainstormings wurde in den dreißiger Jahren in den USA von *Alex Osborn* (1963) aus der Erkenntnis des negativen Konferenzdenkens entwickelt. So beobachtete *Osborn* bei allen von ihm besuchten Konferenzen, dass diese von einer Atmosphäre des „ausgeschlossen, unmöglich, nein und damit Schluss und aus" beherrscht wurden. Ideen wurden abgewürgt, kaum dass sie erwähnt worden waren und viele ansonsten einfallsreiche Teilnehmer hüllten sich deshalb in Schweigen. Die Konferenzen wurden infolgedessen von einer Einzelperson dominiert oder durch die Unternehmensleitung geprägt.

Eine erfolgreiche Anwendung des Brainstormings, einer Methode des schöpferischen Denkens, soll dies jedoch vermeiden. Der wesentliche Aspekt des Brainstormings ist damit die Aktivierung des Unterbewusstseins, welches auch bei Themenwechsel und Beschäftigung mit anderen Tätigkeiten am Problem arbeitet.

Typische Problemstellungen: Das klassische Brainstorming ist zur Lösung nahezu aller Problemarten einsetzbar. Am besten jedoch eignet sich die Technik zur Lösung von Suchproblemen, die nicht zu komplex sind und sich eindeutig beschreiben lassen.

Grundregeln einer erfolgreichen Brainstorming-Sitzung

Unerlässlicher Bestandteil einer jeden Brainstorming-Sitzung sind vier Grundregeln.

(1) Keine Kritik. Kritik oder Wertung findet immer erst später statt. In der ersten Phase geht es ausschließlich um eine erfolgreiche, quantitative Ideenproduktion.

Wesentlich ist allein, dass der Ideenfluss nicht unterbrochen wird, und dass eine möglichst große Zahl von Ideen erarbeitet wird. Für Scheinargumente und Phrasen (Ideenkiller), Entschuldigungen und nicht verbale Bemerkungen (Killerface) ist die Zeit zu kostbar. Sie blockieren im Gegenteil den Ideenfluss des Unterbewusstseins der Teilnehmer.

(2) Quantität vor Qualität. Es kommt auf die Ideenmenge an. Je mehr Vorschläge entstehen, umso größer ist die Wahrscheinlichkeit, dass unter ihnen der oder die „Gewinner" ist/sind.

(3) Freier Lauf der Assoziation. Willkommen ist das freie Gedankenspiel. Je ungezwungener die Ideen sind, desto besser. Dabei muss jede Anregung aufgenommen werden, auch die Anregung von Laien ist von den anwesenden Experten zu akzeptieren.

(4) Aufgreifen und Weiterentwickeln Ideen Dritter. Brainstorming ist harte Teamarbeit. Das Aufgreifen und Weiterentwickeln der Einfälle anderer ist nicht nur erlaubt, sondern in höchstem Maß erwünscht. Das so genannte „Trittbrettfahren", also das Aufspringen auf die Ideen anderer, hat die Wirkung eines Multiplikators und führt zum Synergie-Effekt in der Gruppe.

Vorgehensweise: Am Fall der Brainstorming-Methode sollen die zu erledigenden Aufgaben für die Vorbereitung, Durchführung und Nachbereitung einer Gruppensitzung exemplarisch sehr ausführlich dargestellt werden. Viele der Aufgaben sind bei den meisten Kreativitätstechniken ähnlich. Bei der Darstellung der anderen Methoden wird daher vornehmlich auf wesentliche Unterschiede zur allgemeinen Ablaufbeschreibung eingegangen.

Vorbereitungsphase

- Einladung von 5–7 Teilnehmern (max. 15; aber bereits ab 10–12 Personen sinkt die Qualität der Ergebnisse deutlich erkennbar, sodass die Angabe von max. 15 Personen für brauchbare Ergebnisse meist schon zu hoch ist) mit möglichst unterschiedlichen Kenntnissen und Erfahrungen, d. h. aus verschiedenen

Bereichen des Betriebes und möglichst verschiedenen hierarchischen Ebenen. Bei zu divergierenden Hierarchieebenen sind jedoch die in Kapitel 2 und 3 genannten Problembereiche zu berücksichtigen. Insbesondere ist die Regel zu beachten, dass es bei dieser Gruppenarbeit keine Rangunterschiede geben darf. Die Erfahrung von Moderatoren zeigte, dass für den Erfolg einer Brainstorming-Sitzung Kleingruppen wichtig sind.

- Problemdefinition und Erarbeitung von Diskussionshilfen.
- Rechtzeitige Einladung mit Orts-, Zeit- und Terminangabe.
- Reservierung eines Sitzungsraums (ruhiger Raum, Tafel oder Flip-Chart, Erfrischung etc.).
- Bereitstellung der Präsentations- und Arbeitsmittel.

Durchführungsphase

- Einleitung und Vorstellung des Problems (ggf. Einsatz von so genannten Aufwärmfragen zur Lockerung der Atmosphäre).
- Ideenaustausch entsprechend der oben genannten vier Grundregeln mit entsprechender Protokollierung.
- Die Ideensammlung sollte nicht länger als 30 min. dauern, da danach kaum noch neue Ideen zu erwarten sind.
- Für den Ablauf der Sitzung ist eine entspannte Atmosphäre zu gewährleisten. Gleichzeitig soll sie jedoch die Aufmerksamkeit der Teilnehmer nicht ablenken. Das Unterbewusstsein reagiert sehr empfindlich und kann sich sehr schnell sperren.

Eine wichtige Aufgabe wird dem Moderator zuteil. Er sollte einerseits im Hintergrund des Geschehens bleiben und andererseits die Gedanken, Ideen und Einfälle der Teilnehmer zu einem feinmaschigen Assoziationsnetz verknüpfen. In der Praxis hat es sich als vorteilhaft herausgestellt, dass der Moderator die geäußerten Ideen für alle sichtbar notiert, wie etwa auf Flip-Charts. Sofern ein Blatt voll geschrieben ist, wird dieses Blatt für alle Teilnehmer gut sichtbar ausgehangen. So ist gewährleistet, dass man bei der Ideensuche auch die vorher notierten Lösungsansätze im Auge behält. Der Einsatz einer Sekretärin, die stenografiert bzw. eines Tonaufzeichnungsgeräts ist nicht empfehlenswert, da so nur die letzten Ideen vergegenwärtigt werden. Im Einzelnen sind die Aufgaben des Moderators beim Brainstorming:

- Beachtung der Regeln und des Themas.
- Spannungen und Disharmonien ausgleichen.
- Bei nachlassendem Ideenfluss Impulse geben. Es hat sich herausgestellt, dass die Ideenproduktion (einen Kurvenverlauf in Abhängigkeit von der Zeit folgend) zwei Maxima aufweist. In der ersten Phase werden zwar viele Ideen geäußert, diese sind jedoch noch sehr konventionell. Die unkonventionellen Lösungen kommen erst in der zweiten Phase (vgl. auch Kapitel 1). Die Kunst eines guten Moderators besteht nun darin, die Teilnehmer zu diesem zweiten Maximum zu bringen (z. B. durch Einsatz der so genannten Transparenzfragen; vgl. Kapitel 3).
- Beendigung der Sitzung erklären.

Auswertungsphase

- Von einem Projektteam oder einer einzelnen Person werden im Anschluss an die Sitzung alle Ideen geordnet. Dabei werden die Gruppen der unmittelbar verwendbaren Ideen, der Ideen, die zu einer Lösung entwickelt werden können und der unbrauchbaren Ideen gebildet.
- Es hat sich als vorteilhaft herausgestellt, den Sitzungsteilnehmern das Ideenprotokoll am nächsten Tag auszuhändigen. Ist das Problem ins Unterbewusstsein übergegangen, werden erfahrungsgemäß über Nacht noch weitere neue Lösungsansätze gefunden, die ebenso aufgenommen werden sollten.
- Als letzter Schritt ist die Einleitung der Ideenrealisierung zu veranlassen.

Vor- und Nachteile: Die Vorzüge des Brainstormings sind:
- Die Technik verursacht nur geringe Kosten.
- Brainstorming ist zugleich ein sinnvolles Kommunikationstraining.
- Brainstorming wirkt anregend und motivierend und steigert das Selbstbewusstsein der Teilnehmer.
- Brainstorming verbessert die Arbeitsatmosphäre.
- Zur Problemlösung wird das Wissen mehrerer Personen benutzt.
- Denkpsychologische Blockaden werden durch den Einsatz des Brainstormings vermindert.

- Durch die Anwendung der Methode der Assoziation wird die Lösungsvielfalt erweitert.
- Unnötige Diskussionen werden durch die einzuhaltenden Regeln vermieden.
- Brainstorming ist kurzfristig durchführbar, d. h. man benötigt wenig Vorbereitungszeit und geringes Methodenwissen. Für die Durchführung wird wenig Zeit benötigt.
- Brainstorming ist einfach zu erlernen und daher auf allen hierarchischen Stufen im Unternehmen einsetzbar.

Zu den Nachteilen zählen:

- Inhaltliche Bindungen der Teilnehmer an Erfahrungen und Gesetzmäßigkeiten verhindern das Finden neuer Perspektiven. Diese psychologischen Nachteile von Menschen werden durch die Brainstorming-Methode nicht überwunden.
- Die Teilnehmer können sich zur Äußerung phantastischer Ideen, Utopien gezwungen fühlen,
- bzw. es kommt bei den Teilnehmern zu einer übersteigerten Phantasie.
- Es werden kaum außergewöhnliche Lösungsansätze gefunden.
- Überdurchschnittliches Risikoverhalten der Gruppe (vgl. Kapitel 2, Abschnitt Gruppenarbeit).
- Die Dominanz einzelner Teilnehmer führt zu Spannungen.
- Die Ideenselektion ist sehr aufwändig.

Die häufigsten anzutreffenden Anwendungsfehler sind:

- Es kommt zu Fachdiskussionen, sodass die „Laien", von denen oftmals außergewöhnliche Ideen vorgetragen werden, sich nicht äußern.
- Ein weiterer Fehler ist der häufige Abbruch der Sitzung bereits beim ersten Totpunkt.
- Zu lange Beiträge der Teilnehmer verhindern schnelles Assoziieren.
- Das Protokoll ist unvollständig oder nur in Stichworten vorhanden.

Praxisbeispiele von Brainstorming-Sitzungen

Beispielsweise hatte ein Teilnehmer während einer Brainstorming-Sitzung die Idee, ein Männchen in eine Walnuss kriechen zu lassen, um deren Kern unzerbrochen herauszuholen. Diese Idee hatte für die Pralinenherstellung die Lösung angeregt, Walnüsse von innen mit einem Gas zu sprengen (DGfB 1979).

Ziel einer anderen Brainstorming-Sitzung war es, neue Verwendungsmöglichkeiten für einen bereits bestehenden verschließbaren Plastikbeutel zu finden. Der Plastikbeutel, dessen Innenseiten an der Öffnung so gefertigt waren, dass sie durch einfaches Pressen aneinander hafteten, diente als Behälter für Maschinenersatzeinzelteile. Das Sitzungsprotokoll (*Stuhr* 1969) hatte folgenden Wortlaut:

A: „Für den nassen Badeanzug."
C: „Behälter für Grammophonplatten."
E: „Zahnbürsten ... Seife."
B: „Wär' das nicht etwas für Angler?"
A: „Klar, für Köder ... lebende Köder."
B: „Heh – wenn ich wieder tauchen geh', kann ich darin allerhand mit hinunter nehmen."
E: „Ich weiß nicht recht ... wenn dir das Ding dann kaputtgeht ..."
Alle: „Oho – Bußgeld – Strafe – ein Dollar Strafe für negatives Denken!"
E: „Pardon ... stimmt ... werd's nicht wieder tun. Hier ist ein Dollar."
D: „Für Gemüse ... Käse."
B: „Und für die Fische, die er gefangen hat."
C: „Als Gummischuh für Regenwetter."
A: „Oder man macht kleine Beutel für verschiedene Sachen und steckt sie alle in den großen Beutel ... Frauen mit all ihren Lippenstiften und solchem Zeug."
E: „Essensbehälter für Restaurants, die außer Haus verkaufen."
B: „Ja, oder wenn du im Restaurant gegessen hast, steckst du die Knochen ein für den Hund."
(Lachen)
D: „Und überhaupt – wenn es dir im Restaurant nicht schmeckt, kannst du es jedenfalls noch mitnehmen."
C: „Großartig ... besonders, wenn du Gäste erwartest."
(Lachen)

B: „Oder wenn es im Restaurant nicht gar ist, kocht Mutti es noch mal auf."

A: „Für Schulkinder ... statt des Ranzens."

D: „Und für Picknicks."

C: „Und auf Schiffen ... für Seekranke."

A: „Ja, und im Flugzeug ..."

(Lachen)

E: „Ja, und überhaupt Abfälle ... statt eines Eimers für die Müllabfuhr."

B: „Für Anzüge ... der Kleiderschrank im Kleiderschrank."

D: „Und dann für Windeln ..."

E: „Gebrauchte oder neue?"

(Lachen)

A: „Mit Aufdruck ... ein Beutel für neue und ein Beutel für gebrauchte Windeln ... Klar, mit Aufdruck."

C: „Glänzend! So verkaufen wir zwei statt einem."

A: „Überhaupt Aufdruck ... großartig ... denk doch bloß an all die Werbung."

D: „Werbung ... Eigenwerbung ... , Noch ein XYZ-Beutel'."

Das anonyme Brainstorming

Beim anonymen Brainstorming sammelt der Moderator bereits *vor* der Sitzung erste Lösungsansätze ein, die von den Gruppenteilnehmern vorher in Einzelarbeit erarbeitet wurden. In der anschließenden Gruppensitzung werden diese ersten Ansätze dann weiterentwickelt. Der Moderator liest hierzu die Ideen einzeln vor und versucht diese mit der Gruppe zu erweiterten Lösungsansätzen weiter zu entwickeln.

Die Vorzüge des anonymen Brainstormings sind:

- Es stehen die alltäglichen Anregungen und zusätzlich die Anregungen der Gruppenarbeit zur Verfügung.
- Es findet eine Anhäufung des Wissens aller Teilnehmer statt.
- Die Technik ist auch für große Gruppen geeignet.
- Die Methode eignet sich gut bei Gruppen, in denen mit Konflikten zu rechnen ist.

Neben den Nachteilen, die allen Brainstorming-Methoden zu eigen ist, gilt als besonderer Nachteil, dass:

- die Teilnehmer schon zu Beginn der Gruppenarbeit sehr auf

ihre eigenen Lösungsansätze festgelegt sind, sodass kaum außergewöhnliche Ideen zu erwarten sind.

Das Solo-Brainstorming

Das Solo-Brainstorming ist eine Technik, die in Einzelarbeit durchgeführt wird. Die Anregung zur Findung von Ideen, die beim klassischen Brainstorming durch die Gruppenteilnehmer selbst erzeugt wird, geschieht hier über Situationen, Bilder, Stimmungen, Aktionen, Reizwörter etc. in Einzelarbeit.

Als spezifische Vorteile dieser Technik sind zu nennen:

- Es entfallen die Probleme, die durch Gruppenarbeit verursacht werden.
- Eine einzelne Person ist zeit- und ortsungebunden.

Die spezifischen Nachteile sind:

- Die Anreize bzw. Anregungen durch die Gruppenarbeit fallen weg.
- Zur Assoziation und Ideenfindung steht nur das eigene Wissen zur Verfügung.

Imaginäres Brainstorming

Eine interessante, aber bisher noch wenig eingesetzte Variante des klassischen Brainstormings stellt die von Keller (*Keller* 1971) entwickelte Methode des imaginären Brainstormings dar. Sie beabsichtigt, den Denkprozess aus seiner eher gewohnten Bahn herauszulösen und somit ungewöhnliche Ideen zu produzieren. Die Technik ist vor allen zur Lösung von Analyse- und Konstellationsproblemen geeignet.

Ausgehend von einer ungenauen Problemstellung sollen die Gruppenteilnehmer (4–7 Personen) irreale Zustände (Utopien, wie z. B. alle Hunde haben sechs Beine, können aufrecht gehen, leben bei +70°C) erfinden. Dabei werden in einer ersten Phase die hauptsächlichen Gegebenheiten des Problems annahmehaft durch andere, auch völlig fiktive Möglichkeiten ersetzt. Dadurch erhält man ein vorstellungshaft verändertes, sozusagen „imaginäres Problem", zu dem in der zweiten Phase Lösungen gesucht werden. Im dritten Schritt findet dann eine Übertragung der für die Utopien gefundenen Lösungen auf reale Probleme statt. Eine Sitzung soll in etwa 30–40 Minuten dauern.

Durch dieses „force fit" (Übertragung der für die Utopien gefundenen Lösungen auf reale Probleme) ordnet man das imaginäre Brainstorming auch den Methoden der intuitiven Konfrontation zu.

Als spezifische Nachteile der Methode sind zu berücksichtigen, dass es, neben inneren Widerständen Irreales zu erfinden, oft nicht leicht ist, in imaginären Problemen und Lösungen zu denken. Dafür erhält man als Ergebnis oft ungewöhnliche Resultate.

Diskussion 66 (Methode 6 × 6, Sechsergruppen suchen sechs Minuten nach Ideen)

Die Methode 6 × 6, dem klassischen Brainstorming sehr verwandt, wurde ursprünglich eingesetzt, um Diskussionen im Anschluss an Vorträge und Reden zu aktivieren. Um auch große Teilnehmerkreise bei Problemlösungen einbeziehen zu können, strebt man bei der Diskussion 66 (entwickelt von *Philipps*) einen steten Wechsel von Plenumsdiskussion und Kleingruppenarbeit an. Eine größere Gruppe wird daher in mehrere kleine Gruppen aufgeteilt. Die Gruppen sollten nicht mehr als sechs Teilnehmer haben.

Es wird allen Gruppen dieselbe komplexe, ungenaue Problemstellung vorgegeben. Dabei kann es sich sowohl um Such- als auch um Analyseprobleme handeln. Zur Bearbeitung des Problems in der Kleingruppe ist eine Zeit von sechs Minuten vorgesehen. Der Gruppensprecher trägt die Gruppenlösungen vor, die anschließend im Plenum diskutiert werden. Danach kann evtl. ein weiteres Problem oder Problemdetail in der Gruppe bearbeitet werden. Die Gesamtteilnehmerzahl kann bei dieser Methode nahezu beliebig groß sein.

Didaktisches Brainstorming (Little-Technik von *Gordon*)

Wesentliches Merkmal der für Gruppenarbeit geeigneten Little-Technik von *Gordon* ist, dass den Teilnehmern die genaue Problemstellung vorab nicht mitgeteilt wird. Nur der Moderator kennt diese zu Beginn der Gruppensitzung und gibt zunächst nur allgemeine Aspekte des Problems bekannt. Ziel ist es, dass die Problemstellung von den Teilnehmern erst im Verlauf mehrerer Sitzungen erarbeitet wird. Dadurch erreicht man eine intensivere Bearbeitung von Analyseproblemen. Durch die Ungewissheit über die genaue Problemstellung können auch weit entfernte Ideen entwickelt werden. Dies beugt einer zu frühen Einengung des Suchfeldes vor. Dagegen ist diese Methode für Suchprobleme nicht geeignet. Die Inkubation (Entfernung, Entfremdung) und der Abbau von Sperren wird bei der Little-Technik durch Ermüdung bewirkt.

Als spezifische Vorteile dieser Methode gelten:
- Der Mangel an Einschränkungen in der ersten Phase, der eine Einengung des Suchfeldes der Teilnehmer verhindert, ermöglicht eine sehr genaue Erarbeitung einer Problemdefinition.
- Es können auch weit entfernte Lösungsansätze entwickelt werden.

Der besondere Nachteil dieser Methode ist:
- dass für die Lösungssuche extrem viel Zeit benötigt wird.
- Zudem werden hohe Anforderungen an den Moderator gestellt.

Das destruktiv-konstruktive Brainstorming

Das destruktiv-konstruktive Brainstorming (auch paradoxes Brainstorming genannt) wurde bei der Firma *General Electric* entwickelt. Die Methode ist der Little-Technik sehr ähnlich, jedoch vom Ablauf her umfassender. Bis zur Problemkonkretisierung ist der Ablauf der gleiche.

Nach einer erfolgten Problemkonkretisierung erfolgt aber zusätzlich eine Beurteilung der Schwächen und Stärken einer derzeit denkbaren Lösung. Hierdurch werden zunächst Ideen gesammelt, die eine entgegen gesetzte Wirkung erzielen und somit eine Lösung verhindern (z. B. Wie lassen sich Käufer abschrecken?).

Im Anschluss daran werden für die Fehler und Schwachstellen

der derzeitigen Lösung neue Lösungsansätze gesucht. So sollen originellere, brauchbarere Ideen gefunden werden.

Nachteilig bei dieser Technik ist das Risiko, dass man sich in einem zu frühen Stadion auf einen Lösungsansatz fixiert und dann nur diesen weiter bearbeitet. Die Erweiterung des Lösungsfeldes und die Möglichkeit der Findung origineller Ideen, das durch die unpräzise Problemstellung gewonnen wurde, geht so wieder verloren.

Die „And-also"-Methode

Auch eine weitere Variante der „klassischen" Brainstorming-Methode, die „And-also"-Methode (auch progressives oder Stop-and-Go-Brainstorming benannt) eignet sich zur Bearbeitung von Analyse- und Konstellationsproblemen. Generelles Prinzip dieser Technik ist, dass jeder Lösungsvorschlag erst mit der Gruppe diskutiert werden muss, bevor ein neuer geäußert werden darf. Kennzeichen dieser Methode ist damit ein stetiger Wechsel zwischen einer Phase des Brainstormings und einer Phase der Bewertung.

Die Diskussion der Lösungen widerspricht aber den wichtigsten Regeln des Brainstormings. Schnelles Assoziieren, das Ausschalten der Logik und Kritiklosigkeit sind bei der „And-also"-Methode damit nicht uneingeschränkt möglich. Die Methode ist deshalb nur bedingt zu empfehlen.

Creative Collaboration Technique (Nachlese)

Ausgehend vom Ablauf des klassischen Brainstormings ist bei dieser Technik ein ständiger Wechsel zwischen Gruppen- und Einzelarbeit vorgesehen. Bei der Creative Collaboration Technique haben die Teilnehmer im unmittelbaren Anschluss an die klassische Brainstorming-Sitzung ca. 15 min. Zeit, alleine nachzudenken und Ideen aufzuschreiben. Durch diese Nachlese werden Ideen aus der Sitzung zusammengetragen, die einzelnen Teilnehmern erst später einfallen. Anschließend findet eine zweite Sitzungsrunde mit der Gruppe statt (mehrere Runden sind möglich). Vorteilhaft ist hier insbesondere, dass voreilige Problemlösungen verhindert werden und Ideen noch modifiziert bzw. ausgebaut werden können.

Sukzessive Integration von Lösungselementen (SIL-Methode)

Grundgedanke: Die SIL (Systematische Integration von Lösungselementen)-Methode wurde 1980 von *Schlicksupp* entwickelt. Sie ist besonders zur Lösung komplexer Konstellationsprobleme geeignet.

Vorgehensweise: Die Abfolge dieser Methode, die Einzel- und Gruppenarbeit miteinander verbindet, kann wie folgt dargelegt werden:

(1) Jeder der 5–8 Gruppenteilnehmer (max. jedoch 15 Personen) entwirft eigene, individuelle und ausführliche Lösungsvorschläge zum gestellten Problem. Hierzu sollten in etwa 10–20 Minuten zur Verfügung stehen.

(2) Vor der Gruppe werden zwei Lösungsvorschläge vorgetragen. Dabei erläutert zuerst der eine Teilnehmer seinen Lösungsvorschlag und dann der andere.

(3) In Gruppenarbeit wird nun eine gemeinsame Idee entwickelt, die eine Kombination der Lösungselemente der ersten beiden Ansätze darstellt. Die zu entwickelnde Idee sollte möglichst die größten Vorzüge von beiden Lösungsansätzen enthalten und miteinander vereinen. Dazu ist es wichtig, jeweils beim Vortrag die wichtigsten Lösungselemente und Details hervorzuheben.

(4) Sukzessive werden weitere positive Aspekte anderer Vorschläge von anderen Teilnehmern einbezogen. Voraussetzung der Einbeziehung ist, dass die Vorschläge in allen Belangen besser sind. Ansonsten entfällt die Einbeziehung.

(5) Auf jeder weiteren Integrationsstufe soll die Lösung konkreter und genauer werden. Mehrere Runden können durchgespielt werden. Um keine wichtigen Lösungselemente zu übersehen, empfiehlt es sich, immer die wichtigsten Lösungsgesichtspunkte und die integrierten Lösungen zu visualisieren.

Vorzüge/Nachteile: Nachteilig ist zum einen die Fixierung auf die bereits vorhandenen Vorschläge, sodass das Suchfeld für ungewöhnliche Lösungen eingeengt ist. Zum anderen setzt die Methode gute Teamfähigkeit und einen erfahrenen Moderator voraus. Durch die systematische Kombination der Lösungsansätze verwendet die SIL-Technik sowohl die intuitiven als auch die systematisch-analytischen Methoden und ist damit durchaus auch für komplexere Probleme geeignet. Sie liefert zwar ausgearbeitetere und umfassendere Lösungen als das klassische Brainstorming, dafür aber wesentlich weniger Ideenvorschläge. Vorteilhaft ist, dass durch das Wechselspiel zwischen Einzel- und Gruppenarbeit und durch die Integration der Lösungsansätze nahezu aller Gruppenmitglieder eine deutlich höhere Akzeptanz der Gesamtlösung erreicht wird.

Beispielhafte Darstellung des ausführlichen Ablaufplans der SIL-Methode nach *Schlicksupp* (1989, 2004 I):

(1) Niederschreiben eigener ausführlicher Lösungsvorschläge zum gestellten Problem durch jeden der 5–8 Teilnehmer (max. jedoch 15 Personen). Es sollten in etwa 10–20 Minuten zur Verfügung stehen.

(2) Bereitstellung einer genügend großen Visualisierungsfläche. Drei Pinnwände oder Flip-Charts im Format 200 × 150 cm. Fläche 1 trägt die Überschrift: Idee des Teilnehmers, Fläche 2: Vorzüge der Lösung, Fläche 3: Integrierte Lösung.

(3) Teilnehmer 1 trägt seine Lösung der Gruppe vor, am besten auch auf einer Pinnwand oder einem Flip-Chart. Sofern keine Verständnisfragen bestehen, wird der Ansatz auf Fläche 1 übertragen (Zeichnungen sind ausdrücklich erwünscht).

(4) Die Gruppe diskutiert über die Vorzüge der Lösung. Die Merkmale, Kriterien, die der Gruppe besonders gefallen, werden auf Fläche 2 notiert.

(5) Der nächste Teilnehmer stellt seine Lösung vor. Die Vorgehensweise entspricht der des ersten Teilnehmers.

(6) Aufgabe der Gruppe ist es nun, aus den besonderen Lösungsmerkmalen der beiden Teilnehmeransätze eine integrierte Lösung zu entwickeln. Sofern dies gelingt, wird die integrier-

te Lösung auf Fläche 3 notiert. Wenn dies nicht gelingt, weil die Lösungsansätze zu unterschiedlich sind, werden die Lösungsmerkmale für Nachfolgelösungen auf der Fläche 2 belassen.

(7) Der Lösungsansatz des dritten Teilnehmers wird, entsprechend der anderen beiden, in die bereits angedeutete Idee zu integrieren versucht.

(8) Ziel der Überlegung der Gruppe ist es, die Vorteile der Lösung 3 mit der integrierten Lösung 1 zu einer noch besseren integrierten Lösung 2 zu verbinden.

(9) Die Vorgehensweise wird fortgesetzt bis alle Teilnehmeransätze integriert sind.

4.2 Methoden des Brainwriting

Methode 635

Grundgedanke: Die Methoden des Brainwritings, also der schriftlichen Ideenfindung, weisen als gemeinsamen Vorzug auf, dass sie die Nachteile der Gruppendiskussion vermeiden, wie sie bei den Methoden des Brainstormings auftreten können.

Die Methode 635, von dem Unternehmensberater *B. Rohrbach* (1969) entwickelt, zählt zur bekanntesten Methode des Brainwritings. Der Anwendungsbereich ist nahezu unbeschränkt. Die Technik eignet sich ebenso wie das Brainstorming besonders gut für abgegrenzte Suchprobleme, aber auch – mit gewissen Einschränkungen – für Analyse- und Konstellationsprobleme.

Vorgehensweise: Die Methode 635, bei der eine Gruppe von sechs Personen auf einfach zu erstellenden Formularen (Aufbau drei Spalten zu sechs Zeilen) in jede Zeile drei Ideen in etwa fünf Minuten niederschreibt, läuft im Einzelnen wie folgt ab:

(1) Definition des Problems. Als erster Schritt wird ein vorgegebenes Problem analysiert und definiert. Hierbei ist besonders eine präzise Formulierung des Problems wichtig.

(2) Drei Lösungsvorschläge eintragen. Jeder der sechs um einen Tisch versammelten Teilnehmer trägt auf einem Vorschlagssammelbogen (Aufbau: 3 Spalten, 6 Zeilen, vgl. Abb. 10) drei Lösungsvorschläge ein. Hierzu sind fünf Minuten vorgesehen.

(3) Formular an den Nachbarn weitergeben. Die Unterlage geht im Uhrzeigersinn herum. Der Nachbar nimmt die von seinem Vorgänger eingetragenen Lösungsvorschläge zur Kenntnis und trägt in die darunter befindlichen Felder drei weitere Lösungsansätze ein. Die Lösungen sollten in der Regel zwar eine (assoziierte) Weiterentwicklung der bestehenden Ansätze sein, es können jedoch auch völlig neue Vorschläge eingetragen werden. Nach weiteren fünf Minuten reicht jeder Teilnehmer sein jetziges Formular weiter. Die Methode 635 ist beendet, wenn jeder Teilnehmer jedes Formular bearbeitet hat.

(4) Auswertung. Anschließend erfolgt die Analyse aller Vorschläge auf ihre Verwendbarkeit. Zur Ideengrobauswertung bietet es sich an, die sechs Formulare ein weiteres Mal in der Sitzungsgruppe herumzureichen. In einem ersten Durchgang könnte beispielsweise jeder Teilnehmer die drei oder vier ihm am Erfolg versprechendsten Vorschläge ankreuzen. In weiteren Durchgängen wäre die Anzahl weiter reduzierbar.

Bei einer Gruppe von sechs Teilnehmern lassen sich innerhalb einer halben Stunde maximal 108 ($6 \times 3 \times 6$) Lösungsvorschläge erzeugen.

Bei der praktischen Anwendung der Methode hat sich gezeigt, dass die Teilnehmerzahl ohne weiteres zwischen vier und acht variiert werden kann. Ebenso kann die zum Eintragen der Lösungsansätze vorgegebene Zeit flexibel gehandhabt werden. Es empfiehlt sich besonders bei den späteren Runden, wegen des zum Durchlesen der Vorgängeransätze wachsenden Zeitbedarfs, die Intervalle auf bis zu acht Minuten auszudehnen. Während der Veranstaltung sollte ein Mindestmaß an Ruhe herrschen. Diese Forderung trifft auf alle schriftlichen Gruppenarbeiten zu. Auch auf das deutliche Schreiben der Ideen und verständliches Formulieren der Sätze sollte hingewiesen werden.

Die Methode 635 weist wesentliche Vorzüge auf. Viele der im nachstehenden genannten Vorteile und Nachteile treffen aber nicht nur auf diese Methode zu, sondern sind grundsätzliche

Merkmale aller Methoden des Brainwritings. Im Einzelnen sind als **Vorteile** zu nennen:

- Innerhalb kurzer Zeit kann eine große Zahl von Lösungsvorschlägen zu Wege gebracht werden. Durch die Bildung paralleler Gruppen kann die Zahl der Lösungsvorschläge, sowie der am kreativen Geschehen Beteiligten, noch erheblich gesteigert werden.
- Durch die schriftliche Form des Ideenfindungsprozesses werden Spannungen und Konflikte zwischen den Teilnehmern erheblich gehemmt.
- Es besteht kein Zwang zur Beteiligung.

Problem: *Präzise Formulierung eines Problems*			Teilnehmer 1 2 3 4 5 6
Lösungsvorschläge			von:
11	12	13	
Jeder der sechs Teilnehmer gibt drei Lösungsansätze			
21	22	23	
Die Unterlage geht im Takt herum. *Jeder führt jeden Vorschlag weiter (fünf Mal).*			
31	32	33	
41	42	43	
51	52	53	
61	62	63	
Es folgt: Analyse aller Vorschläge auf Verwendbarkeit			

Abb. 10: Vorschlagssammelbogen Methode 635

- Die Problematik der Dominanz eines einzelnen, die beim Brainstorming eintreten kann, kommt wegen der gleichzeitigen Einbeziehung aller Teilnehmer nicht zum Tragen.

Aufgabenstellung:
Ideen zur Gestaltung der Ausstattung von Wohnungen für alte und gebrechliche Menschen

Keine Türschwellen (Rollstuhlfahrer)	Raumklimatisierung	Feste Notrufeinrichtung zu Polizei oder Krankenhaus ↓
Rutschfeste Bodenbeläge ↓	Lärmgeschützte Fenster	In allen Räumen Telefonanschlussdosen ↓
Weiche, dämpfende Fußböden (Stürze!) ↓	Fernbedienung für Licht (Ein/Aus) ↙ ↓	Notrufanlage zur Nachbarwohnung ↓
Gepolsterte Wand und Türkanten ↓	Lampen mit Dämmerstufe (Nachtbeleuchtung	Notrufklingel an der Badewanne
Funksprechanlage zur Haustür	Großzügige Balkons mit Pflanzenanlage	–
„Fahrstuhl-Briefkasten", der an das Fenster hochgefahren werden kann	Automatische Schiebetüren	Kochherd mit automatischer Zeitausstellung

Abb. 11: Ein vollständig ausgefülltes 635-Formular (nach TFH 1992)

- An den Moderator werden außer der Zeitüberwachung keine hohen Anforderungen gestellt. Es ist daher nicht unbedingt ein gut geschulter Moderator notwendig.
- Wegen des Formulars ist kein Protokoll notwendig.
- Besonders geeignet für visuell veranlagte Personen.

Als **spezifische Nachteile** gelten:

- Lösungsansätze können für den Nachfolgenden missverständlich sein, da keine Rückfragen möglich sind.
- Die Kommunikation ist eingeschränkter als bei den Brainstorming-Techniken.
- Kritikäußerungen sind nicht möglich.
- Jeder Teilnehmer kennt nur die Lösungsansätze, des ihm vorliegenden Blattes.

- Durch das vorgegebene Zeitintervall kann bei den Teilnehmern eine Stresssituation entstehen, die zu Denkblockaden und damit zu Leerfeldern oder Doppelnennungen führt.
- Doppelnennungen werden durch den Methodenablauf nicht ausgeschaltet.
- Es können Hemmungen bei der Niederschrift außergewöhnlicher Ideen entstehen, da der Verfasser an seiner Handschrift leicht erkennbar ist.

Beispiel 1: Die Abb. 11 (S. 73) zeigt beispielhaft einen ausgefüllten Vorschlagssammelbogen.

Beispiel 2: Einen weiteren ausgefüllten Vorschlagssammelbogen zeigt die Abb. 12 (S. 75).

Brainwriting Pool

Grundgedanke: Diese Brainwriting-Methode wurde von *Schlicksupp* (1977; 2004 I) auf der Grundlage der Methode 635 entwickelt. Der besondere Vorteil liegt zum einen in der schriftlichen Fixierung der Lösungsideen, wodurch die gruppenbezogenen Probleme, wie die Dominanz einzelner Teilnehmer und die Kritikäußerung, ausgeschlossen werden.

Zum anderen werden die Nachteile der Methode 635 dadurch gelöst, dass man den Teilnehmern schon zu Beginn eine Auswahl von Lösungsansätzen zur Verfügung stellt, die Zeitbindung aufhebt und keine zahlenmäßige Begrenzung der Ideenvorschläge hat.

Vorgehensweise:

(1) Schon vor der Sitzung wird auf die Mitte des gemeinsamen Arbeitstisches ein Formular mit einigen Lösungsvorschlägen gelegt.

(2) Jedem der vier bis sieben Teilnehmer werden Papierbögen mit der Problembeschreibung übergeben.

(3) Die Teilnehmer notieren eigene Lösungsvorschläge auf ihr Blatt Papier. Eine Vorschrift für die Anzahl der Lösungen existiert nicht.

(4) Statt des Weiterreichens von Teilnehmer zu Teilnehmer

Genaue Definition des Problems (bitte gut leserlich schreiben)   Datum

Problem: *Wie kann ich den Kunden mein Warenangebot trotz kleiner Schaufensterfront optimal präsentieren (Sportartikel, Sportkleidung)?*

Name	Müller	Martens	Sommer	Klauser	Schneider	Freder
	I = 3 Min.	II = 4 Min.	III = 5 Min.	IV = 6 Min.	V = 6 Min.	VI = 6 Min.
Erster Vorschlag	attraktive Schaufenstergestaltung	darin Bedarfsbündel mit Verwendungszweck (z.B. alles für den Pferdesport) als Aktion	Bedarfsorientierung im Laden fortsetzen, erleichtert Kunden die Orientierung	Verbindung von Straßendekoration zu Bedarfsgruppendekoration	dabei mit wechselnden Lichteffekten arbeiten	und bewegte Dekoration nutzen
Zweiter Vorschlag	Durch Entfernung einer Begrenzung Ladentiefe sichtbar machen	Ladentiefe durch gut sichtbare Warenaufteilung gestalten	Einsetzen von Spiegeln zur optischen Vergrößerung	Fernseh- oder Spiegelübertragung aus Obergeschoss direkt in das Frontfenster	Vitrinen und Verkaufsständer im Fußgängerbereich stärker einbeziehen	dabei mit Fotos anderer Warenbereiche mischen, auch Randsortiment
Dritter Vorschlag	in kurzen Abständen den Spezialdekorationen	bei jeder Neudekoration eine andere Sportart wählen	Durch Aktionen (z.B. Autogrammstunden) Kunden in Laden bringen	Mit örtlichen Sportvereinen abstimmen, evtl. um Unterstützung bitten	Reiterverein: Woche des Pferdes; Wassersportverein: Woche des Tauchens usw.	Jeweilige Zielgruppe vor und während der Zeit durch Direktwerbung persönlich ansprechen

Abb. 12: Ausgefüllter Vorschlagssammelbogen der Methode 635 (*Schömbs* 1976)

tauscht man sein Formular mit einem auf der Tischmitte, dem so genannten Pool, befindlichen Formular aus.

(5) Jeder Teilnehmer kann sich so, wenn ihm nichts mehr einfällt, in unregelmäßigen Abständen von allen Vorschlägen – auch mehrmals – anregen lassen und so seinen eigenen Arbeitsrhythmus entwickeln.

Als Ergebnis erhält man eine Vielzahl von Lösungsansätzen, die sich in vielmaliger Weise aufeinander beziehen.

Mind-Mapping

Grundgedanke: Die Methode des Mind-Mapping wurde in den siebziger Jahren von Tony Buzan entwickelt. Mind-Mapping ist eher als Notier- als eine Ideensuchtechnik bekannt und eignet sich überwiegend auch für unternehmensbezogene Planungsfragen sowie für berufliche wie private Alltagsprobleme. Die steigende Bekanntheit der Methode kann zum einen darauf zurückgeführt werden, dass als Ergebnis auch einer Gruppensitzung immer eine Lösung, ein fertiger Mind Map, sichtbar wird und zum anderen eignet sie sich gut für die Computerunterstützung.

Dem Grunde nach ist Mind-Mapping eine Kombination aus Brainstorming und einer speziellen grafischen Darstellung. Beim Mind-Mapping werden Probleme somit in bildlicher Form, mit so genannten Mind Maps ähnlich einer Landkarte (eng. map, mind = Geist) dargestellt und so zur Findung weiterer Lösungen genutzt.

Mind-Mapping nutzt die Erkenntnis, dass sich die visuelle, d. h. bildhaft strukturierte Darstellung von komplexeren Denkprozessen in Kategorien, Bildern, Zahlen, Symbolen und Farben besonders gut einprägt, da sie beide Gehirnhälften anspricht, dem Arbeiten des menschlichen Gehirns entgegenkommt und so gleichzeitig die Ideenfindung begünstigen kann *(Geschka/ Schwarz-Geschka* 2005; *Nöllke* 2004).

Voraussetzungen: Benötigt werden Papier und Farbstifte unterschiedlicher Dicke bzw. bei Gruppenarbeit (bis zu sechs Teilnehmer) alternativ zwei Flip-Charts oder Pinnwände, Farbstifte und ein Moderator.

Vorgehensweise: Der grundsätzliche Ablauf ist nach Buzan (2004) wie folgt:

(1) Start ist von der Mitte einer Papierseite (zu empfehlen bei Einzelarbeit (mindestens) DIN A4, Querformat).

(2) Hier wird das Thema mit einem Hauptschlüsselwort definiert und bildhaft sowie farbig beschrieben bzw. eingekreist.

(3) Vom Zentrum weggehende gekrümmte Linien, als Äste bezeichnet, strukturieren das Thema in einzelne Bereiche, tiefergehende Gedanken, wodurch neue Assoziationen und Ideen entstehen.

(4) An jedem Ast, von dem weitere Zweige zur Konkretisierung abgehen, wird ein Schlüsselwort geschrieben.

(5) Begonnen wird mit den Ästen in der rechten oberen Ecke. Danach geht man im Uhrzeigersinn vor. Der Übersicht wegen sollten nicht mehr als 4–6 Hauptäste gezeichnet werden.

(6) Die Hauptäste beschreiben Ideenbereiche. Von den Hauptästen können Nebenäste für neue Assoziationen abgehen. Auf diesen können weitere Details bzw. Ideen beschrieben werden.

(7) Prinzipien sind dabei:
   • Geordnet wird vom Abstrakten zum Konkreten,
   • vom Allgemeinen zum Besonderen,
   • es werden nur Substantive verwendet,
   • in Druckbuchstaben schreiben,
   • Nutzung von möglichst vielen unterschiedlichen Farben, um die Übersichtlichkeit zu erhöhen und die Bereiche (Hauptgedanken) besser unterscheiden zu können,
   • Symbole wie z. B. Bilder, Pfeile, Nummerierungen, Ausrufe-/Fragezeichen möglichst oft einsetzen, da sie die Erfassung des Inhalts erleichtern und eine bessere Abgrenzung der Bereiche ermöglichen helfen,
   • ein Schlüsselwort je Ast. Querverbindungen sind möglich und erwünscht.
   • Möglichst freier Gedankenlauf zum Thema und keinen bewussten Ausschluss von Ideen vornehmen.
   • Dauer ist beliebig, bei einfachen (Alltags-)Problemen 20–30 Minuten.

Zu den **besonderen Vorteilen** sind zu zählen:
- Geeignet auch zur Einzelarbeit.
- Schnelle Erfassung des Themas durch bildhafte Darstellung.
- Einfach erlernbar.
- Besonders geeignet für visuell veranlagte Personen.

Als **Nachteile** sind zu nennen:
- Größerer Zeitbedarf bei komplexeren Fragestellungen.
- Schwierig, die richtigen Schlüsselworte zu finden.
- Keine systematische Erfassung der (komplexen) Zusammenhänge auf Grund des Einsatzes der Assoziationsbildung.
- Die Nachteile jeder handschriftlichen Erfassung, wie etwa, dass ein Blatt Papier schnell voll geschrieben, späteres Ändern schwer möglich ist und die Darstellung rasch unübersichtlich wirkt, lassen sich beim Mind-Mapping durch den Computereinsatz überwinden. Entsprechende Software ist erhältlich (vgl. Kapitel 9).

Einsatzgebiete: In der Ideenfindung liegt das Haupteinsatzgebiet in den frühen Phasen. Die Methode wird in Unternehmen auch eher für die Problemanalyse, für Planungs- bzw. Strategiezwecke eingesetzt. Durch ihre leichte Erlernbarkeit ist sie ansonsten vielseitig einsetzbar und auch zur Vorbereitung von Reden, Aufsätzen oder Referaten geeignet.

Ein einfaches **Beispiel** wäre das Thema „Jubiläum", welches als Schlüsselwort in die Mitte eines Blattes Papier geschrieben wird. Von der Mitte ausgehend werden alle spontan einfallenden Gedanken, die das Thema beschreiben, im Uhrzeigersinn als Äste aufgenommen. Z. B. Gäste, Bewirtung, Termin, Kosten, Reden etc.

Zur Steigerung der Übersichtlichkeit sind die Begriffe möglichst waagerecht zu notieren. Wichtig ist, darauf zu achten, dass die eingefallenen Ideen auch den richtigen Oberbegriffen zugeordnet werden. Kartoffelsalat könnte zu Salaten und dann wieder zu Beilagen gehören etc. So arbeitet man sich von Ast zu Ast vom Allgemeinen zum Speziellen durch, bis einem nichts mehr einfällt.

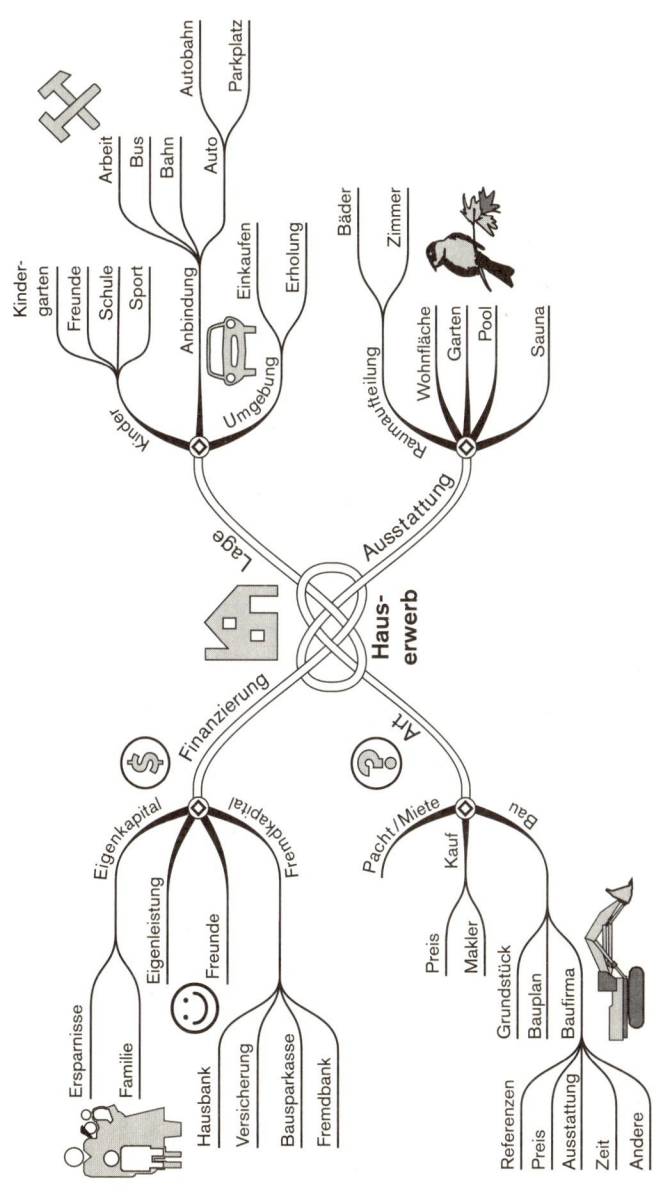

Abb. 13: Mind Map zum Erwerb eines Hauses

Delphi-Methode

Grundgedanke: Die Delphi-Methode, benannt nach dem klassischen Orakel in Delphi, wurde zu Beginn der sechziger Jahre in der Rand Cooperation entwickelt. Die erste umfassende Delphi-Studie führte 1964 der deutsch- amerikanische Mathematiker *Olaf Helmer* durch, der Angestellter bei der Rand Cooperation war (*Helmer* 1967). Es handelt sich bei dieser intuitiv-kreativen Methode um ein systematisches Verfahren der mehrmaligen Expertenbefragung.

Die Delphi-Methode eignet sich für die Vorhersage von Problemen mit komplexerer Art und größerer Unsicherheit, die sich auf die Zukunft beziehen und eine hohe Dynamik entwickeln. Eingesetzt wird diese Methode zum Beispiel zur Vorhersage technischer Veränderungen. Zur Vorhersage der für die wirtschaftliche Entwicklung und die Fortentwicklung der Unternehmen so bedeutsamen technischen Neuerungen eignen sich trendorientierte Prognosemethoden nicht. Den Neuerungen liegen Forschungs- und Entwicklungsergebnisse zugrunde, die nicht durch einen Trend in die Zukunft extrapolierbar sind.

Die Anwendung der Delphi-Methode empfiehlt sich immer dann, wenn für die gemeinsame Lösung des Problems viele Experten in den Prozess der Ideenfindung einbezogen werden sollen, die aber örtlich und auch zeitlich nicht zu einem Treffen zusammengebracht werden können.

Konkrete Fragestellungen, die mit Hilfe der Delphi-Methode gelöst werden können sind z. B.:

(1) Forschungs- und Entwicklungsleistungen, von denen Experten wissen, und über deren Ergebnisse sie sich eine Meinungsäußerung gebildet haben (z. B. Miniaturisierung mechanischer Bauelemente).

(2) Neuerungen, die bisher durch ein ungelöstes technisches Problem gehemmt sind. Es bestehen eventuell Ahnungen, wann und wie dieses Problem gelöst werden kann (z. B. flächendeckender Einsatz des Elektroautos, welches wesentlich von der Entwicklung eines leistungsfähigen Energiespeichers abhängt).

(3) Von gesetzlichen Vorschriften blockierte technische Gestaltungsmöglichkeiten.

(4) Technische Entwicklungen, die durch gesetzliche Vorschriften erzwungen werden („Familienautos", die weniger als 3,5 l pro 100 km verbrauchen dürfen).

Vorgehensweise: Die Merkmale der herkömmlichen Delphi-Methode (auch Standard Delphi-Methode genannt) sind:

Die Delphi-Methode zeichnet sich durch eine getrennte und formalisierte Befragung mehrerer Experten über ein vorgegebenes Problem aus. Diese Befragung wird zumeist in mehreren Runden durchgeführt. Die Ergebnisse werden durch eine so genannte Monitorgruppe zentral analysiert und methodisch ausgewertet.

Mit der Durchführung der Befragung kann die vorher gestellte Aufgabe gelöst sein. Die Ergebnisse können jedoch auch Ausgangspunkt für die Anwendung anderer Methoden sein. Wesentliche gemeinsame Merkmale der herkömmlichen Delphi-Methode sind damit:

- Die Auftraggeber- und die Monitorgruppe (sind zumeist identisch).
- Die anonyme Expertengruppe (die Experten sind nur den Auftraggebern bzw. der Monitorgruppe bekannt).
- Der formalisierte Fragebogen.
- Die intuitiv von den Experten zu gebenden Antworten.
- Die Bildung eines statistischen Gruppenurteils sowie die von den Experten vorzunehmende Begründung ihrer Ansichten.
- Standard-Feedback.
- Mehrstufige Befragung, bis ein stabiles (gemeinsames) Gruppenurteil gefunden ist.

Die herkömmliche Delphi-Methode läuft im Regelfall wie folgt ab:

Vorbereitungsphase

- **Formulierung der Fragebögen.** Der Fragebogen sollte möglichst nicht mehr als 50 geschlossene oder offene Fragen beinhalten (im Unterschied zu einer geschlossenen Frage können bei einer offenen Frage eigene Anmerkungen vorgenommen werden. Bei geschlossenen Fragen ist beispielsweise dagegen nur Ja oder Nein anzukreuzen).

- Die Monitorgruppe ist für die problem- und situationsgerechte Organisation und Durchführung der abgeleiteten Ergebnisse verantwortlich.
- **Auswahl der zu befragenden Experten.** Dies sollten anerkannte Experten auf dem zu untersuchenden Gebiet sein. Es kann sich dabei auch um Fachleute verschiedener Teilgebiete eines größeren Problemkreises handeln, wie Technik, Soziologie, Betriebswirtschaft, Psychologie, öffentliche Verwaltung. Die Fachleute werden angeschrieben und um Teilnahme gebeten (oder im Unternehmen direkt zur Teilnahme eingeladen). Zumeist werden zwischen 20 und 100 Experten oder bekannte Persönlichkeiten befragt. Bei unternehmensbezogenen Fragestellungen sollten zumindest acht Experten mit einbezogen werden.

Durchführungsphase

- **Erste Befragung.** Das Problem, zumeist in mehrere Teilfragen zerlegt, wird den Experten getrennt zur Stellungnahme vorgelegt (zugesandt). Dabei wird niemandem bekannt gegeben, wer die anderen befragten Experten sind. Hierdurch wird die Unabhängigkeit der Stellungnahmen gewährleistet.
- **Erste Analyse.** Die erhaltenden Antworten werden von der Monitorgruppe zusammengefasst, verglichen und ausgewertet. Ergibt sich bei den Antworten schon eine Übereinstimmung, ist die Delphi-Befragung beendet und das Ergebnis wird formuliert. Ergeben sich bei der Auswertung Abweichungen der Antworten, folgt eine weitere Runde (ggf. mehrere).
- **Zweite Befragung.** Mit vorausgehender Bekanntgabe der Ergebnisse der ersten Befragung an die Teilnehmer, erfolgt eine zweite Fragerunde. Die Fragen bleiben von Runde zu Runde unverändert.
- **Zweite Analyse** der Befragungsergebnisse.
- **Eventuell dritte und vierte Befragungsrunde** (es hat sich eine übliche Rundenzahl von drei bis vier als ausreichend herausgestellt).

Phase der Ergebnisformulierung

Bewertung: Als Vorteile der Delphi-Methode sind zu nennen:

- Statistische Analysen der Antworten sind möglich.
- Für die Methode spricht, dass ein Großteil von Vorhersagen über technische Entwicklungen schon immer von Expertengruppen getroffen wurden.
- Durch den Einsatz dieser Kreativitätsmethode wird das Ausschalten von gruppendynamischen Effekten erreicht, wie z. B. Sympathie, Antipathie, Beredsamkeit oder Autorität, die das Ergebnis der offenen Diskussion verfälschen können.
- Durch den Einsatz des Fragebogens wird eine offene Diskussion vermieden. Dies hat den Vorteil, dass keine Einzelperson dominieren kann, keine Profilierung des Einzelnen erfolgt und die Scheu, einmal vertretende Ideen korrigieren zu müssen, entfällt. Ziel der Korrekturen durch mehrere Fragerunden ist es, ein möglichst einheitliches Urteil der Expertengruppe zu erreichen. Ursprüngliche Urteile, die auf wenigen oder falschen Fakten bzw. Missverständnissen in der Problemstellung beruhten, können somit ausgeschaltet werden.
- Anonymität.
- Weitgehende Ort-Zeit-Ungebundenheit der Befragung.

Als wesentliche Nachteile der Delphi-Methode gelten:

- Auch bei dieser Methode bleibt der generelle Nachteil intuitiver Methoden bestehen. So hat die Ergebnisbeeinflussung durch persönliche Interessenlagen tendenziell Bestand.
- Eine Abstimmung zwischen den Experten findet nicht statt.
- Als Problem könnte sich unter Umständen erweisen, die Bereitschaft zur Mitarbeit der Experten zu erlangen.

Anwendungshilfen für die Praxis

- Wichtig ist die sehr sorgfältige Vorbereitung des Fragebogens. Die Gefahr von Missverständnissen und unterschiedlicher Auffassung ist, wie bei allen schriftlichen Befragungen sehr groß. Es sollten daher globale Fragestellungen vermieden werden. Das Problem ist vielmehr durch detaillierte Fragen genau zu formulieren. Es empfiehlt sich, vor Herausgabe des Fragebogens eine Testbefragung durchzuführen.

- Wie erwähnt, kommt der Auswahl einer möglichst repräsentativen Expertengruppe eine hohe Bedeutung bei. Das Problem besteht oft darin, dass ohne externe Teilnehmer nicht die notwendige Repräsentativität erreicht werden kann, andererseits bei Delphi-Sitzungen oft firmeninterne Probleme behandelt werden sollen. Dies kann zu Zielkonflikten führen.
- Zur besseren Auswertung durch die Entscheider ist bei den Antworten darauf zu achten, dass neben der Vorhersage auch eine genaue Begründung geliefert wird, sodass die Lösungsansätze später nachvollzogen werden können.
- Wegen der Anonymität der Befragung besteht die Gefahr eines nicht genügenden Leistungsanreizes bei der Beantwortung. Durch zusätzliche Motivation der Expertengruppe vor Beginn kann eine deutliche Verbesserung der Ergebnisse erreicht werden.

Die Delphi-Befragung von *Olaf Helmer*

Wie oben dargelegt, wurde die erste umfassende Delphi-Befragung von *Olaf Helmer* 1967 durchgeführt. Hierzu verschickte *Helmer* Fragebögen an 150 Persönlichkeiten, Wirtschaftler, Ingenieure, Mathematiker, Offiziere, Unternehmensberater, Physiker, Soziologen und fünf Schriftsteller (*Helmer* 1967). Von den 150 angeschriebenen Persönlichkeiten erklärten sich 81 bereit, bedeutende größere wissenschaftliche Umwälzungen und Erfindungen zu nennen. Konkret sollten Beispiele benannt werden, die von den jeweiligen Persönlichkeiten in den sie besonders interessierenden Gebieten sowohl dringend notwendig als auch innerhalb der nächsten fünfzig Jahre als realisierbar erschienen (Fragestellung der ersten Runde).

Für eine zweite Befragungsrunde wurden die Ergebnisse von Helmer ausgewertet und aufgelistet. Anschließend übersandte er den Teilnehmern die ausgewerteten Ergebnisse mit der Bitte, anzugeben, für wie wahrscheinlich jeder in welchem Zeitraum die Verwirklichung der einzelnen Erfindungen und bedeutenden Entdeckungen halte.

Nach Auswertung der zweiten Fragerunde wurden den Ex-

Jahr	1970	1980	1990	2000	2010	2020	nie
1 Verzehnfachung von Investitionen der Computer für Fertigungssteuerung	◿◺						
2 Luftverkehrsüberwachung durch gleichzeitiges Erfassen aller Flugbewegungen	◿◺						
3 Direkte Verbindung zwischen Geschäften und Banken	◿◺						
4 Verbreitete Anwendung einfacher Lehrautomaten	◿◺						
5 Automation der Büro- und Hilfsarbeiten (Arbeitskräfteverminderung um 25 %)	◿						
6 Weiterbildung als angesehene Freizeitbeschäftigung	◿◺						
7 Verbreitete Anwendung komplexer Lehrautomaten	◿◺						
8 Automatisierte Bibliotheken, die Stoff auswählen und vervielfältigen	◿◺						
9 Automatisiertes Nachschlagen juristischer Vorgänge	◿◺						
10 Automatische Fremdsprachenübersetzung mit korrekter Grammatik	◿◺						
11 Automatisierter Durchgangsverkehr	◿◺						
12 Computerentscheidung auf Führungsebene		◿◺					
13 Elektronische Prothesen (Radar für Blinde, Gliedmaßen mit Servomechanismus)		◿◺					
14 Automatisierte medizinische Diagnose		◿◺					
15 Fließbandfertigung von Computern		◿◺					
16 Roboter für Müllbeseitigung, im Haushalt, als Kanalisationskontrolle		◿◺					
17 Computer für die Steuererklärung bei freiem Zugang zu allen Unterlagen		◿◺					
18 Maschine, die bei normalen Intelligenztests mit mehr als 150 abschneidet		◿◺					
19 Entwicklung einer Universalsprache aus automatisierter Kommunikation			◿◺				
20 Automatische Abstimmungen (Regierung durch Volksentscheide)				◿◺			
21 Autobahnen für automatisches Fahren, Selbststeueranlagen				◿◺			
22 Zeitungs- und Zeitschriftendruck zu Hause				◿◺			
23 Symbiose zwischen Mensch und Maschine				◿◺			
24 Existenzminimum für die Weltbevölkerung durch Automatisierungserfolge						◿◺	
25 Zentral gesteuertes Abhören von Telefongesprächen							◿

Abb. 14: Ergebnisse der Delphi-Methode (aus: *Albach* 1976)

perten die Ergebnisse wiederum übersandt. Sie sollten sich nun noch einmal zu denjenigen erwarteten Ereignissen äußern, über deren Eintrittswahrscheinlichkeit bisher noch keine genügende Übereinstimmung erzielt werden konnte.

Nach einer vierten, wiederum auf Einigung abzielenden Befragungsrunde stellte *Helmer* über sechs verschiedene Gebiete Tabellen zusammen, welche die Zukunft zeichneten.

Helmer äußerte sich hoffend, aber nicht ohne Zweifel, dass die Prognosen eintreten werden. Wenn auch vieles, was vorhergesagt wurde nicht eingetreten ist, so wurde beispielsweise die für die Jahrzehntwende 1970 vorausgesagte Antibabypille richtig eingeschätzt. Allerdings schätzten die Experten wichtige Ereignisse falsch ein. So müsste selbst nach Schätzung der vorsichtigsten Experten ein automatischer Dolmetscher seit 1978 zur Verfügung stehen, wirtschaftlich arbeitende Meerwasserentsalzungsanlagen gäbe es seit mehr als 15 Jahren, ebenso synthetische Baustoffe und seit 1985 hätten wir eine zuverlässige Wettervorhersage. Auch eine Neuordnung der physikalischen Theorien war für 1980 vorhergesagt.

Die Ergebnisse der Befragung von *Helmer* für den Teilbereich Automation sind zusammenfassend in der Abb. 14 (S. 85) aufgeführt.

Delphi-Befragung in der Praxis

Seit der ersten Delphi-Untersuchung sind Jahre vergangen. Ursprünglich lag das Hauptanwendungsgebiet nur im Bereich der Vorhersage des technischen Fortschritts (die Delphi-Methode zählte zu den Methoden des Technological Forecasting; *Schwander* 1977). Die Anwendung wurde immer dann als vorteilhaft angesehen, wenn Entwicklungen nicht eindeutig quantifizierbar waren und Meinung von Experten nötigt wurde. Hier hat sich jedoch ein Wandel vollzogen. Nach und nach wurde das Anwendungsgebiet auch auf soziale, gesellschaftliche, politische und unternehmerische Probleme ausgedehnt. Seit dem hat sich die Methode – besonders bei größeren Unternehmen – mehr verbreitet und wichtige Erfahrungen konnten gesammelt werden.

Aktuelle Einsatzgebiete in Unternehmen des deutschsprachigen Raums sind beispielsweise die Marktanalyse, die Entwicklung neuer Geschäftsfelder oder die strategische Organisationsentwicklung. Konkrete Fragestellungen betreffen hier z. B. den Bereich des zukünftigen Pkw-Absatzes, die zukünftige Medien- und Computerentwicklungen bzw. die Freizeitgestaltung (vgl. auch *Weis/Steinmetz* 2005).

Über aktuelle Anwendungserfahrungen in (größeren) Unternehmen in Deutschland liegen dagegen nur wenig Informationen vor. Nach einer Email-Befragung bei den 200 umsatzstärksten Unternehmen in Deutschland konnte die Delphi-Methode zwar als drittwichtigste Methode zur Zukunftserforschung ermittelt werden, gleichwohl ist die Nutzung auch bei Großunternehmen gering (*Ammon* 2005). Der Haupteinsatzbereich liegt immer noch in den USA.

Dagegen hat sich die Akzeptanz der Delphi-Methode in den Sozialwissenschaften und im Bereich der Technikfolgeabschätzung, ausgehend von erfolgreichen Anwendungen in Japan, in Deutschland grundlegend gewandelt. In den letzten Jahren wurden umfangreiche Befragungen von bis zu mehreren tausend Experten durchgeführt.

Neben den Studien durch die Bundesregierung zu Fragen der globalen Entwicklung von Wissenschaft und Technik (Bundesministerium für Forschung und Technologie 1993, Bundesministerium für Bildung, Wissenschaft, Forschung und Technologie 1996, Bundesministerium für Bildung und Forschung 1998, 2004) gab es eine Reihe von aktuellen Delphi-Befragungen mit konkretem Unternehmensbezug, z. B. zum Thema Mobilfunk (*Häder* 2000), Internet (*Beck/Glotz/Vogelsang* 2000) oder für den Transportbereich (*Deutsches Verkehrsforum* 2002, 2005). Neben den oben genannten Feldern Politik, Technikfolgeabschätzung, Energie und Bildungswesen werden Delphi-Befragungen auch in den Bereichen Tourismus und Gesundheitswesen durchgeführt (*Häder* 1998, *Ammon* 2005).

Im Gegensatz zum weiterhin geringen Verbreitungsgrad der Methode bei (kleineren und mittleren) Unternehmen eignet sich die Methode, deren Vorhersagequalitäten höher eingeschätzt werden als die von Einzel- und unstrukturierten Gruppenurteilen, auch sehr gut für den Unternehmensalltag. Die Delphi-Methode passt sich gut in die Unternehmenspraxis ein und kommt ihr entgegen, da die Mehrzahl der Vorhersagen über technische Prognosen schon immer von Expertengruppen in Unternehmen vorgenommen wurde; wobei auch hier die Meinungsbildung in einem iterativen Prozess stattfindet. Der wesentliche Vorteil (vgl. oben) gegenüber den herkömmlichen Expertengesprächen liegt in der Anonymität der Befragung. Die Delphi-Methode lässt sich isoliert oder aber auch in Kombination mit anderen Methoden einsetzen.

Die Kärtchen-Befragung

Bei der Methode Kärtchen-Befragung wird eine Gruppe von Teilnehmern (5–8 Teilnehmer, 15 Teilnehmer sollten maximal mitarbeiten) mit einem ungenauen Such- bzw. Analyseproblem konfrontiert. Dazu erhält jeder Teilnehmer eine genügende Anzahl DIN-A7-Kärtchen und Filzstifte, auf die er *anonym* alle Lösungsansätze oder Kritik schreibt. Die Kärtchen werden vom Moderator nach ca. zehn Minuten eingesammelt und grob nach verschiedenen Kriterien geordnet. Anschließend wird mit der Gruppe über die Lösungsansätze diskutiert und eine genauere Lösung entwickelt.

Schaude (2000) wendet die Methode häufig in abgewandelter Form an. Bevor die Kärtchen zum Moderator kommen, kann und soll sich jeder Teilnehmer von den anderen Ideen anregen lassen. Dazu wird der beschriftete Kärtchenstapel zur Findung weiterer Ideen von jedem Teilnehmer an den linken Nachbarn abgegeben.

Nach einem gewissen Takt erfolgt ein erneuter Wechsel im Uhrzeigersinn. Die Kärtchen wandern so lange im Kreis, bis jeder Teilnehmer jede Karte gelesen hat. Bereits einmal gewanderte Kärtchen werden auf den gemeinsamen Arbeitstisch zurücklegt. Die Ideenfindung ist beendet, wenn alle Kärtchen herausgelegt sind. In Abwandlung kann auch eine weitere Runde stattfinden, bis zu erwarten ist, dass keine neuen Ideen mehr kommen. Erfahrungsgemäß dauert diese Ideenfindung etwa 20 bis 30 Minuten.

Statt des Weiterreichens von Teilnehmer zu Teilnehmer kann in Abänderung auch mit den vorher in die Mitte gemeinsamen Arbeitstisches gelegten Kärtchen getauscht werden (so genanntes Pool-Verfahren, vgl. auch Kapitel 4, Abschnitt Brainwriting-Pool). Auch hier gilt, dass sich so jeder Teilnehmer, wenn ihm nichts mehr einfällt, in unregelmäßigen Abständen von anderen Vorschlägen – auch mehrmals – anregen lassen kann und so seinen eigenen Arbeitsrhythmus entwickelt.

Es gelten in etwa die gleichen Vorteile und Nachteile, wie bei der SIL-Methode. Auch hier ist eine räumliche und zeitliche Trennung der Teilnehmer möglich, jedoch nur für die erste Phase. Durch das Zusammenkommen der Teilnehmer in der zweiten Phase ist die Nutzung der gruppendynamischen Effekte möglich.

Metaplan-Technik

Grundgedanke: In Anlehnung an die Kärtchen-Befragung wurde von den Gebrüdern Schnelle die Metaplan-Technik entwickelt (*Cloyd* 1973; *Schnelle* 1978). Sie wurde im Rahmen der Unternehmensberatungstätigkeiten des Quickborner Teams (die Metaplan GmbH hat ihren Firmensitz in Quickborn) erarbeitet und anschließend vermarktet. Die Metaplan-Technik als Werkzeug für Problemlösungskonferenzen oder -besprechungen ist durch planmäßige Visualisierung aller Arbeitsschritte gekennzeichnet. Dazu hat die Metaplan neben dem eigentlichen Arbeitsmaterial, wie Hefttafeln, Pappkärtchen verschiedener Formen, Farben und Größen und entsprechendem Schulungsmaterial darüber hinaus ganze Gruppenarbeitsraumeinrichtungen entwickelt und vermarktet.

Die Metaplan-Technik ist mehr als eine Technik zum Sammeln und zur Visualisierung und Strukturierung von komplexen Problemen. Vielmehr kann sie als eine Art Philosophie verstanden werden, die bei den Störfaktoren konventioneller Konferenzen und Besprechungen ansetzt und durch eine umfassende Konzeption an Verhaltensregeln, Visualisierungsprinzipien sowie Strukturierungsvorschlägen für den Sitzungsablauf und Empfehlungen für den Moderator geprägt ist.

Wesentliche Merkmale der Metaplan-Technik sind neben der Visualisierung der Beiträge die interaktive Gruppenarbeit und eine gute Moderation. Anders als beim Brainstorming wird hier nicht durch Diskussion nach Lösungsideen gesucht, sondern durch eine spezielle Gruppenfragemethode, bei der offene und anreizende Fragen einen größeren Horizont bei der Problemlösung eröffnen sollen. Zudem sind hier hierarchische Unterschiede der Teilnehmer erwünscht, die aber durch die Techniken des Moderators wirkungslos gemacht werden sollen.

Der Einsatz der Metaplan-Technik ist vor allem dort anzuraten, wo eine mündliche Ideensammlung (wie z. B. beim Brainstorming) zu viel Zeit in Anspruch nehmen würde bzw. wo der Ablauf ansonsten nur in der Form einer rigiden Konferenz möglich wäre. Ihr Einsatz ist aber auch in Kleingruppen von wenigen Personen möglich.

Die Kreativitätsmethode lebt von der gehobenen Stimmung der Teilnehmer und erinnert in ihrem Ablauf an eine gute Show. Gerade wegen des sehr spektakulären und unkonventionellen Ablaufs wird die Metaplan-Technik in Industrie und Politik erfolgreich eingesetzt.

Vorgehensweise und besondere Regeln: Es existieren zwei wichtige Regeln:
(1) Butler-Regel. Die Regel besagt, dass jeder Sitzungsteilnehmer genauso Mitdenker ist, wie auch Helfer. So sind die Teilnehmer z. B. auch dafür zuständig, Arbeitsmaterial oder Getränke bereitzustellen.
(2) 30-Sekunden-Regel. Diese Regel besagt, dass kein Redebeitrag länger als 30 Sekunden dauern darf. Während eines Beitrags dürfen die anderen Teilnehmer aber ihre eigenen Ideen an der Pinnwand befestigen.

Vorgehensweise: Der Ablauf ist, hier verkürzt dargestellt, wie folgt:
(1) Der Moderator nennt der Gruppe das Problem bzw. Thema

und teilt das Arbeitsmaterial, wie Kärtchen und Filzstifte, aus.

(2) Die Teilnehmer schreiben in Schlagworten ihre Ideen, Kritiken, Vorschläge, Meinungen auf mehrere Karten (je Idee eine Karte). Hierfür stehen nur wenige Minuten zur Verfügung.

(3) Nach der anonymen Ideensammlung durch die Teilnehmer werden die Kärtchen ungeordnet an eine Tafel (größere Pinnwand) geheftet. Zur schnelleren Abfolge können auch schon während der Bearbeitung Kärtchen angeheftet werden.

(4) Unter der Leitung des Moderators sucht die Gruppe nach Oberbegriffen für die auf den Kärtchen genannten Ideen und ordnet die Kärtchen entsprechend der Oberbegriffe an. Es werden alle Karten genommen, keine wird weggelassen!

(5) Die ermittelten Themenschwerpunkte werden in kleineren Gruppen bearbeitet (eventuell auch per Kärtchenabfrage) und anschließend der gesamten Gruppe zur Weiterentwicklung vorgetragen.

Wesentliches Merkmal der Metaplan-Philosophie ist, dass das strukturierte Tafelbild über die Sitzungszeit hinaus beibehalten wird. Ziel dieser Vorgehensweise ist es, auch anderen die Informationen zugänglich zu machen und bei einem Fortsetzungstermin die Ideen noch präsent zu haben.

Der Visualisierung kommt bei der Metaplan-Technik eine hohe Bedeutung zu. Bei der Kartengestaltung sollte daher folgendes berücksichtigt werden:
• große Schrift,
• eine Karte pro Äußerung,
• max. drei Zeilen auf eine Karte.

Die Metaplan-Technik weist folgende spezifische Vorteile und Nachteile auf:
• Durch die Methodik ist eine gleichberechtigte Beteiligung der Teilnehmer möglich.
• Durch die Ergebniskartentechnik können die Lösungsvorschläge leicht umgehängt, ergänzt und geändert werden.
• Durch die spezielle Form der Gruppenarbeit wird eine hohe Motivation der Teilnehmer erreicht.

- Ideen gehen nicht verloren, da die Kärtchen bis zum Ende an der Tafel verbleiben.
- Die Technik ist zur sukzessiven Entwicklung von Problemen gut geeignet.
- Ein für größere Gruppen vergleichsweise geringer Zeitaufwand.
- Nachteilig sind – neben den alle intuitiven Methoden betreffenden Mängeln – die hohen Kosten bei Verwendung einer externen Hilfe.
- Auch ohne externe Hilfe ist zumindest ein sehr gut geschulter Moderator notwendig.

Beispiel einer Metaplan-Anwendung

Erster Schritt. Zum Problem: „Was stört Sie an Supermärkten?" werden beispielsweise folgende Karten an der Tafel gesammelt (Abb. 15):

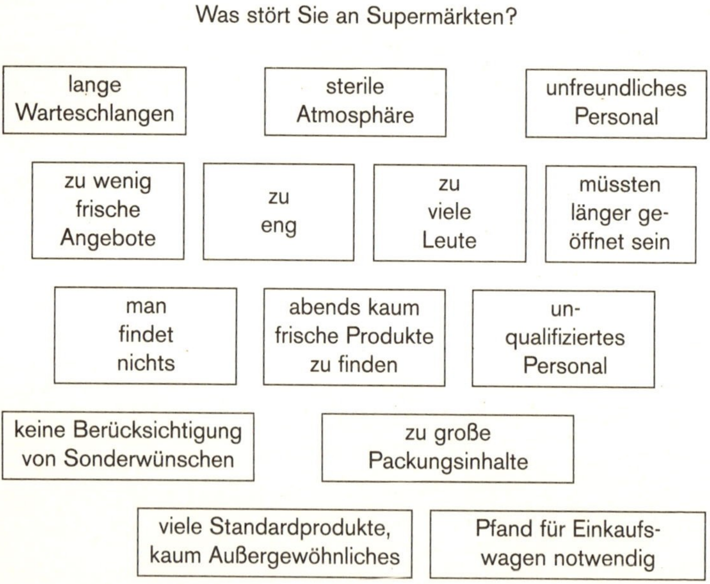

Was stört Sie an Supermärkten?

lange Warteschlangen	sterile Atmosphäre	unfreundliches Personal
zu wenig frische Angebote	zu eng	zu viele Leute	müssten länger geöffnet sein
man findet nichts	abends kaum frische Produkte zu finden	unqualifiziertes Personal
keine Berücksichtigung von Sonderwünschen	zu große Packungsinhalte	
viele Standardprodukte, kaum Außergewöhnliches	Pfand für Einkaufswagen notwendig	

Abb. 15: Erarbeitete Ideen

Zweiter Schritt. Für die vorher anonym ermittelten Vorschläge der Teilnehmer werden nun gemeinsam Oberbegriffe gebildet. Beispielsweise die Oberbegriffe:

• Organisation,
• Räumliche Gestaltung,
• Öffnungszeiten,
• Personal,
• Warenangebot.

Dritter Schritt. Die vorher ermittelten Karten werden nun den Oberbegriffen zugeordnet (Abb. 16):

Was stört Sie an Supermärkten?				
Organisation	Räumliche Gestaltung	Öffnungs-zeiten	Personal	Waren-angebot
lange Warte-schlangen	sterile Atmos-phäre	müsste länger offen sein	unfreundliches Personal	zu wenig frische Angebote
man findet nichts	zu eng		unqualifiziertes Personal	zu große Pa-ckungsinhalte
keine Berück-sichtigung von Sonderwün-schen	zu viele Leute			abends kaum frische Pro-dukte
	Pfand für Ein-kaufswagen notwendig			viele Standard-angebote, kaum Außer-gewöhnliches

Abb. 16: Mängel von Supermärkten

Vierter Schritt. Die erarbeiteten fünf Problemschwerpunkte können nun in kleinen Arbeitsgruppen gezielt bearbeitet werden und so Lösungsansätze gefunden werden.

Idea-Engineering

Eine weitere Fortentwicklung der Kärtchen-Befragung ist die Idea-Engineering-Technik. Sie ist zur Lösung von Analyse- und

Konstellationsproblemen bei komplexer, ungenauer Problemstellung geeignet.

Bei dieser Kreativitätstechnik wird das Hauptproblem in einer
mündlichen Phase in Teilprobleme zerlegt. Die zentrale Fragestellung lautet: Wie ist das Problem entstanden? Anschließend
werden die Ursachen des Problems analysiert, in Fragen um-
geschrieben und auf Kärtchen notiert. Für die Fragen werden
Lösungsansätze erarbeitet und anschließend bewertet. Es hat
sich als vorteilhaft herausgestellt, die Bewertung durch Experten vorzunehmen. Der Ablauf ist gekennzeichnet durch einen
stetigen Wechsel zwischen schriftlicher und mündlicher Bearbeitung. Dieser Wechsel vereint die Vorteile der Gruppenarbeit
mit den Vorteilen des Brainwritings, leider auch teilweise deren
Nachteile.

Collective-Notebook Methode

Für abgegrenzte Such- und Konstellationsprobleme eignet sich
die Collective-Notebook Methode (entwickelt von *Haefele*), die
insbesondere auch in Einzelarbeit durchgeführt werden kann.
Die Collective-Notebook Methode kann umschrieben werden
als eine Art Solo-Brainstorming mit einem gewissen Leistungsdruck.

Die Vorgehensweise umfasst die drei wesentlichen Ablaufschritte:

(1) Es werden Notizbücher mit der genauen Problemstellung
    verteilt.

(2) Die Teilnehmer werden aufgefordert, schriftlich eine eigen-
    ständige Problemanalyse durchzuführen und zu brainstor-
    men. So sollen die Teilnehmer über einen gewissen Zeitraum
    (z. B. über 2–4 Wochen) z. B. ein- oder mehrmals täglich,
    spontane Einfälle niederschreiben. Sowohl die Teilnehmer-
    zahl als auch der Zeitraum sowie die tägliche Zeit zum nie-
    derschreiben der Ideen sind variabel anwendbar.

(3) Die Lösungsvorschläge werden anschließend gesammelt und
    ausgewertet.

In abgewandelter Form der Methode können die Notizbü-

cher auch untereinander ausgetauscht werden, um sich gegenseitig anzuregen und vorhandene Ideen weiterzuführen. Wichtig ist hierbei, dass diese Möglichkeit vorher miteinander abge-
stimmt wurde.

Ein besonderer Vorteil dieser Technik liegt in der örtlichen und
zeitlichen Unabhängigkeit der Teilnehmer während der intuitiven
Phase, die vielleicht sonst schwer verfügbar oder zeitlich stark
beansprucht sind. Nachteilig ist, dass bei zu vielen Notizbüchern
die Auswertung viel Zeit beansprucht.

Galerie-Methode

Die Galerie-Methode, entwickelt von *Hellfritz*, verknüpft Ein-
zel- und Gruppenarbeit. Sie eignet sich auch für Gruppensitzungen, bei denen sowohl Experten als auch Nicht-Experten teilneh-
men. Die Vorgehensweise lässt sich anhand von fünf wesentlichen Phasen wie folgt beschreiben:

(1) In der **Phase der Problemkonkretisierung** wird das Problem
in Frageform erfasst (z. B. Was kann an unserem Produktan-
gebot geändert werden? Welche Tendenzen, Richtungsände-
rungen sind zukünftig wichtig? Wie lässt sich unser Produkt
noch verbessern, besser verkaufen?) und möglichst groß vi-
sualisiert.

(2) Anschließend entwerfen die Teilnehmer der Gruppensitzung
in einer **ersten Lösungsfindungsphase** möglichst spontan erste Lösungen.

(3) In der folgenden **Assoziationsphase** werden alle einzelnen
Lösungsvorschläge wie in einer **Galerie** ausgehangen, besich-
tigt und anschließend diskutiert.

(4) Die **zweite Lösungsfindungsphase** schließt sich an. Die aus
der Diskussion und der visuellen Erfassung der Lösungen der
anderen Gruppenmitglieder gewonnenen Erkenntnisse flie-
ßen in die Weiterentwicklung der eigenen Lösungen ein.

(5) Mit der **Auswahlphase**, bei der nach der Analyse aller Vorschläge auf ihre Verwendbarkeit die machbarste Lösung ausgewählt wird, schließt der Prozess ab. Bei Bedarf können die
Phasen (2) bis (5) auch mehrfach durchlaufen werden.

Als Abwandlung der Methode kann auch ein Arbeitsraum ausgewählt werden, zu dem alle Personen z. B. eines oder mehrerer Arbeitsgebiete Zugang haben. Hier wird das Problem auf großen Aushängen an die Wand gebracht. Jeder hat nun Gelegenheit, direkt und sozusagen informell auf die Aushänge seine Ideen zu schreiben und sich dabei von den anderen Ideen anregen zu lassen.

Die Methode vermeidet lange Diskussionen und kann auch ohne Moderator auskommen. Trotzdem bleiben die Leistungen der Gruppenmitglieder erkennbar. Es sind auch Gruppen mit einer größeren Teilnehmerzahl möglich.

Die Trigger-Technik

Die Trigger-Technik, von *Muller* entwickelt, entspricht annäherungsweise dem klassischen Brainstorming. Nur dürfen hier während der Diskussion Notizen gemacht werden (je nach Abwandlung der Technik soll z. B. pro Karte eine Idee aufgeschrieben werden). Zudem finden mehrere Runden statt, in denen die aufgeschriebenen Lösungsansätze weiterentwickelt werden. Durch mehrfaches Wiederholen wird so eine größere Anzahl von Ideen erzeugt.

4.3 Methoden der intuitiven Orientierung

Heuristische Prinzipien (Benutzung von Spornfragen)

Grundgedanke: Diese Kreativitätstechnik soll das individuelle Bearbeiten von gut abgegrenzten Konstellationsproblemen erleichtern.

Der Problemlösende geht von einem Lösungsansatz aus und bearbeitet diesen mit Hilfe der Spornfragen von *Osborn*. Grundgedanke dabei ist die Anwendung einer Anzahl bestimmter Fragen, die kreatives Denken anspornen sollen. Besonders geeignet ist die Methode für Probleme, deren Ziel die Veränderung eines Produkts, Verfahrens etc. ist und nicht die Findung einer völlig neuen Lösung bzw. Idee.

Durch die Verwendung von Spornfragen wird erreicht, dass die erzeugten Ideen die Mannigfaltigkeit möglicher Veränderungen voll ausleuchten. Die Spornfragen lassen sich, wie oben erläutert, in eine begrenzte Anzahl von Kategorien gliedern. Im Einzelnen sind dies die Kategorien:

- **Vergrößerung:** Wie kann man es größer machen (hinzufügen, stärker, dicker, schneller, ...)?
- **Verkleinerung:** Wie kann man es kleiner machen (weniger, leichter, dünner, kürzer, weglassen, langsamer, ...)?
- **Umgruppierung:** Was kann umgebaut oder vertauscht werden? Komponenten, Ablauf, Tempo, ...? Nach vorn? Nach hinten? Oben oder unten?
- **Kombination:** Womit wäre die Lösung kombinierbar? Bestandteile kombinieren? Hinzufügen, vermischen?
- **Umkehrung:** Wie kann das Gegenteilige gemacht werden? Auf den Kopf stellen? Wechseln von fest in flüssig, von hart in weich? Spiegeln?
- **Substitution:** Wodurch kann es ausgetauscht werden? Ist es ersetzbar, teilweise? Durch andere Form, Ort, Nutzer, ...?
- **Zweckentfremdung:** Wie ist es anders verwendbar? Umfunktionieren?
- **Imitation:** Was ist so ähnlich? Was lässt sich nachbilden? Und wenn es geändert ist? Kann man es gleich machen?
- **Modifikation:** Wie kann es geändert, abgewandelt werden? Hinzufügen oder wegnehmen? Abwandlung von Farbe, Größe, Richtung, ...?

Praxisbeispiel: Es soll anhand der ersten vier Kategorien von Spornfragen das Problem betrachtet werden, auf welche Arten die Bahn als Verkehrsmittel verbessert werden kann. *Eine umfangreiche Liste von Spornfragen findet sich auch im Übungsteil* (vgl. Kapitel 8, Abschnitt Spornfragen).

Kategorie Vergrößerung: Kann der Zug größer gemacht werden? (Super ICE?) Länger? Weiter? Höher? Mehr Sitze? Mehr Komfort? Mehr Toiletten? Größere Sicherheit? Schneller? Mehr Türen? Größerer Speiseraum? Größere Betten?

Kategorie Verkleinerung: Kann er kleiner gemacht werden?

Leichter? Leiser? Kleinere Motoren? Weniger Innenausstattung? Keine Mahlzeiten? Geringeres Speiseangebot? Geringere Kompliziertheit in der Bedienung?

Kategorie Umgruppierung: Sitze umgruppieren? Betten in den Schlafwagenabteilen umgruppieren? Antriebsaggregate nach vorn? Nach oben? Nach hinten? 1. Klasseabteil nach vorn? Nach hinten?

Kategorie Kombination: Kopfhörer im Sitz? Mit Kino kombinieren? Mit Einkaufsläden kombinieren? Mit Spielkasino? Mit Post an Bord? Mit Sprachschule?

Suchfeldauflockerung

Grundgedanke: Die Betrachtung des Problems aus einer anderen Perspektive und die Beachtung verschiedener Funktionsbereiche stehen im Vordergrund der Technik der Suchfeldauflockerung. Sie eignet sich besonders zur Lösung von Analyseproblemen mit ungenauer Problemstellung.

Vorgehensweise: Das Problem wird nach unterschiedlichen Aspekten durchleuchtet, indem die Problemstellung im Ganzen oder Elemente der Problemstellung getrennt voneinander abgewandelt werden. Dies erfolgt durch:
- semantische oder syntaktische Umformulierung,
- das Suchen sinnverwandter Ausdrücke,
- die Übersetzung in andere Sprachen,
- die Erklärungsversuche des Problems durch fachfremde Personen und
- grafische bzw. symbolische Darstellung.

Durch diese besondere Art der Problementfremdung wird im Anschluss versucht, die Findung neuer Lösungen anzuregen.

Methode der Problemsicht nach dem Weitwinkelprinzip

Ausgangspunkt der Kreativitätstechniken ist das vorhandene Problem und bereits die Art der Problembetrachtung ist entscheidend für die Gewinnung kreativer Lösungsansätze. Eine falsche Betrachtungsweise des Problems kann viele Ideen schon von vornherein ausschließen. Es sollte daher bereits bei der Anschauung des Problems sehr sorgfältig vorgegangen werden. Grundsätzlich lassen sich zwei fehlerhafte Betrachtungsweisen eines Problems (falsche Problemansichten) unterscheiden:

Entweder wird es in einer zu engen oder in einer zu weiten Perspektive gesehen. Beide schränken die Kreativität ein, aber eine zu enge Sicht des Problems führt wesentlich seltener zu einer Lösung als eine zu weite. Die letztere wird zumeist bald erkennbar.

Folgendes Beispiel (*Stuhr* 1969) zeigt, wie eine von Anfang an zu enge Sichtweise Lösungsmöglichkeiten ausschließt:

Die Luftwaffenführung der USA erhielt während des Zweiten Weltkriegs häufig Meldungen, dass bis zur Einsatzfähigkeit der Maschinen zu lange Zeit vergehe. Das Problem bestand darin, dass beim Herausfahren der Maschinen aus den Flugzeughallen kostbare Zeit verging.

Ingenieure und Techniker wurden daraufhin beauftragt, für ein schnelleres Herausfahren der Maschinen aus den Hallen zu sorgen (Ziel). Die Lösungsversuche erstreckten sich, bezogen auf das angegebene Ziel, zuerst auf:

- eine Anordnung der Maschinen im Hangar nach dem Schachtelprinzip,
- Konstruktion und Bedienung der Hallentüren,
- Einsatz eines Spezialschleppers.

Die Lösungen befriedigten jedoch nicht. Erst als das Problem in Frage gestellt und eine neue Sichtweise vorgeschlagen wurde, nämlich: **Das zu langsame Klarmachen zum Start**, erweiterte sich auch die Zieleinsicht, die jetzt hieß: **Die Maschinen schneller startklar zu bekommen**. Als Lösung wurde jetzt die fahrbare Flugzeughalle entwickelt, die beim Start einfach weggerollt wurde, wodurch die Maschinen nun wesentlich schneller aufsteigen konnten.

Vermeidung von Denkblockaden

Oft führen unsere über Jahre sich herausgebildeten Denkgewohnheiten zu einer Einengung des Vorstellungsvermögens

(Denkblockaden). Die Fähigkeit, schöpferische Wege zur Problemlösung zu finden, wird damit jedoch entschieden beeinträchtigt. Als Hauptursachen von Denkblockaden sind zu nennen:

Fixierung der Erstansicht eines Problems

Als Beispiel dient folgendes Experiment: Man nehme sechs Streichhölzer und lege Sie zu einem regelmäßigen Sechseck, einem Hexagon, zusammen. Dann stelle man jemanden die Aufgabe daraus zwei Vierecke zu machen, indem man zwei Hölzchen verschiebt und ein siebentes dazulegt. Und wer die Aufgabe gelöst hat, kann mit zwei weiteren Hölzchen an die zwei Vierecke ein drittes anlegen. Das Ergebnis sieht aus wie eine Kiste.

Nun nehme man noch einmal sechs Streichhölzer und lege sie verstreut auf den Tisch. Und diesmal geht es darum, die sechs Hölzer so anzuordnen, dass insgesamt vier gleichseitige Dreiecke entstehen. Natürlich darf sich bei allen Aufgaben keines der Streichhölzer mit einem anderen kreuzen, geknickt, durchgebrochen oder der Länge nach gespalten werden (vgl. Übungsaufgabe 74).

Wer das Problem so akzeptiert, wie es sich darlegt, muss wahrscheinlich scheitern (Fixierung der Erstansicht). Wer sich dagegen von seiner Denkblockade der Erstansicht frei machen kann und das Problem in einer neuen Perspektive sehen kann, wird es leicht lösen (Auflösung siehe S. 228).

Fixierung erlernter Lösungen

Wurden bestimmte Probleme mehrmals auf eine bestimmte Weise erfolgreich gelöst, neigt der Mensch dazu, die erlernte Lösung auf alle künftigen – wenn auch nur ähnlichen – Probleme anzuwenden. Beispiel: Wir haben gelernt, dass Kraftfahrzeuge, Anhänger und Marktbudenanhänger in etwa eine rechteckige Bauform aufweisen. Die Entwicklung neuer Marktbudenanhänger beschränkte sich bis vor einigen Jahren auf Verbesserungen, wie anderes Karosseriematerial, weniger Gewicht etc., bei jedoch gleicher Bauform. Erst die Überwindung der Denkblockade „Verkaufsanhänger müssen rechteckig sein" führte zum Erfolg. Neue Verkaufsanhänger weisen eine zu einer Seite vergrößerte Verkaufsfläche auf, die in etwa so ähnlich wie ein halbes

Hexagon aussieht (vgl. Abb. 17). Den Verkäufern steht nicht nur mehr Verkaufsfläche zur Verfügung, Kunden können auch besser Einsicht nehmen.

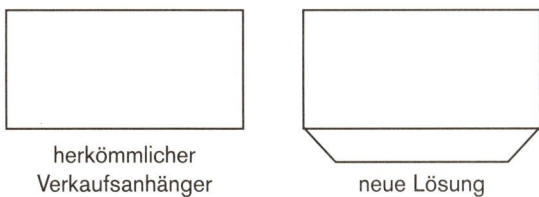

herkömmlicher
Verkaufsanhänger

neue Lösung

Abb. 17: Innovativer Verkaufsanhänger

Emotionale Blockaden

Oft blockiert die gefühlsmäßige Einstellung zu einem Problem den Weg zu neuen Lösungsansätzen. Folgendes Beispiel soll dies verdeutlichen:

Der Chef eines vor drei Generationen gegründeten Unternehmens war emotional blockiert. Der Urgroßvater gründete eine Maschinenfabrik und eine Gießerei, der Großvater baute beide erfolgreich aus, der Vater intensivierte in das Geschäft der Maschinenfabrik, internationale Abnehmermärkte wurden erobert und permanent Produkt- und Verfahrensinnovationen erlangt. In die Gießerei wurde jedoch nicht mehr investiert. Der Sohn hatte aber nicht nur das Unternehmen, sondern auch die Familientradition übernommen. Er fühlte sich dieser Tradition so verpflichtet, dass er nicht in der Lage war, sich von Opas veralteter und unrentabler Gießerei zu trennen, die zudem kaum noch den umweltrechtlichen Belangen standhielt. Im Gegenteil, er stützte finanziell die Gießerei aus den Erträgen der Maschinenfabrik bis es für beide Unternehmen zum Konkurs kam.

Dieses Ereignis findet jährlich in tausenden Varianten auch auf politischer und persönlicher Ebene statt.

Bionik – Was wir aus der Natur lernen können

Grundgedanke: Die Bionik ist besonders zur Lösung von Analyse- und Konstellationsproblemen geeignet, kann aber auch bei

Suchproblemen sinnvoll angewendet werden. Der älteste Bioniker erkannte, wie ein Arm und eine Faust durch einen an einem Holzstiel befestigten Stein substituiert werden können.

Grundidee der Bionik ist die direkte Übertragung von Systemen bzw. Strukturen der Natur auf verwertbare technische Lösungen.

Vorgehensweise: Die Vorgehensweise bei der Bionik kann durch zwei Schritte beschrieben werden:

(1) Problemlösungen der Natur werden systematisch untersucht.

(2) Die geeigneten Lösungsprinzipien werden auf menschlich-technische Probleme übertragen.

Es muss dabei nicht unbedingt ein konkretes Problem vorhanden sein. Durch die Beobachtung natürlicher Systeme ist das Entdecken latenter technischer Probleme über ihre Lösung möglich. Dazu folgende Beispiele:

Wie man weiß, können Delphine sehr schnell schwimmen. Sie können tagelang sogar neben Überseeschiffen schwimmen und ihnen mühelos folgen. Nun weiß man aber aufgrund der physikalischen Gesetze, wie schnell sich ein Körper im Wasser, in dem er den Reibungswiderstand zu überwinden hat, bewegen kann. Bezogen auf den Delphin dürfte dieser eigentlich max. nur rd. 10 km/Stunde zurücklegen können, in Realität erreicht er aber 40 km/Stunde. Wie ist es dem Delphin gelungen, diese Geschwindigkeiten zu erreichen? Analysiert man das Problem genauer, so zeigt sich, dass die Reibungsgesetze hier nicht gelten. Diese treffen nur für starre Körper zu. Der Delphin dagegen kann vielmehr seine Haut ununterbrochen vibrieren lassen. Hier gelten andere physikalische Gesetze (erster Schritt bei der Bionik-Technik).

Als zweiter Schritt bei der Bionik-Technik wäre nun zu überlegen, wie dieses Naturprinzip in technisch verwertbare Ideen umgesetzt werden könnte. Bezogen auf das Beispiel des Delphins wäre die konkrete Fragestellung: „Ist ein Schiff konstruierbar, dessen Außenhaut vibriert, sodass es dadurch seine Geschwindigkeit erhöhen kann bzw. weniger Energie braucht?" Als Lösungsansatz käme beispielsweise in Betracht, die Vibrationen z. B. durch Ultraschall, mechanische Schwingungen oder durch Pressluft zu erzeugen. In einem weiteren Schritt wäre jetzt die technische Realisierbarkeit der gefundenen Ideen zu überprüfen.

Es gibt viele andere Beispiele, die zeigen, dass Ideen aus dem Bereich der Bionik bewusst oder unbewusst zur Lösung von Problemen verwendet wurden. Die menschliche Hand, die sich im Greifbagger wieder findet, das Gebiss als Vorbild für den Nussknacker oder der Beutel des Kängurus, der sich im Wäscheklammerbeutel entdecken lässt. Eine weiteres Beispiel ist die Verhinderung von Knochenbrüchen beim Skifahren. Das Problem besteht darin, dass sich das Bein bis kurz vor dem Sturz belasten lassen muss, bevor sich die Bindung schlagartig lösen soll.

Gerade dieses Beispiel zeigt, dass es bei der Problemformulierung wichtig ist, nicht von Anfang an, zu einengend zu formulieren. Damit soll vermieden werden, von vornherein mögliche Lösungsalternativen auszuschließen. Die Problemformulierung „**schlagartig lösen**", grenzt nämlich mögliche Lösungen von vornherein aus. Beispielsweise ließe sich das Problem der Überbelastung beim Sturz auch dadurch lösen, dass man Skistiefel erfindet, deren Sohlen abreißen oder Ski mit Sollbruchstellen, sodass die Hebelwirkung einen Sollwert nicht überschreitet.

Andere Beispiele aus der Natur, die zu technischen Lösungen führten sind auch:

• Wie orientieren sich Vögel, Fledermäuse, Fische, Bienen oder andere Tiere? Die Lösungen sind eingesetzt in Kompassen, Ultraschall und Radar.
• Welche Leichtbauarten gibt es in der Natur? Zum Beispiel Sandwichkonstruktionen, Rohrwerke oder Blattrippen-Bauweise als Muster für Stahlkonstruktionen.
• Welches sind die Organisationsprinzipien bei Insektenstaaten? Die Lösungen sind eingesetzt, um Logistikprozesse zu verbessern. So hat Siemens eine Rechenroutine zur Verbesserung der Pünktlichkeit von Warenlieferungen programmiert, die das Verhalten von Ameisen nachahmt (O.V. 2005).
• Warum verschmutzen die Oberflächen von bestimmten Pflanzen – z. B. der Lotusblume – nicht? Das wasserabweisende

Mikrorelief, wodurch Wasser und Schmutz wenig Kontakt zur Oberfläche der Pflanzen haben, entdeckten *Berthlott* und *Nein-huis* bereits in den siebziger Jahren (*Kraus* 2005).

* Welche Werkstoffe gibt es in der Natur? Z. B. die menschlichen Knochen, leicht, aber sehr stabil, ihre Beschaffenheit ist in geschäumten Metallen wiederzufinden als Ersatz für feste Werkstoffe.

Die Haihaut als Vorbild für schnelle Badeanzüge bei Schwimmern, die Versuche, die stromlinienförmigen Körper der Fische auf den Kraftfahrzeug- oder Flugzeugbau (Beluga-Airbus) zu übertragen oder die Schlangenhaut beim Langlaufski sind nur einige wenige weitere erfolgreiche Beispiele der Ideenübertragung aus der Natur.

Aber auch das menschliche Gehirn dient als Ideengrundlage. Bei den so genannten neuronalen Netzen ist das menschliche Gehirn das Vorbild für Zukunftscomputer. So wird derzeit versucht, durch Nachahmung menschlicher Gehirnzellen Computern assoziatives und schöpferisches Denken beizubringen. Bei neuronalen Netzen werden dazu Tausende künstlicher Nervenzellen, die als Neuro-Chips bezeichnet werden, miteinander verknüpft. Dabei gewichtet jedes Neuron die erhaltenen Informationen durch einen Vergleich mit abgespeicherten Mustern. Anschließend werden sie an die nächste Instanz weitergereicht. Dadurch lernt der Computer.

Eingesetzt werden können diese neuronalen Rechner beispielsweise bei der Erkennung von handschriftlichen Texten. Lernfähige Expertensysteme werden auch zur Entdeckung eventueller Sicherheitslücken beim Bau von chemischen Produktionsanlagen eingesetzt.

Ein weiteres Beispiel ist die in der Natur vorzufindende Fuzzy-Logik, die so genannte Theorie der unscharfen Logik, welche auf exakte mathematische Formeln verzichten kann. Anstelle von Ja/Nein-Aussagen, treten die an menschlichen Verhaltensmustern orientierten Zugehörigkeitsfunktionen. Dabei kann festgestellt werden, inwiefern eine Bedingung gar nicht, etwas, weitgehend oder völlig erfüllt ist. Sie ist dann entsprechend in einer Fuzzy-Skala einordenbar. Es werden aber nur die Extremwerte definiert, beispielsweise Schwarz = 1 und Weiß = 0. Die anderen Farben werden mathematisch (d. h. stufenlos) an die Grenzwerte angenähert. Beispielsweise würde der Farbton Hellgrau die Bewertung 0,3 erhalten und Dunkelgrau die Bewertung 0,7. Anders als bei herkömmlichen Regelsystemen kann ein System, welches mit der Fuzzy-Logik arbeitet schon vor Erreichen vorher fest definierter Grenzwerte reagieren (*Henke/Rother* 1994). Die Fuzzy-Logik wird beispielsweise in Klärwerken zur biochemischen Aufbereitung der Abwässer eingesetzt. So werden Laufgeschwindigkeit der Zentrifuge und Zugabe von Chemikalien jetzt durch den Rechner vorgenommen.

Würdigung: Wie die Beispiele zeigten, gibt es in der Natur fast unendlich viele Möglichkeiten, die auf menschlich-technische Probleme übertragen werden können. Bei einer Bioniksitzung zur Ideenfindung im Unternehmen, insbesondere bei technisch komplexeren Problemen, ist es aber ratsam, einen erfahrenen Bioniker in die Problembearbeitung mit einzubeziehen.

Inkubation

Inkubation ist keine Technik im engeren Sinne, vielmehr bedeutet Inkubation (= Ausbrütung) im Zusammenhang mit kreativem Denken soviel wie „schöpferisches Vergessen". Der Grundgedanke ist die Erkenntnis, dass eine lang andauernde, konzentrierte Bemühung um die Problemlösung zur Verkrampfung des Denkprozesses führt und so die Lösungssuche behindert.

Die Inkubationsregel kreativen Denkens sagt deshalb aus, dass der Problemlöser nach einer Reihe erfolgloser Bemühungen gut daran tut, seine Problemlösungssuche aufzugeben und sich anderen Interessen zuzuwenden. Dadurch wird das Bewusstsein aus der Krampflage befreit. Das Unterbewusstsein hält jedoch die Problemstellung lebendig und sucht nach neuen Wegen.

Ein Beispiel erfolgreicher Inkubation zeigt das Manhattan-Projekt, das amerikanische Programm der Atombombenentwicklung im zweiten Weltkrieg (*Stuhr* 1969). Nach dem damaligen Stand der Physik gab es fünf theoretische Möglichkeiten zur Atomspaltung. Im Einzelnen:

- die elektromagnetische Methode,
- die zentrifugale Methode,
- die Methode der Gasdiffusion,
- die Plutonium-Methode durch Graphitreaktor,
- die Plutonium-Methode durch Schwerwasserreaktor.

Aber es war einem schöpferischen Akt des Vergessens zuzuschreiben, dass das Projekt in der für unmöglich gehaltenen Zeit von knapp drei Jahren erfolgreich durchgeführt wurde. Der Vertraute Roosevelts und Freund führender Wissenschaftler Alexander Sachs hatte sich an der Frage festgebissen, wie man die Zeit von 10–12 Jahren, die für die Erprobung der praktischen Verwendbarkeit jeder der fünf Methoden brauchte, verkürzen könnte.

Zufällig fiel ihm, als er sich seinem Hobby der Musik zuwandte, ein Buch über Musiktheorie in die Hände. Er las und blieb an einem Kapitel über die Struktur von Kanons hängen und erkannte die Lösung: **Kanon – Überdeckung – gleichzeitig statt hintereinander.**

Wie in einem Kanon musste das Projekt durchgeführt werden. Die für jede der fünf möglichen Spaltungsmethoden benötigten fünf Fertigungsstätten wurden daher nicht nacheinander, sondern gleichzeitig errichtet. Das Ergebnis ist bekannt.

Als anderes Beispiel sei *Archimedes* genannt, der losgelöst von der permanenten Suche nach dem Neuen, seine Formel im Bade erfand.

4.4 Methoden der intuitiven Konfrontation

Klassische Synektik

Grundgedanke: Gemeinsam ist allen synektischen Methoden, die Problemlösung dadurch zu erzielen, dass man problemfremde Reizwörter benutzt und diese dann auf das Problem überträgt. Die wesentlichen Unterschiede zwischen den einzelnen Methoden bestehen vor allem in der Vorgehensweise zur Erlangung verschiedener Reizwörter. Die wichtigsten synektischen Methoden werden im Folgenden näher erläutert.

Die klassische Synektik (Synektik = etwas miteinander in Verbindung bringen), vom Amerikaner *William Gordon* 1961 auf der Grundlage intensiver Studien über Denk- und Problemlösungsprozesse entwickelt, ist die psychologisch fundierteste Methode der gemeinsamen Ideenfindung in Gruppen. Sie stellt in der ursprünglichen Grundform an die Teilnehmer sehr hohe Anforderungen.

Sie umfasst drei grundlegende Charakteristika:

(1) Auswahl möglichst kreativer, hochqualifizierter Personen.

(2) Intensive Schulung (z. B. in Psychoanalyse, Informationsverarbeitungspsychologie, Problemlösungsverhalten).

(3) Konfrontation mit schwierigen Aufgaben, die den Teilnehmern ein hohes Maß an Kreativität abverlangen.

Die Synektik basiert auf der maßgeblichen Erkenntnis, dass die bekannten Modelle der Psychologie zur Beschreibung menschlichen Problemlösungsverhalten zu theoretisch sind, um Erfolg versprechende Wirkungen zu erzielen. Daher werden die Verhaltensempfehlungen in „operationale Mechanismen" übersetzt. Dazu gehören beispielsweise die Prinzipien:

Mache dir das Fremde vertraut!
Entfremde das Vertraute!

Das erste Prinzip beinhaltet lediglich die Forderung nach einer gründlichen Problemanalyse.

Dagegen fordert das zweite Prinzip die Teilnehmer auf, die ursprüngliche Problemstellung zunehmend durch Bildung von Analogien z. B. aus Natur und Technik zu verfremden und nach neuen Problemlösungen zu suchen.

Als letzter Ablaufschritt wird versucht, möglicherweise auch „phantastische" Lösungen an die eigentliche Problemstellung anzupassen.

Die Synektik verfolgt dementsprechend die Absicht, über systematische Verfremdungen des Problems zu neuen originellen und oftmals überraschenden Lösungsansätzen zu gelangen. Ihr liegt zudem die Annahme zu Grunde, dass sich kreative Prozesse von Personen durch diskrete, unbewusst ablaufende Stufen beschreiben lassen.

Sitzungsgestaltung: Die Teilnehmerzahl einer Gruppe sollte zwischen 6–8 Teilnehmer betragen (max. zwölf Teilnehmer). Es sollte sich um eine interdisziplinäre jedoch sozial homogene Gruppe von Teilnehmern handeln. Ein qualifizierter Moderator, der über eine sehr gute Allgemeinbildung verfügen muss, ist notwendig. Die Dauer einer Synektiksitzung liegt bei ca. zwei Stunden. Es wird empfohlen, einen Flip-Chart, eine Pinnwand oder eine Wandtafel zu benutzen.

Sitzungsregeln

- Die Beiträge sollten kurz sein. Stichwortartige Vorschläge genügen.
- Die anderen Teilnehmer dürfen bei ihren Ausführungen nicht gestört werden.
- Es findet keine Kritik oder Wertung der Lösungsansätze statt.
- Spannungen innerhalb der Gruppe sind unbedingt zu vermeiden.
- Der Ablaufplan sollte allen sichtbar sein und die Ideen sind zu visualisieren.

Die Problemlösungsdarstellung durch Bildung von Analogien folgt den Phasen natürlicher kreativer Prozesse und hat folgenden Ablauf:

(1) **Problemanalyse und -definition.** In der ersten Phase bemüht sich die Gruppe um die lückenlose Sammlung problemspezifischer Informationen sowie die genaue Abgrenzung und Formulierung des Problems.

(2) **Spontane Lösungen und Neu-Formulierung des Problems.** In der zweiten Phase sind spontan Lösungsansätze zu nennen. Diese spontanen Lösungsansätze schaffen bei den Beteiligten Platz für neue Gedanken. Sie befreien gewissermaßen. Zudem werden durch dieses Vorgehen falsch verstandene Fragestellungen erkennbar, die einer Neuformulierung des Problems bedürfen.

(3) **Bildung von Analogien direkter Art.** Die Gruppe überträgt das Problem mit der Absicht der Verfremdung in andere Bereiche, wie Natur, Technik, Soziologie. Dazu schreibt jeder Teilnehmer seine Analogien auf Karten (je Karte eine Analo-

gie). Die Karten werden dann auf einer Tafel angebracht. Anschließend wird die interessanteste Analogie von der Gruppe zur Weiterentwicklung ausgewählt.

(4) **Bildung von Analogien persönlicher Art.** Durch Bildung persönlicher Analogien (Eindrücke und Gefühle der Gruppenteilnehmer), die grundsätzlich in der Ich-Form erfolgen sollten, ist beabsichtigt, dass sich die Gruppe mit den gefundenen direkten Analogien identifiziert (bewusste Regression ins Unterbewusstsein). Von den Teilnehmern wird hier konkret erwartet, dass sie ein Objekt in der Ich-Form beschreiben und sich dabei in die Rolle des Objekts (Eigenschaften und Verhaltensweisen) in direkter Analogie einfühlen. Dieses Verhalten, welches Kindern noch zu Eigen ist, muss von Erwachsenen wieder antrainiert werden.

(5) **Bildung von Analogien symbolischer Art (Kontradiktionen).** Danach sollen symbolische Analogien zu den persönlichen Beiträgen, bestehend aus einem Substantiv und einem Adjektiv gebildet werden. Mit der Auswahl eines möglichst paradoxen Adjektivs soll hier bewusst eine unter Umständen provozierende Konfliktsituation geschaffen werden (z. B. eisige Wärme). Die Lösungen der symbolischen Analogie werden danach auf Karten geschrieben und auf die Tafel angebracht. Die beste Analogie wird dann für die nächste Phase ausgesucht wird.

(6) **Bildung einer neuen direkten Analogie und anschließende Analyse.** Von der Gruppe werden in dieser Phase erneut direkte Analogien gebildet, die allerdings bei der ersten direkten Analogie gewählt wurden. Im Anschluss an die Analogiebildung wird erneut die beste Analogie ausgewählt und nach Strukturmerkmalen durchleuchtet und in ihre Merkmale zerlegt sowie beschrieben.

(7) **Übertragung auf das Grundproblem.** Anschließend wird versucht, die gewonnenen Anregungen (Strukturmerkmale und deren Beziehungen) wieder auf das Ausgangsproblem zu transferieren. Die hinter dieser Phase stehende Grundfrage lautet: Wie kann die erhaltene neue Struktur zur Lösung unseres Problems genutzt werden? Diese eigentliche Phase der

Ideenfindung, die beispielsweise nach den Regeln des Brain-stormings ablaufen kann, hat das Ziel, die Lösungsansätze der problemfremden Formationen auf das eigentliche Aus-gangsproblem zu übertragen (so genanntes *force fit*).

(8) **Entwicklung von Lösungsansätzen.**

Eignung der Synektik-Methode: Die wesentlichen Vorzüge der klassischen Synektik-Methode sind:

- Es ist eine starke Verfremdung des Problems möglich.
- Es handelt sich um die psychologisch fundierteste Methode.
- Vollständige, eventuell auch physisch-konstruktive Problemlö-sung.
- Die Methode erleichtert die Findung außergewöhnlicher Ide-en.
- Die Aufgabenstellung kann eine hohe Komplexität aufwei-sen.

Deren wichtigste Nachteile sind:

- Sehr zeitintensive Technik.
- Schwierige Handhabung.
- Teilnehmer sollten in der Synektik geschult sein (hohe Kos-ten).
- Qualifizierter Moderator notwendig, der über eine sehr gute Allgemeinbildung verfügen muss (ca. ein Jahr Schulung).

Synektik-Methode in der Anwendung

Beispiele für die Synektik-Methode: Die grundsätzliche Vorge-hensweise lässt sich an folgendem einfachen Beispiel gut erklä-ren. Als Aufgabenstellung sollen im Rahmen der Synektiksitzung Lösungsalternativen für einen Regenschirm gefunden werden. Zur Auflockerung der morgendlichen Sitzung wird den Teilneh-mern ein Glas Sekt gereicht.

Als erste Handlung sind die Schwachstellen des Regenschirms zu nennen, etwa „Ein Regenschirm ist doch etwas Entsetzliches, bei Orkan fliegt er gleich weg, er ist unhandlich und man ver-gisst ihn leicht."

Anschließend versucht man eine Analogie zur Tierwelt herzu-stellen, etwa indem man fragt: „Wie hat das Problem eine Gans gelöst. Sie hat ein Federkleid und wird dennoch nicht nass." So erzielt man möglicherweise die Lösung des imprägnierten Regenmantels.

Weiterhin wird die Frage gestellt: „Warum existiert zum Beispiel noch kein imprägnierter Regenmantel, der so klein zusammenklappbar ist, dass er die Größe einer Zigarettenschachtel hat?" Hier ist noch eine Marktnische.

Ein anderes Beispiel. In einem Unternehmen erhielt eine Forschergruppe den Auftrag, einen neuen Antennenmast zu entwickeln, der 25 Meter hoch sein sollte und sich in einem Paket verpacken lässt (*Gilde/Belkius* 1981). Die Gruppe versuchte zunächst die naheliegendste Möglichkeit und wählte viele 35 cm lange zusammensteckbare Stäbe. Es stellte sich aber heraus, dass ein solcher Mast einen zu geringen Querschnitt aufwies, als dass er sich auf 25 Meter hätte aufrichten lassen.

In einer Synektiksitzung kam man auf die Lösung. Die Teilnehmer suchten nach Analogien und schrieben alle ungefähr 25 Meter hohen Gegenstände auf, die ihnen einfielen. Ein Teilnehmer hatte die Idee, sich einen Dinosaurierhals vorzustellen.

Bei der Übertragung der Analogie auf das Grundproblem (Ablaufschritt 7 der Methode) erwies es sich als notwendig, ein Naturkundemuseum zu besuchen und sich ein Dinosauriergerippe anzusehen. Die Teilnehmer erkannten, dass der Dinosaurierhals einen idealen Antennenmast abgibt. Die Wirbel lassen sich leicht zusammenstecken und werden nur durch Muskel gehalten. Die Ingenieure entwickelten daraufhin eine ineinandersteckbare Antenne aus Ringen, die durch Stahlseile aufeinandergepresst werden.

Noch ein Beispiel, das die Prinzipien der Synektik erläutert. Bei Waschmitteln wird gelegentlich auf seine Wirkung hingewiesen, die Oberflächenspannung herabzusetzen (zu entspannen). Dadurch kann das Waschmittel besser in die Poren eindringen.

Anders als bei den bisherigen Beispielen steht hier jedoch nicht das Problem am Anfang, das einer Lösung bedarf, sondern hier steht die Lösung im Vordergrund, für die es nach Anwendungen zu suchen gilt. Das Ergebnis einer Synektiksitzung könnte nun sein:

Niedrige Oberflächenspannung wird benötigt bei

- Flüssigkeiten zum Auffinden kleinster Risse. Zum Beispiel eine Flüssigkeit, die in Haarrisse eindringt und sie sichtbar macht.
- Flüssigkeiten, die in eingefrorene Autoschlösser eindringen und das Eis abtauen.
- Flüssigkeiten, die unter eine Wasserschicht dringen und so die Feuchtigkeit von z. B. nassen elektrischen Anlagen entfernen.
- Schmiermittel, welche in kleinste Bereiche dringen.
- Entspannende Medien, die vor Schiffen ins Wasser gegeben, deren Reibungswiderstand verringern und so eine Geschwindigkeitserhöhung bewirken.

Zusammenfassende Würdigung der Synektik-Methode: Der Erfolg einer Synektiksitzung ist stark von den Fähigkeiten der Teilnehmer abhängig, Hemmungen und Blockaden abzubauen und freie Analogien bilden zu können. Dies bedarf allgemein intensiver Schulung.

Der Reiz der Methode liegt in ihrer Möglichkeit, sie auch für anspruchsvolle Einsatzgebiete wie der technischen Prognose einzusetzen. Insbesondere im amerikanischen Raum wurden mit Hilfe der Synektik beeindruckende Erfolge erzielt. Wegen ihres ungewöhnlichen Ablaufs, wird sie jedoch in der Praxis noch selten angewandt.

Die TILMAG-Methode

Die TILMAG (**T**ransformation **i**dealer **L**ösungselemente in **Ma**trizen für **A**ssoziationen und **G**emeinsamkeiten)-Methode wurde von Helmut Schlicksupp entwickelt (*Schlicksupp* 1989). Wesentliches Charakteristikum dieser Technik ist, dass bei ihr die Verfremdung, anders als bei der klassischen Synektik, durch einen rationaleren Ansatz der Reizwortfindung stattfindet.

Im Einzelnen ist die Vorgehensweise wie folgt (*Schlicksupp* 2004 I):

(1) Es wird zunächst eine idealtypische Lösung formuliert.
(2) Danach erfolgt eine Aufzählung der zu dieser Lösung notwendigen idealtypischen Funktionen und Elemente.

(3) Anschließend wird eine Gruppierung der Funktionen und Elemente nach sinnvollen Kriterien vorgenommen. Jeder Gruppe wird ein Oberbegriff zugeordnet.

(4) Es wird eine Assoziationsmatrix gebildet, deren Dimensionen aus den unter (3) gefundenen Oberbegriffen gebildet werden. Dabei soll jeder gebildete Oberbegriff mit jedem kombinierbar sein. Die von der Gruppe zu jedem Begriffspaar gebildeten spontanen Assoziationen werden in die Zellen der Matrix eingetragen. Die spontanen Assoziationen, die die Funktionen und Elemente des Problems nun konkret verkörpern, werden zu Reizwörtern für die Lösungsfindung. Es folgt eine Übertragung der Assoziationen (Reizwörter) auf das Problem, wodurch erste Ideen geliefert werden.

(5) In einer weiteren Matrix (der Gemeinsamkeitenmatrix) werden die Assoziationsbegriffe paarweise nach Gemeinsamkeiten untersucht.

(6) Die strukturellen Gemeinsamkeiten werden auf das Problem übertragen.

Kritische Würdigung: Die Methode kann bei der Suche nach Produktinnovationen durchaus helfen. Sie kann ähnliche Ergebnisse wie die Synektik bringen, bei einem insgesamt rationaleren Ansatz. Voraussetzung ist, dass die Eigenschaften der zu findenden Lösungen bekannt sind.

Nachteilig ist ferner die große Verwendung von systematisch-analytischen Techniken mit ihren spezifischen Nachteilen. Zudem ist auch bei dieser Methode ein größerer Zeitaufwand einzuplanen.

Synektische Konferenz

Die synektische Konferenz (entworfen von *Prince*) soll den starren Ablauf der klassischen Synektik auflockern und das komplizierte Vorgehen erleichtern.

In einer Diskussion ähnlich dem Brainstorming ist beabsichtigt, möglichst viele direkte Analogien zu finden und zueinander in Beziehung zu setzen. Es werden also ganze Strukturen assoziiert.

Visuelle Synektik

Hintergrund der visuellen Synektik (*Schlicksupp* 1980) – auch als visuelle Konfrontation bezeichnet – ist, dass Denkprozesse bzw. hier kreative Prozesse von unterschiedlichen Anreizen unterschiedlich beeinflusst werden. Deshalb werden in dieser Technik visuelle Reize (Wahrnehmungen) zur Problemlösung genutzt.

Das geschieht etwa in der Art, dass man dem Problemlöser eine Bildmappe zum aufmerksamen Durchblättern gibt. Analogiebildung und force fit ergeben sich durch Übertragung von Strukturen naturalistischer Bilder und Bildelemente auf das Problem.

Die Ideenfindung wird durch Betrachtung von Bildern und Konzentration auf Bilder mit realen Darstellungen erzielt. Die Problemlösung soll demnach von der Beschreibung der bildhaften Elementenbeziehungen abgeleitet werden.

In größeren Gruppen können statt einer Bildmappe auch Dias verwendet werden. Danach versucht die Gruppe die Strukturen der Bilder in Problemlösungsideen umzusetzen.

Die grundsätzliche Vorgehensweise bei Gruppenarbeit ist beispielhaft wie folgt (vgl. etwa *Backerra/Malorny/Schwarz* 2002):

(1) **Problembeschreibung und Problemanalyse:** Zuerst ist das Problem genau zu beschreiben.

(2) **Entspannung und Verfremdung:** Die Teilnehmer betrachten jeweils für wenige Minuten eine Reihe von Bildern oder Dias. Die Bilder sollten eher ruhig wirken und nicht zu viele Details haben.
Ggf. unterstützt durch Musik entspannen die Teilnehmer nun relativ rasch. Das reicht aus, um die erforderliche Entfremdung zu erreichen.

(3) **Lösungssuche:** Bei einem beliebig ausgewählten Bild – jetzt mit mehr Details – sind die Teilnehmer gebeten, Elemente aus dem Bild auf das Problem zu übertragen. Um eine erzwungene Eignung zu erreichen, sollte das Thema des Bildes möglichst weit vom Problem entfernt sein.

(4) **Lösungsbewertung:** Diskussion und Auswahl der Lösung.

Bisoziationsmethode

Bei der auf den Kulturphilosophen *Arthur Koestler* (1966) zurückgehenden Bisoziationsmethode (auch Reizbild-Methode benannt), der Name Bisoziation bedeutet übersetzt zweimal assoziieren, wird das Problem in einem ersten Schritt erläutert und durchdrungen.

Danach müssen die Gruppenteilnehmer nach einem neuen, vom Problem weit entfernten Bezugssystem suchen, etwa durch Betrachtung eines zufällig gefällten Zeitschriftenausschnitts, eines Bildes oder Fotos. Durch das Sammeln von Schlagwörtern wird dieses möglichst eingehend beschrieben (**erste Assoziation**).

Die Beschreibung des neuen Bezugssystems hat den Zweck, das Bewusstsein vom Problem zu lösen und dieses so ins Unterbewusstsein aufzunehmen. Neue Ideen werden dadurch erhältlich, dass die Begriffe des neuen Bezugssystems mit dem gestellten Problem zusammengebracht werden. Diese Begriffe dienen als Brennpunkt für Lösungsansätze und Ausgangspunkte für mehr Assoziationsketten (**zweite Assoziation**).

Die Methode kann sehr interessante Ergebnisse bringen, schwierig ist jedoch die Findung geeigneter Analogien.

Der schematische Ablauf ist in Abb. 18 wiedergegeben.

Erster Schritt	Problemformulierung
Zweiter Schritt	Problemerläuterung
Dritter Schritt	Suche nach neuen Bezugssystemen
Vierter Schritt	Auswahl eines Bezugssystems
Fünfter Schritt	Beschreibung des neuen Bezugssystems durch zugehörige Begriffe
Sechster Schritt	Neue Lösungen durch Verknüpfung des Bezugssystems mit dem gegebenen Problem

Abb. 18: Schematischer Ablauf der Bisoziationsmethode

Die BBB-Methode

Die **BBB** (**B**atell-**B**ildmappen-**B**rainwriting)-Methode kombiniert die visuelle Synektik mit dem klassischen Brainstorming. Nach der Analyse des Themas – ergänzend können in einer Brainstorming-Sitzung bereits vorab erste Lösungsansätze gesammelt werden – wird bei dieser Technik jedem Gruppenteilnehmer vom Moderator einzeln eine Bildmappe mit (foto-)grafischen Abbildungen vorgelegt. Die Lösungsansätze, die der Teilnehmer aus der Analogiebildung zu den Bildelementen oder aus spontanen Assoziationen, die von Bildelementen anregt wurden, ausgebildet hat, werden auf Kärtchen aufgeschrieben (ca. 15–30 Minuten). Die so gefundenen ersten Lösungsansätze werden in einer sich anschließenden Brainstorming-Sitzung einzeln vorgetragen und so als Assoziationsgerüst zur Findung verbesserter Ideen genutzt.

Da das Vortragen der einzelnen Ideen viel Zeit in Anspruch nimmt, können als Abwandlung der Methode nach der Bildmappenarbeit die Kärtchen allen Teilnehmern, wie bei der Kärtchen-Befragung (vgl. 4.2, Abschnitt „Die Kärtchen-Befragung"), zur weiteren Ideenentwicklung in Umlauf gegeben werden. Anschließend erfolgt die Gruppendiskussion anhand der zuvor nach Kriterien an Pinnwänden aufgehängten Kärtchen.

Reizwort-Analyse

Ausgehend von der Problemdefinition und –konkretisierung werden bei der Reizwort-Analyse (entwickelt von *Geschka/ Schaude*) – als Einzelmethode oder als Impuls für eine Brainstorming-Sitzung – etwa zehn zufällig gesammelte gegenständliche Begriffe aus anderen Bereichen ausgesucht, die scheinbar nicht zum Thema zugehörig sind, gewählt und übersichtlich angeordnet. Anschließend erfolgt eine Analyse der ausgesuchten Gegenstände (= **Reizwörter**) nach relevanten Strukturmerkmalen (daher der Name Reizwort-Analyse). Hierbei sollte ein systematisches Vorgehen (z. B. der Reihenfolge nach) vermieden werden. Wichtig sind die spontan einfallenden Merkmale, die bei flüchtigem Lesen aller Begriffe bemerkt werden. Danach wird ver-

sucht, eine Beziehung zwischen den ermittelten Strukturen (zufällig gefundenen Reizwörtern) und dem Problem zu erreichen
(Übertragung auf das Problem) und dadurch neue Lösungsansätze zu entwickeln.

Eine beispielhafte Reizwort-Analyse zum Thema „Entwicklung neuer Haustürformen" könnte wie folgt sein (nach *Schaude* 2000):

(1) Die in der ersten Phase der Methode der Reizwort-Analyse
durchzuführende **Problemkonkretisierung** ist in diesem Beispiel bereits vor Sitzungsbeginn vorgenommen worden. Als
konkrete Aufgabe sollen für das o.g. Thema „Entwicklung
neuer Haustürformen" Lösungsideen entwickelt werden.

(2) In einem zweiten Schritt erfolgt eine **erste Ideensuche** im
Rahmen einer Brainstorming-Sitzung, d. h. so lange, bis keine weiteren Ideen mehr hervorgebracht werden.

(3) Anschließend wird die **Verfremdungsphase** eingeleitet. Hierzu werden zuerst zufällige Reizwörter gesammelt. Es empfiehlt sich bei Nutung der Reizwort-Analyse als Gruppenarbeit, die Gruppenmitglieder aktiv in die Reizwortsuche
einzubeziehen, etwa dadurch, dass jeder Teilnehmer einen
Gegenstand mit dem Anfangsbuchstaben des Nachbarn be-
nennt oder die Teilnehmer nennen Gegenstände aus dem Se-
minarraum.
Die Reizwortsammlung ergab in dem Beispiel die Begriffe:
Bierflasche, Bügel, Fernseher, Schiff, ...

(4) Es schließt sich die **Analysephase des ersten Reizwortes** an.
Der Moderator lässt dazu das erste Reizwort, hier den Begriff Bierflasche analysieren. Als Ergebnis wurden folgende
relevante Strukturmerkmale benannt: Bügelverschluss, grünes Glas, steht unter Druck, zischt beim Öffnen, ...

(5) Danach folgt die **Übertragungsphase**. Dieser Schritt entspricht der zweiten Phase der klassischen Synektik. Dabei
wird versucht, die Strukturmerkmale des ersten Reizwortes
auf das Problem zu übertragen. Konkret: Was könnte der Bügelverschluss beim Problem „Entwicklung neuer Formen von
Haustüren" helfen?
Entwickelte Lösungsansätze könnten sein:

- Bügel als Türgriff.
- Bügel zum Festhalten neben der Tür, passend zu den Türgriffen.
- Im Bügelverschluss ist ein Keramikkörper. Könnte die Tür mit einer pflegeleichten Keramikoberfläche versehen werden?
- Der Bügelverschluss schnappt sicher und fest zu. Lässt sich hieraus ein einbruchsicherer Mechanismus für die Tür herstellen?

(6) Werden keine weiteren Ideen mehr vorgetragen, wird das nächste Strukturmerkmal, hier das Strukturmerkmal „grünes Glas", untersucht. Die Schritte (4) und (5) werden so lange wiederholt, bis alle Reizwörter einbezogen wurden.

Im Vergleich zur klassischen Synektik übergeht die Reizwort-Analyse die Phasen der Analogiesuche (Phasen vier bis sechs). Als Vorteil ergeben sich hieraus eine schnellere Anlernphase und eine bessere Nutzung der Technik auch ohne geschulten Moderator. Ohne Übung kommt allerdings auch diese Technik nicht aus.

Andererseits erreicht man jedoch bei der Reizwort-Analyse, was als nachteilig an zu sehen ist, keine wesentliche Verfremdung. Es stehen jedoch mehr Analogie-Vorlagen als bei der Synektik zur Verfügung, sodass durchaus noch originelle Ideen entstehen können. Entstehende Gruppenspannungen, etwa durch Überforderung, lassen sich durch entsprechende Moderation überwinden.

Das Force-Fit-Spiel

Diese Kreativitätstechnik ist ein Analogie-Spiel für zwei Mannschaften von zwei bis acht Personen. Die eine Gruppe nennt ein Objekt (Reizwort), das keine erkennbare Beziehung zum Problem haben soll. Die zweite Gruppe muss dann in kurzer Zeit (z. B. zwei Minuten) eine Beziehung zum Problem finden und daraus einen Lösungsansatz ableiten. Gelingt ihr das nicht, ist die erste Gruppe weiterhin am Spiel, ansonsten wechseln die Rollen. Für jeden Lösungsansatz gibt es einen Punkt. Gewonnen hat die

Mannschaft mit den meisten Punkten. Zum Notieren der Ideenvorschläge ist ein Protokollant ratsam. Die Aufgabe kann auch
der Moderator übernehmen. Die Ernennung eines Schiedsrich-
ters durch die Gruppe ist sinnvoll. 30 Minuten bis zu einer Stunde Spielzeit haben sich als geeignet herausgestellt.

Forced-Relationship

Diese Technik eignet sich besonders bei sehr unpräziser Problemstellung. Beim Forced-Relationship werden technisch ähnliche Produkte verglichen und miteinander in Beziehung gesetzt.
Ähnlich wie bei der Reizwort-Analyse versucht man die technischen Produkte bzw. deren Namen (Reizwörter) auf sich wirken zu lassen und einander gegenüberzustellen. Durch beliebi-
ges assoziieren, kombinieren und variieren werden Phantasie-
gegenstände (hier technische Produkte) gebildet, die zu neuen
Lösungsansätzen führen können.

Die Katalog-Technik

Eine Abwandlung des Forced-Relationship ist die Katalog-
Technik. Statt technischer Produkte wählt man hier nach dem
Zufallsprinzip zwei Produkte aus einem Versandhauskatalog aus
(die Zufallszahlen werden zur Ermittlung der Katalogseite und
des Produkts genutzt). Die Vorgehensweise entspricht dem des
Forced-Relationship. Man versucht aus den zufällig ausgewähl-
ten Objekten (Reizwörter), die benutzt werden *müssen*, durch
Assoziation, Kombination bzw. Variation eine Beziehung zum
Problem herzustellen und so neue Ideen zu entwickeln.

Walt Disney-Strategie

Die Erfolge von *Walt Disney* werden durch eine spezielle Technik, dem strikten Trennen von drei unterschiedlichen Denkmodellen (Rollen) begründet. *Disney* definierte den kreativen Prozess räumlich, in dem er sich bei seiner Arbeit nacheinander in
die Rollen des **Träumers**, der Visionen und erstaunliche Ideen hat
sowie wünschenswerte Soll-Zustände beschreibt, des **Kritikers**,

der Fragen stellt und offen Kritik äußert, und des **Realisten**, der versucht, eine brauchbare, realistische Lösung zu finden, versetzte. Dabei wechselte *Disney* bei jedem Rollenwechsel auch örtlich den Platz. Sich in unterschiedliche Lagen zu versetzen und die unterschiedlichen Denkhaltungen auch örtlich miteinander zu verknüpfen ist damit Kern dieser Methode.

Bei der Gruppenarbeit bietet sich an, die Räume durch drei unterschiedliche Stühle, den Träumerstuhl, den Kritikerstuhl und den Realistenstuhl zu ersetzen. Es gibt eine Reihe von Varianten der Methode. So ist die Walt Disney-Strategie mit dem Mind-Mapping kombinierbar oder die Methode ist auch in Einzelarbeit anwendbar.

Vorteilhaft an dieser Methode ist, dass bereits frühzeitig die Frage einer Realisierbarkeit beachtet wird. Der freie Ideenfluss, der für die Findung einer originellen neuen Lösung so wichtig ist, wird hierdurch aber deutlich unterbrochen.

Sechs-Denkhüte-Methode

Das Prinzip der Sechs-Denkhüte-Methode, 1985 von *De Bono* entwickelt, ist ähnlich der Walt-Disney-Strategie. Anstelle von drei unterschiedlichen Denkmodellen definiert De Bono den kreativen Prozess bei der Sechs-Denkhüte-Methode durch sechs unterschiedliche Aspekte (*De Bono* 1996, 1999). Dabei wird versucht, ein Problem oder eine Fragestellung durch die sechs vorgegebenen Denkhaltungen zu lösen, die durch sechs (imaginäre) Hüte unterschiedlicher Farbe symbolisiert werden. Durch das gedankliche Auf- und Absetzen der Hüte, die zudem relativ rasch gewechselt werden, soll die Flexibilität im Denken entscheidend gesteigert und eingefahrene Denkweisen überwunden werden, um so neue Lösungen zu finden.

Eine Gruppe oder einzelne Teilnehmer versuchen somit in einer Art Rollenspiel, systematisch und nacheinander zu den einzelnen Hüten Ideen zu entwickeln. Die Bedeutung der einzelnen Hüte ist:

Weißer Hut = Information & Data: Der weiße Hut steht für Neutralität und Objektivität. Er befasst sich mit Informationen und Daten. Welche Daten, Informationen oder Fakten hat man? Welche fehlen noch? Wie erhält man sie? Eine Bewertung findet nicht statt. Es geht nur um das Sammeln von Informationen. Nutzen Sie die so genannten W-Fragen: Wer? Wie? Wann? Was? Wo? Wie viel? Welche?

Roter Hut = Feelings & Intuition: Der rote Hut steht für Gefühle, Intuition und Emotionen. Welche positiven oder auch negativen Eindrücke oder Gefühle weckt der Vorschlag bei Ihnen? Was spüren oder fühlen Sie? Was sagt Ihr Instinkt?

Schwarzer Hut = Logical negative: Der schwarze Hut steht für die sachlich negativen Gesichtspunkte. Hier sollen quasi „aus der Sicht einer Richters" die Risiken und Probleme erarbeitet werden. Welche Risiken und Schwierigkeiten könnten sich aus dem Vorschlag ergeben? Welche Bedenken oder Zweifel können genannt werden?

Gelber Hut = Logical positive: Der gelbe Hut steht für Effektivität und Realisierbarkeit sowie für die positiven Eigenschaften. Was kann als Argument dafür angesehen werden? Welche Vorteile, welcher weitere Nutzen oder welche Chancen ergeben sich?

Grüner Hut = Creative Thinking: Der grüne Hut steht für Ideen und Kreativität. Welche Alternativen gibt es? Welche Vorschläge können gemacht werden? Seien Sie kreativ!

Blauer Hut = Managing the thinking: Der blaue Hut steht für Überblick und übergeordnete Strukturen. Welche Schlussfolgerungen können gezogen werden? Wie können die Ergebnisse zusammengeführt werden?

Grundsätze der Methode

- Es gibt sechs verschiedene (imaginäre) Hüte, die man tragen kann.
- Jeder Hut hat eine andere Farbe und symbolisiert einen anderen Blickwinkeln oder eine andere Denkhaltung.
- Jeder ist aufgefordert, nacheinander die verschiedenen Hüte aufzusetzen.
- Alle tragen zur selben Zeit den gleichen Hut („do the same type of thinking").

- Wenn der Hut gewechselt wird, wird auch das Denken gewechselt.
- Für jeden Hut sollte man sich 4–10 Minuten Zeit lassen.
- Die Reihenfolge des Aufsetzens der Hüte ist methodisch nicht zwingend. Sie kann sich vielmehr von Fall zu Fall unterscheiden und ist z. B. davon abhängig, ob das Problem bereits behandelt wurde und wenn ja, von wem?
- Wichtig ist vor allem, den schwarzen Hut nicht zu früh „aufzusetzen". Danach sollte der rote Hut folgen, um trotz aller zuvor vorgebrachter Bedenken, dennoch seinem Instinkt folgen zu können.

Ein beispielhafter Ablauf in einem Sechs-Denkhüte-Workshop könnte wie folgt sein:

Erster Schritt: Präsentieren der Fakten, also der Zahlen und Daten des Problems (weißer Hut).

Zweiter Schritt: Erste Ideenfindung, z. B. mit Hilfe der Brainstorming-Methode, wie das Problem gelöst werden kann (grüner Hut).

Dritter Schritt: Bewertung der wesentlichen Punkte der Ideen. Zum Einen eine Darstellung der Vorteile (gelber Hut). Zum Anderen eine Darstellung der Schwierigkeiten (schwarzer Hut).

Vierter Schritt: Auflistung der positiven Eindrücke, die bei den Teilnehmern geweckt wurden (roter Hut).

Fünfter Schritt: Zusammenfassung der Ergebnisse und Beendigung der Sitzung (blauer Hut).

Die Sechs-Denkhüte-Methode hilft, unserer grundsätzlich dominierenden analytisch-kritischen Denkart zu entkommen, indem auch andere Denkhaltungen zwingend Berücksichtigung finden müssen.

Bei der Gruppenarbeit bietet sich an, die unterschiedlichen Denkhaltungen nicht nur durch imaginäre Hüte zu durchleben, sondern den Teilnehmern reale Hüte (bzw. als Ersatz farbige Tischkarten oder Armbinden) zu geben.

Im Vergleich zur Walt-Disney-Strategie ist die Sechs-Denkhüte-Methode variabler und die Rollen werden schneller gewech-

selt. Sie eignet sich gut für Gruppensitzungen. Das Konfliktpoten-
zial wird durch das gleichzeitige Auf- und Absetzen eines Hutes
durch alle Gruppenmitglieder deutlich verringert.

Vorteilhaft ist zudem wie bei der Walt-Disney-Strategie, dass
bereits frühzeitig die Frage einer Realisierbarkeit beachtet wird.
Der freie Ideenfluss, der für die Findung einer originellen neuen
Lösung so wichtig ist, wird hierdurch aber auch bei der Sechs-
Denkhüte-Methode deutlich unterbrochen. Die Methode eignet
sich daher eher für die Ideengestaltung und -vertiefung und weniger zum Finden origineller neuer Ideen.

Kapitel 5: Systematisch-analytische Methoden

5.1 Methoden der systematisch-analytischen Assoziation

Morphologische Methode

Die wohl bekannteste systematisch-analytische Methode der Ideenfindung ist der Morphologische Kasten. Morphologie ist die Lehre von den Gebilden, Gestalten oder Formen eines Sach- oder Sinnbereichs. In die Ideenfindung transferiert bedeutet Morphologie die Lehre vom geordneten Denken.

Der Morphologische Kasten geht auf den Schweizer Astrophysiker *Fritz Zwicky* (1957, 1966) zurück. Er ist ein mehrdimensionales Klassifikationsverfahren von Objekten oder Problemen zur strukturellen und/oder funktionalen Durchdringung. Neben Konstellationsproblemen eignet er sich auch für gut abgegrenzte Suchprobleme.

Ziel ist es, auf analytisch-logischem Wege ein Problem in seine Komponenten zu zerlegen, das alle möglichen Lösungen in geordneter Form enthält. Neben der Ideenfindung wird die Methode aber auch zur Prognose technischer Entwicklungen genutzt. Die Morphologische Methode umfasst neben dem Morphologischen Kasten vor- und nachgelagerte Ablaufschritte. Sie kann von Einzelpersonen wie auch von Gruppen (empfohlen bis zu 7–10 Teilnehmern) genutzt werden. Bei der Kleingruppe sollte es sich möglichst um einen interdisziplinären Teilnehmerkreis handeln. Wichtig ist, dass die nötigen Informationen zur Problemstellung schon vor der Sitzung bekannt sind.

In der Regel beinhaltet die Vorgehensweise die folgenden fünf Ablaufschritte. Als Hilfsmittel werden dabei die Methoden systematisches Erfassen und Auflisten, Variieren von Elementen, Problemzerlegung und Kombination genutzt.

(1) Analyse, Definition des Objekts oder Problems und zweckmäßige Verallgemeinerung. Als erster Schritt ist das Suchfeld möglichst umfassend, dabei aber präzise als eine Klasse technischer Systeme zu erklären. Ziel dieser Forderung ist, nicht bereits im Vorfeld neuartige Lösungen durch ungeeignete Merkmalsformulierungen auszuschließen. So ist z. B. die Merkmalsformulierung „Fahrwerk" in einer morphologischen Klassifikation für Landfahrzeuge bei der Entwicklung eines neuen Antriebs ungeeignet, da man sich mit dieser Formulierung auf Bewegungssysteme festgelegt hat, deren Gewicht durch auf den Erdboden rollende Räder aufgefangen wird und so neuartige Lösungen wie die Magnetbahn oder Luftlagerung von Anfang an ausgeschlossen wären.

(2) Zerlegung eines Problems in seine Parameter, Bestandteile (Dimensionen, intensionale Merkmale). Parameter sind dabei als oberbegrifflich beschriebene Komponenten von Lösungen zu verstehen. Die Beschreibung eines technischen Systems, hier der Uhr (vgl. Abb. 19), wird so gehandhabt, dass die Teilfunktionen, d. h. die intensionalen Merkmale in einer Spalte untereinander angeordnet werden.

Die Parameter müssen eine Gruppe von verwandten und problembeeinflussenden Faktoren bilden. Es empfiehlt sich, bei der Parametersuche mit allen denkbaren Parametern und Elementen zu beginnen. Diese werden in weiteren Schritten sinnvoll gruppiert und selektiert. Die Gesamtparameterzahl sollte nicht über sieben liegen.

(3) Ermittlung der möglichen Ausprägungen der Parameter (extensionale Merkmale). Die einzelnen Ausprägungen bilden die Zeilen einer Matrix, die als Morphologischer Kasten bezeichnet wird. Dabei ist zu beachten, dass:
- die Ausprägungen alternativ und konkret sind,
- sie sich untereinander wesentlich unterscheiden (überflüssige Parameter sind zu entfernen),
- die Ausprägungen mit der Zielsetzung übereinstimmen,
- es sollten drei oder mehr Ausprägungen pro Parameter vorhanden sein.

(4) Analyse der Alternativen. Die Menge der Problemlösungsalternativen ergibt sich durch Kombination der Merkmale. Mehrere Ausprägungen eines intensionalen Merkmals in einer Alterna-

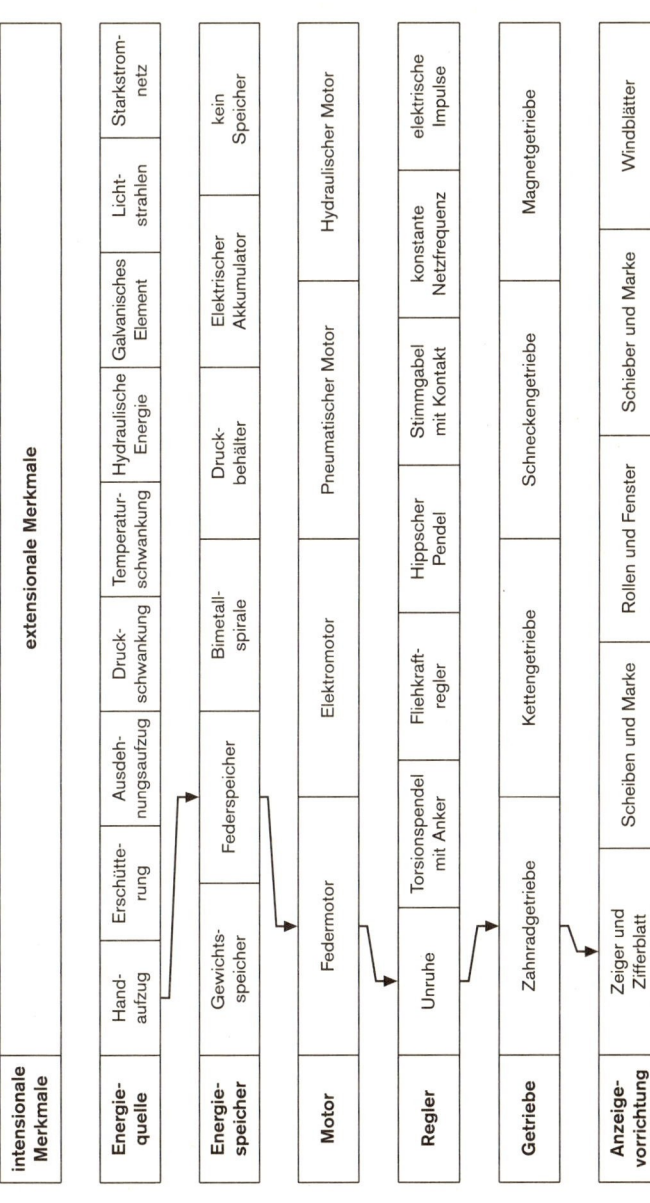

intensionale Merkmale	extensionale Merkmale								
Energie-quelle	Hand-aufzug	Erschütte-rung	Ausdeh-nungsaufzug	Druck-schwankung	Temperatur-schwankung	Hydraulische Energie	Galvanisches Element	Licht-strahlen	Starkstrom-netz
Energie-speicher	Gewichts-speicher	Federspeicher		Bimetall-spirale		Druck-behälter	Elektrischer Akkumulator		kein Speicher
Motor	Federmotor			Elektromotor		Pneumatischer Motor		Hydraulischer Motor	
Regler	Unruhe	Torsionspendel mit Anker	Fliehkraft-regler	Hippscher Pendel		Stimmgabel mit Kontakt	konstante Netzfrequenz	elektrische Impulse	
Getriebe	Zahnradgetriebe		Kettengetriebe		Schneckengetriebe		Magnetgetriebe		
Anzeige-vorrichtung	Zeiger und Zifferblatt	Scheiben und Marke		Rollen und Fenster		Schieber und Marke		Windblätter	

Abb. 19: Morphologische Systematik einer Uhr (nach *Boesch* 1954)

127

tive sind nicht zulässig. In der Abb. 19 ergeben so die Linienzüge, mit deren Hilfe aus jeder Zeile genau ein Element gekennzeichnet wird, die Kombination von Merkmalen der realisierten, möglichen oder prognostizierten Systeme. Jeder Parameter muss berücksichtigt werden.

(5) Alternativenauswahl. Technisch und/oder wirtschaftlich nicht realisierbare Lösungen lassen sich frühzeitig erkennen und ausgliedern.

Anwendungsmöglichkeiten: Der Morphologische Kasten ist ein Ordnungsraster, welches der Beschreibung, Analyse und Prognose dient. Durch ihn können auch komplexe Probleme verallgemeinert und die Problemlösungsversuche systematisiert (vgl. auch Abb. 20) werden. Die systematische Kombination bekannter Merkmalselemente ermöglicht beim Morphologischen Kasten die planmäßige Konstruktion bis dahin unbekannter Problemlösungsalternativen, was oft zu überraschenden Lösungsansätzen führt.

Allerdings lassen sich nicht alle technischen Möglichkeiten berücksichtigen, da eine vollständige Kenntnis der in der Zukunft auftretenden Merkmale und deren Ausprägungen nicht möglich ist. Auch können keine Aussagen über künftige Realisierungschancen getroffen werden. Es bietet sich daher an, zur Prognose ergänzend weitere Techniken, wie Brainstorming, Delphi-Methode oder Synektik einzusetzen.

Anwendungsbedingungen: Der Morphologische Kasten weist gute Anwendungsbedingungen für vielfältige praktische Einsatzgebiete auf. Die spezielle grafische Darstellung ermöglicht die Aufnahme einer großen Informationsmenge, die so übersichtlich angeordnet werden kann. Die Methode ist sowohl als Einzelanwendung als auch zur Gruppenarbeit (i.d.R. bis zu zehn Personen) geeignet. Allerdings setzt die Erstellung eines Morphologischen Kastens ein fundiertes fachliches Wissen über das Problem voraus und kann zeitaufwändig sein. Hilfsweise ist das Problem zum besseren Verständnis mit entsprechenden Hilfsmitteln präzise analytisch zu durchdringen, um die relevanten Parameter zu erhalten.

Folgende besondere Schwierigkeiten sind zu berücksichtigen:

(1) Es sollte keine zu enge Problemabgrenzung vorgenommen werden, da sonst die Gefahr besteht, dass von vornherein Alternativen ausgeschlossen werden.

(2) Ein besonderes Problem stellt auch das Auffinden der Parameter dar. Zur vollständigen Durchdringung können Hilfsmittel genutzt werden, wie z. B.:
- Funktions- und Ablaufanalysen,
- Blockdiagramme,
- „W"-Fragen: Wer tut Was Wie Wann Wo?
- Systemanalytische Überlegungen,
- Visualisierung jeder Art.

(3) Die Unabhängigkeitsbedingungen der Parameter (besonders die kausale Unabhängigkeit) darf nicht verletzt werden. Es ist daher auf eine weitgehende kausale oder technologische Unabhängigkeit zu achten. Beispielsweise wären die Parameter Industriegrundstückspreise und Infrastruktur voneinander abhängig. Die Parameter dürfen sich aber nicht wechselseitig bedingen, d. h., die Ausprägungen müssen frei kombinierbar bleiben.

(4) Es ist darauf zu achten, dass gleiche Eigenschaften nicht durch mehrere Parameter erfasst werden. Beispielsweise sind die Parameter Strombedarf und Wärmebedarf für Raumheizungen mit Nachtspeicherstrom austauschbar. Es sollte daher ein Parameter entfernt werden.

(5) Die Aufnahme sachlich unzutreffender Parameter sollte ausgeschlossen sein.
Parameter, die nicht diese Forderungen (2 bis 5) erfüllen können auf andere Parameter aufgeteilt werden oder in ein Lösungselement eines anderen Parameters aufgenommen werden bzw. mit einem anderen Parameter vereint werden.

(6) Probleme bestehen auch bei der Auswahl der Alternativen.

Praxistipps: Nicht nur bei der Morphologischen Methode ist es wichtig, den Teilnehmern den Zweck und die Ziele genau zu erläutern. Wie in allen Gruppensitzungen entscheidet auch hier die Akzeptanz nicht unerheblich über den Erfolg.

Gerade bei unklaren Problemen hat es sich zudem in der Anwendung der Methode bewährt, die ermittelten Parameter und Ausprägungen auf Kärtchen zu schreiben. Diese werden dann auf einer Pinnwand, die den morphologischen Kasten darstellt, platziert, ermöglichen so einfaches Kombinieren und Austauschen und somit eine zielorientierte Auswahl der Ausprägungen.

Als Regeln während einer Sitzung der Technik sind zu berücksichtigen:

- Die Suche nach Lösungsansätzen wird nicht abgebrochen, wenn die erste befriedigende Idee erzielt worden ist.
- Frühzeitige Kritik und Bewertung sind zu unterlassen.

Funktion		Elemente				
A	Anschlüsse	Flach-anschluss	Rund-anschluss	Schraub-anschluss	Steck-anschluss	Klemm-anschluss
B	Widerstands-körperformen	Draht	Band	Widerstands-körper	Elektrolyt	plastische Masse
C	Kühlung	ruhende Luft	bewegte Luft	Flüssigkeit	Strahlung	Wärme-leitung
D	Kontakt-system	Druck-kontakt	Wälz-kontakt	Gleitkontakt	Roll-kontakt	Elektroden
E	Energie-speicher	Schrauben-feder	Torsions-feder	elektrische Energie	Druckgas	chemische Energie
F	Kinematik	Translation	Rotation	Translation-Rotation	Wälz-bewegung	Schraub-bewegung
G	(Auslöse-system)	magnetisch	elektro-dynamisch	thermisch	mecha-nisch	chemisch

Abb. 20: Widerstandsformen, geordnet nach Funktionen und Elementen (aus *Blohm* 1973)

Durch die Vielzahl von Ausprägungen pro Parameter kann ein Morphologischer Kasten schnell unübersichtlich werden. Schon bei fünf Parametern mit je zehn Ausprägungen gibt es 100.000 Lösungsalternativen, die eher behindern als dass sie der Ideenfindung förderlich sind.

Durch folgende zwei Vorgehensweisen kann nun die Lösungssuche optimiert werden:

(1) Zielorientierte Selektion, d. h. anhand von problemspezifischen Kriterien werden von vornherein nur die sinnvollsten Ausprägungen je Parameter ermittelt; die anderen werden eliminiert.

(2) Zerlegung in Teilprobleme, d. h. der Morphologische Kasten wird, wenn möglich, in Unter-Matrizen zerlegt.

Der Zeitaufwand für die Morphologische Methode ist sehr unterschiedlich und kann bis zu mehreren Tagen in Anspruch nehmen.

Beispiel für die Anwendung der Methode des Morphologischen Kastens

Erster Schritt: Problemdefinition. Das vorgegebene Problem lautet: „Optimale organisatorische Gestaltung eines Qualitätssicherungssystems."

Zweiter Schritt: Parameterbestimmung. Die Parameter (intensionale Merkmale), die für eine organisatorische Einordnung relevant sind

• Art der Institution,
• Hierarchieebene,
• Charakteristik (Stab/Linie),
• Zentralisationsgrad,
• organisatorische Zuordnung,
• Anlass für ein Tätigwerden.

Dritter Schritt: Parameteranordnung in der Vorspalte der Matrix.

Parameter	Ausprägungen
Art der Institution	
Hierarchieebene	
Charakteristik	
Zentralisations-grad	
organisatorische Zuordnung	
Anlass für ein Tätigwerden	

Vierter Schritt: Eintragen der Ausprägungen.

Parameter	Ausprägungen		
Art der Institution			
Hierarchieebene			
Charakteristik			
Zentralisations-grad	völlige Zentralisation	dezentrale Lösung mit Instanzenzug	völlige Dezentralisation
organisatorische Zuordnung			
Anlass für ein Tätigwerden			

Fünfter Schritt: Kombination der Ausprägungen.

Parameter	Ausprägungen		
Art der Institution	ständige Einrichtung: Abteilung, Fachbereich usw.	ständiger Ausschuss, Arbeitsgruppe usw.	Projektgruppe usw. (fallweises Organ)
Hierarchieebene	obere	mittlere	untere
Charakteristik	normale Linien- bzw. Zentralstelle mit Anordnungsbefugnis	Stelle nur mit Richtlinienkompetenz	Stabsstelle nur mit Beratungsrechten
Zentralisations-grad	völlige Zentralisation	dezentrale Lösung mit Instanzenzug	völlige Dezentralisation
organisatorische Zuordnung	allgemeine Zuordnung (nicht zu einem speziellen Bereich)	zu einem Funktionsbereich zugehörig	Produktgruppen- oder Spartenzuordnung
Anlass für ein Tätigwerden	Eigeninitiative, Einsatzplanung	Verschiedene Beweggründe	auf Anordnung der betroffenen Institution

Die Kombination der Ausprägungen ergibt dann als Ergebnis die Lösungsalternativen. Sie werden üblicherweise durch einen Linienzug gekennzeichnet.

Zusammenfassende Würdigung der Morphologischen Methode:
Die wesentlichen Vorteile des Morphologischen Kastens sind
- die große Anzahl der Lösungsmöglichkeiten,
- die systematische, übersichtliche Gesamterfassung des Problems und
- die Lückenlosigkeit der Lösungssuche.

Neben den bereits oben erwähnten Problemen ist bei der Anwendung der Methode darauf hinzuweisen, dass die Technik sehr arbeits- und zeitaufwändig ist und ein äußerst präzises und eindeutiges Durchdringen des Problems bedarf.

Die Sequentielle Morphologie

Die von *Geschka* (1977) hervorgebrachte Methode der Sequentiellen Morphologie ist eine Weiterentwicklung des Morphologischen Kastens. Gegenüber der Morphologischen Methode hat diese Technik den Vorteil, dass die Entscheidungsphase in den Gesamtablauf integriert ist. Durch die Vernachlässigung nicht sinnvoller Ideen fördert sie zudem die Übersichtlichkeit der Lösungsansätze, was insbesondere bei einer großen Zahl Parametern hilfreich ist. Die Ablaufschritte lauten im Einzelnen:

(1) Analyse und Problemerläuterung.
(2) Erarbeitung aller relevanten Parameter.
(3) Entwicklung eines Kriterienkataloges zur Beurteilung der Lösungsansätze.
(4) Gewichtung der Kriterien (von 0,0 bis 1,0).
(5) Gewichtung der Parameter in Abhängigkeit der Kriterienerfüllung. Es wird ermittelt, in wie weit die Parameter die Kriterien erfüllen. Ausgedrückt durch die Wertezahl WM, ist für jeden Parameter in Abhängigkeit jedes Kriteriums ein Wert zwischen 0,0 bis 1,0 festzulegen.
(6) Bildung einer Rangordnung. Durch multiplizieren der Wertezahl mit den jeweiligen Kriteriengewichten und das zeilenweise Aufsummieren erhält man die Relevanzzahl. Sie zeigt den Einfluss des Parameters auf den Lösungsansatz. Die Parameter werden der Höhe der Wertziffern geordnet.
(7) Aufbau eines Morphologischen Kastens mit den zunächst zwei wichtigsten Merkmalen (Parametern und deren Ausprägungen).
(8) Auswahl eines sinnvollen Lösungsansatzes durch Kombination der Ausprägungen für die beiden wichtigsten Merkmale (Parameter).
(9) Schrittweises Hinzufügen der weiteren Merkmale (Parameter)

entsprechend der Rangfolge und Auswahl der Ausprägungsalternative. Wiederholung dieses Schrittes, bis alle Merkmale (Parameter) integriert sind.

Beispielhafte Anwendung der Sequentiellen Morphologie

Erster Schritt: Problemdefinition. Die konkrete Problemstellung lautet: „Die Aufgabe eines Automobilherstellers besteht darin, ein ökologisch verträgliches Stadtauto zu entwickeln."

Zweiter Schritt: Auswahl der Merkmale (Parameterauswahl).

Merkmal		Ausprägung			
M 1	Karosserie-material	Stahl	Aluminium	Kunststoff	Karbon-faser
M 2	Antrieb	Elektro-motor	Wasser-stoffmotor	Benzin/Die-selmotor	Gas-motor
M 3	Stauraum	keinen	Bug	Heck	Dach
M 4	Bauform	Fließheck	Stufenheck	Transporter	Caravan
M 5	Personen-kapazität	2	3	4	5

Dritter Schritt: Kriterienermittlung und Gewichtung.

	Kriterien	Gewichtung
K 1	Platzbedarf (auf öffentlichen Straßen)	0,8
K 2	Umweltverträglichkeit	1,0
K 3	Herstellkosten	0,5

Vierter Schritt: Ermittlung der Wertziffern.

Parameter	K 1 (Gewicht = 0,8)	K 2 (Gewicht = 1,0)	K 3 (Gewicht = 0,5)
M 1: Karosserie-material	0,0	0,5	0,6
M 2: Antrieb	0,2	0,9	0,8
M 3: Stauraum	0,7	0,4	0,4
M 4: Bauform	0,9	0,0	0,6
M 5: Personen-kapazität	0,7	0,4	0,5

Fünfter Schritt: Ermittlung der Relevanzzahlen und Bildung der Rangfolge.

Relevanzzahl	Rangfolge
WM 1 = 0,8	Rangplatz 5
WM 2 = 1,46	Rangplatz 1
WM 3 = 1,16	Rangplatz 3
WM 4 = 1,02	Rangplatz 4
WM 5 = 1,21	Rangplatz 2

Sechster bis zehnter Schritt: Stufenweise Umsetzung im Morphologischen Kasten und Auswahl.

	Merkmal	Ausprägung			
Stufe 1	M 2	Elektro-motor	**Wasser-stoffmotor**	Benzin-/Die-selmotor	Gasmotor
	M 5	2	3	**4**	5
Stufe 2	M 3	keinen	Bug	Heck	**Dach**
Stufe 3	M 4	Fließheck	**Stufenheck**	Transporter	Caravan
Stufe 4	M 1	**Stahl**	Aluminium	Kunststoff	Karbon-faser

Wie bei der Morphologischen Methode bedarf die Sequentielle Morphologie eines fundierten fachlichen Problemwissens. Vorteilhaft ist jedoch neben der übersichtlicheren Darstellungsform eine in den Ablauf integrierte Bewertung der Ideen. Sie ist auch bei hochkomplexen Problemen einsetzbar.

5.2 Methoden der systematisch-analytischen Konfrontation

Morphologische Matrix

Die Morphologische Matrix ähnelt dem Morphologischen Kasten, beschränkt sich aber zumeist auf zwei Parameter, die einen Problembereich bilden (strukturgebende Einflussfaktoren), in

Kopfzeile und Vorspalte eingetragen und damit separat in einer Matrix dargestellt werden.

Da die Matrix Morphologisches Tableau und die freien Zellen Problemfelder genannt werden, wird häufig der synonyme Name Morphologisches Tableau, Problemfelddarstellung oder Erkenntnis-Matrix geführt.

Die Technik, die einen lückenlosen Ansatz bietet, wird bei vielen Such- und Konstellationsproblemen eingesetzt. Beispielsweise unterstützt sie das Entdecken von Produkt- und Verfahrensinnovationen und von Nischen.

Sie dient ferner der Analyse und Strukturierung komplexer Sachverhalte und der Erstellung von Szenarien. Die Besonderheit der Morphologischen Matrix besteht darin, dass die durch die Ausprägungskombinationen definierten Felder die bereits bekannten Lösungen zeigen.

So werden Nullfelder, die widersinnige Lösungen aufzeigen und vor allem Leerfelder sichtbar, die auf noch offene, ausstehende Lösungen hinweisen.

Nachteilig ist die erfolgte Beschränkung auf wenige, zumeist nur zwei Parameter.

Vorgehensweise (wichtigste Ablaufschritte)

(1) Suche der Problemparameter wie beim Morphologischen Kasten.

(2) Bildung eines Morphologischen Tableaus, bei dem jede Dimension aus den Ausprägungen eines relevanten Parameters besteht. Dabei werden die Ausprägungen dieser beiden Parameter in Vorspalte und Kopfzeile der Matrix angeordnet.
Der Problembereich wird auf diese Weise systematisch und ohne Vorausrichtung in eine Vielzahl von Einzelfeldern aufgefächert.

(3) Untersuchung aller Ausprägungskombinationen der Parameter auf bereits bestehende Lösungen.

(4) Nennung bisher noch nicht realisierter Kombinationen (Problemfelder) und Ableitung neuer Ideen aus diesen. Durch die Betrachtung einzelner Matrixfelder stellen sich beim Problemlöser oft direkt und spontan Ideen ein.

Beispiele für die Morphologische Matrix

Unternehmens-bereiche	Anwendungsbereiche			
	Feierabend-runde für Mitarbeiter	Gästebewir-tung, Famili-enfeiern	Sonstige Fei-ern und Fest-lichkeiten	Freizeit-sport, Nach dem Sport
Kunden (Gaststätten)				
Werkskantine, eigene Seminar-, Sitzungs-räume etc.				
Marketingabteilung				
Fuhrpark				

Abb. 21: Problemfeldmatrix zur Suche von Nebenleistungen für eine Brauerei

Funktionen	Objekte					
	Zeichen-geräte	Zeichen-brett	Zeichen-träger	Zeichen-maschi-ne	Kopier-geräte	sonstige Hilfsmit-tel
Vorzeichnen						
Reinzeichnen						
Radieren						
Vermaßen						
Beschriften						
Vervielfältigen						

Abb. 22: Beispiel einer Morphologischen Matrix (aus *Geschka* 1976)

Attribute-Listing (Produkt-Ideenfindungstechnik)

Die Attribute-Listing-Methode, von *Robert P. Crawford* (University of Nebraska) in den 30er Jahren entwickelt, ist dem Morphologischen Kasten ähnlich, besitzt aber einen engeren Anwendungsbereich. Ihr Einsatz beschränkt sich vor allem auf die Eigenschaftsanalyse und -verbesserung bereits bestehender Produkte, Verfahren etc.

Bei der Methode des Attribute-Listings wird systematisch ver-

137

sucht, alle erkennbaren Lösungsansätze für die Eigenschaftsverbesserung aufzuzeigen.

Vorgehensweise: Der Ablauf der Methode beschränkt sich auf die folgenden drei Schritte (vgl. auch Abb. 24), die am Beispiel des Briefpapiers (Abb. 23) erläutert werden:

Erster Schritt: Zerlegung in einzelne Merkmale. Die systematische Auflistung aller Merkmale des zu verbessernden Gegenstandes (Produktes, Verfahrens) sollte in der Regel vom Problemsteller vor Sitzungsbeginn durchgeführt werden. Im Beispiel Briefpapier sind es die Merkmale: Format, Farbe, Material, Rand, usw.

Merkmal	Derzeitige Lösung	Mögliche andere Gestaltung
Format	DIN A4	rund, oval, langer Streifen, Querstreifen, Raute, ...
Farbe	weiß, Farbtöne	Popfarben, Kontrastfarben, marmoriert, transparent
Material	Papier, holzfrei	Synthesepapier, Papyrus, stark holzhaltig, Pergament, Packpapier
Rand	glatt	geriffelt, genarbt, gewellt, gezackt, unregelmäßig, ...
Identifikation des Absenders	Hand- oder Maschinenschrift	Photo, Fingerabdruck, Sternbild als Wasserzeichen, ...
Verschluss des Umschlags	Klebespur	selbstschließende Trickfaltung, Siegel, ...
Dekor	kein besonderes	Rückseite als Poster, Kartons, Wappen, Duft, ...
Einarbeitung ins Papier	Wasserzeichen	Silberfaden, Algen, Hadern, Metallic-Pigmente
Wahrung des Briefgeheimnisses	Klebeverschluss	Siegel, lichtempfindliche Imprägnierung, ...
Erstellung von Kopien	nur gesondert möglich	wie Formsatz zum Durchschreiben

Abb. 23: Attribute-Listing zum Produkt „Briefpapier" (nach TFH 1992)

Zweiter Schritt: Beschreibung der derzeitigen Lösungsmerkmale. Anschließend erfolgt die Beschreibung der derzeitigen Lösungen für die im vorherigen Schritt ermittelten Merkmale. Die Auflistung der derzeitigen Ausprägungen wird in die benachbarte Spalte eingetragen. Zweckmäßigerweise kann dies auch wieder durch den Problemsteller vorgenommen werden.

Zur besseren Visualisierung empfiehlt es sich, das Problem und den vorher erarbeiteten Ist-Zustand auf einer Pinwand oder einem Flip-Chart zu erläutern.

Im Beispiel Briefpapier sind die derzeitigen Ausprägungen für die vorher ermittelten Merkmale: DIN A4, weiß, Farbtöne, Papier, holzfrei, usw.

Dritter Schritt: Systematische Suche nach Variationsmöglichkeiten. Das Ziel des dritten Schrittes ist die konsequente Suche nach alternativen Gestaltungsmöglichkeiten für alle Merkmale. Während aber die ersten beiden Schritte durch den Aufgabensteller erfolgten, wird die systematische Ideenfindung in Gruppenarbeit betrieben. Die Gruppengröße sollte 4–8 Personen betragen. Wegen der geringen Anforderungen der Methode bedarf es bei diesem Schritt keiner Expertengruppe.

Merkmal	Derzeitige Lösung	Mögliche andere Gestaltung	
		→ z. B. mit Hilfe von Brainstorming	Erarbeitung neuer Ideen erfolgt durch die Gruppe
Merkmal und Lösung werden vom Moderator vorgegeben		→ z. B. mit Hilfe von Brainwriting	
		→ z. B. mit Hilfe von Methode 635	
		→ . . .	

Abb. 24: Ablaufschema Attribute-Listing

Die eigentliche Ideensuche kann mit Unterstützung bereits erläuterter intuitiv-kreativer Methoden, wie Brainstorming, Brainwriting, Methode 635 etc. erfolgen.

Das Ergebnis der Ideensuche für das Beispiel Briefpapier zeigt die Spalte „Mögliche andere Gestaltung". Für das Merkmal „Format" ergibt sich im Einzelnen: rund, oval, langer Streifen, Querstreifen, Raute, ...

Vierter Schritt: Auswahl und Realisierung. Durch die Gruppe soll-te nur die Grobauswahl der Änderungen und Verbesserungen vorgenommen werden. Die endgültige Attribute-Listing erstellt im Regelfall der Problemsteller. Das Ergebnis einer Attribute-Listing-Sitzung zeigt Abbildung 25.

Merk-mal	Derzeitige Lösung	Ziel-vorgabe	Mögliche andere Gestaltung
Material	Holz	pflege-leichter	Holzimitation aus Kunststoff, Metall
Anzeige	analog	moderner	Digital, LED, Flüssigkeitsdisplay
Farbe	braun	modischer	schwarz, metallic
Zubehör	ohne	erweitern	Fernbedienung, Anschlüsse für CD, Platten, Synthesizer, ...

Abb. 25: Attribute-Listing mit Zielvorgabe für ein neues Radio

Durch die relativ einfache Vorgehensweise können bei der Me-thode auch nicht so geschulte Moderatoren zum Einsatz kom-men. Bei Gruppenarbeit werden an die Teilnehmer geringere An-forderungen gestellt als beim Morphologischen Kasten. Nicht nur für weniger geschulte Moderatoren empfiehlt es sich, die Pro-blemkonkretisierung bereits vor der Sitzung vor zu bereiten. Die Methode hat ansonsten ähnliche Vorteile wie der Morphologi-sche Kasten, insbesondere die systematische übersichtliche Ge-samterfassung des Problems und die große Anzahl der Lösungs-möglichkeiten.

Die große Gesamtzahl möglicher Kombinationen, bei drei Pa-rametern mit je zehn Ausprägungen bereits 1.000 und bei fünf Merkmalen – wie oben beim Morphologischen Kasten erwähnt – 100.000 Lösungsalternativen, kann wie beim Morphologischen Kasten schwer überschaubar sein und vom eigentlichen Problem ablenken.

Methode der Nebenfeldintegration

Auch die Nebenfeldintegration-Methode eignet sich zur Lö-sung gut abgegrenzter Analyse- und Konstellationsprobleme. Ihr

Haupteinsatzgebiet ist besonders bei der Gestaltung von Neuprodukten zu sehen. Bemerkenswert ist die einfache Vorgehensweise dieser Technik.

Grundgedanke der Methode ist die Abstimmung der Lösung auf ihre relevante Lösungsumgebung. Die wichtigsten Ablaufschritte lauten:

(1) Untersuchungsgegenstand sind nur die Nebenfelder der Problemlösung. Als Nebenfelder werden z. B. alle Gegenstände angesehen, die in der Nähe eines Neuproduktes verwendet oder aufgestellt werden, also Bereiche der Wechselwirkung.

(2) Untersuchung bzw. Analyse der Nebenfelder nach ihren Kriterien unter Beachtung ihrer möglichen Ausprägungen.

(3) Im force fit folgt die Transformation der in den Nebenfeldern analysierten Kriterien auf die Gestaltung der Lösung.

Hypothesenmatrix

Die Hypothesenmatrix, von *Schlicksupp* entwickelt, ist formal mit der Methode der Morphologischen Matrix vergleichbar. Sie ist besonders dann anwendbar, wenn Probleme vorhanden sind, die für zwei Problembereiche mit geringen Beziehungen zueinander relevant sind (*Schlicksupp* 2004 I).

Für die beiden ausgewählten Problembereiche sind wesentliche problemgeladene Aussagen in der Form von Hypothesen aufzustellen und in einer Matrix anzuordnen.

Die einzelnen Felder werden anschließend auf ihre gemeinsame Relevanz analysiert. Sofern Gemeinsamkeiten festzustellen sind, werden diese durch ein Kreuz in der Matrix markiert. Die Ankreuzungen in den Zeilen und Spalten werden summiert. Die am häufigsten markierte Hypothese wird gekennzeichnet. Unter Einbeziehung des anderen Problembereichs sind für diese Hypothese konkrete Problemstellungen zu formulieren.

5.3 Methoden der systematischen Problemspezifizierung

Progressive Abstraktion

Bei Vorliegen eines vage definierten Problemfeldes lässt sich dieses mit der Methode der Progressiven Abstraktion in unterschiedliche Betrachtungsebenen zerlegen.

Wesentlicher Gegenstand der Methode der Progressiven Abstraktion von *Geschka* (1976) ist das Stellen einer zentralen Frage: „Worum geht es eigentlich?". Beispielsweise begegnet man Warteschlangen in den Schalterhallen der Sparkassen am Freitagnachmittag (Problem: Genügend Geldmittel am Wochenende zur Verfügung haben), die aus der verstärkten Nutzung von Geldautomaten mittels Kreditkarten und Kundenkarten resultieren.

Durch wiederholtes Hinterfragen mit derselben Frage wird eine stufenweise Erhöhung des Abstraktionsniveaus erreicht. Hierdurch soll der Problemlösende gezwungen werden, Lösungsansätze für das ausschlaggebende Problem zu finden. Mit dieser Methode werden dementsprechend gezielt neuartige Gesichtspunkte (Suchrichtungen) in die Lösungssuche einbezogen.

Dazu folgendes Beispiel: Die nicht präzisierte Problemstellung laute: „Entsorgung von alten Sprengstoffen und Treibmitteln (wie Munitionsreste und Munitionsfunde), die Böden und Grundwässer kontaminieren."

Erste Stufe: Wie können diese Sprengstoffe und Treibmittel am wirkungsvollsten entsorgt werden?

Lösungen: In eine für Sprengstoffe geeignete Abfallgrube schütten; mit einem Betonmantel umhüllen; in stillgelegten Bergwerken deponieren; auf dem Meeresgrund ablagern; in einsame Gegenden versenden; etc.

Worum geht es eigentlich?

Zweite Stufe: Wie kann erreicht werden, dass keine größeren Mengen an Sprengstoffen und Treibmitteln entsorgt werden müssen?

Lösungen: Den Abfall so trennen, dass sich zu entsorgende und nicht zu entsorgende Stoffe trennen lassen (mechanisch, thermisch, chemisch, mit Druck); Prozesse so anlegen, dass keine zu entsorgenden Stoffe entstehen; etc.

Worum geht es eigentlich?

Dritte Stufe: Wie kann erreicht werden, dass die Altlasten ihre Gefährlichkeit verlieren?

Lösungen: Zeit abwarten; Sprengung; offene Verbrennung; Mikroorganismen; etc.

Worum geht es eigentlich?

Vierte Stufe: Wie kann erreicht werden, dass die Gefahrstoffe nicht mehr entsorgt werden müssen?

Lösungen: Abfallstoffe teilweise recyceln (hier Metallrecycling); chemisch-biologischer Abbau des Treibmittels (Kombination aus chemischen Aufschluss der Explosivstoffe mittels alkalischer Hydrolyse und anschließendem mikrobiellen Abbau der in Wasser gelösten Produkte in ungefährliche Stoffe), dabei können die Altlasten teilweise zu verwertbaren oder sogar verkaufbaren Produkten umgewandelt werden (durch das Verfahren erfolgt die Umsetzung der organischen Schadstoffe durch Bakterienmischpopulationen zu Kohlendioxid, Überschusswasser und Biomassenschlamm); Prozess so verändern, dass keine Gefahrstoffe entstehen können; etc.

Worum geht es eigentlich?

Fünfte Stufe: Wie kann erreicht werden, dass durch die Gefahrstoffe keine hohen Kosten entstehen?

Lösungen: Nachweis der Unbedenklichkeit des jetzigen Verfahrens; Einflussnahme auf die Gesetzgebung

Die KJ-Methode

Bei der KJ-Methode, die vom japanischen Anthropologen *Kawakita Jiro* entwickelt wurde, werden zuerst alle spontanen Informationen einer komplexen, ungenauen Problemstellung gesammelt. Danach werden diese Informationen auf standardisierte Kärtchen (je Kärtchen eine Information) geschrieben. Zwar ist die maximale Zahl der Kärtchen nicht festgelegt, zwischen 50 und 200 können aber als brauchbar angesehen werden. Es schließt sich eine Clusterbildung der auf einen Tisch ausgebreiteten Kärtchen und die Suche nach Oberbegriffen an, die ebenfalls gruppiert werden. Dieser Vorgang wird so lange wiederholt, bis die Oberbegriffe ein Problem deutlich aufzeigen. Zur Lösungsfindung werden zudem die Beziehungen der Clusterstöße untereinander untersucht.

Die NM-Methode

Die NM-Methode, von dem japanischen Physiker *Nakayama Masakazu* entwickelt, ist eine Abwandlung der KJ-Methode. Neben der Informationssammlung auf Kärtchen und deren Gruppierung werden hier zusätzlich Analogien gebildet, zumeist aus der Natur oder dem Technikbereich. Mit Hilfe dieser Analogien werden mehrmals Gruppen gebildet, bis sich eine genaue Problemstellung abzeichnet und so Lösungsansätze gebildet werden können.

Der Relevanzbaum

Der Relevanzbaum ist ein Ordnungsschema, das Einflüsse und Abhängigkeiten zwischen Ereignissen und Entwicklungen der Zukunft abbildet. Durch seine grafische Darstellungsform (graphentheoretisch ist der Relevanzbaum als antisymmetrischer, zusammenhängender Digraph zu bezeichnen) weist er einen hohen Informationsgehalt auf. Anhand logischer Verknüpfungen wird angestrebt, die Bedeutung jedes Mittels zur Verwirklichung eines Ziels darzustellen. Konkret sind die Knoten im Relevanzbaum die Ziele oder Mittel der Zielerreichung für einen zukünftigen Zeitraum und dessen Kanten die Beziehungen zwischen solchen Zielen und Mitteln. Anschließend wird im Relevanzbaum eine Abstufung der einzelnen Einflüsse nach ihrer Bedeutung für ein Hauptereignis bzw. dem Beitrag für die Erreichung eines Oberziels vorgenommen.

Die Relevanzbaumanalyse, die das Ordnungsschema des Relevanzbaums für bestimmte Fragestellungen nach bestimmten

Regeln auswertet, dient der Lösung komplexer, innovativer Problemstellungen bei vorgegebener, undifferenzierter Zielfunktion. Zu ihr gehören bei vollständiger Analyse im Einzelnen (*Blohm* 4/1979):

(1) Prognosen über künftige politische, soziale und wirtschaftliche Situationen.
(2) Vorhersagen über die technische Entwicklung.
(3) Die Formulierung von Zielen und Mitteln und die Herleitung eines hierarchischen Systems zwischen diesen.
(4) Die Bewertung der ermittelten Ziele und Mittel.
(5) Die Auswertung.

Vorgehensweise: Die Relevanzbaumanalyse ist für Strukturierungs-, Bewertungs- und Auswahlprobleme geeignet. Mit Hilfe der Relevanzzahlen entsteht hier ein Baumgebilde mit gewichteten Zuordnungen. Bewertungskriterien sind z. B. die wirtschaftliche Bedeutung, die Dringlichkeit oder die Durchführbarkeit.

Ausgangspunkt bei der Analyse bildet ein Problem, ein Ziel oder Bündel von Zielen. Durch Ziel-Mittelkombinationen werden Möglichkeiten der Problemlösung oder Zielerreichung gesucht. Das Problem wird hierbei in verschiedene Teilprobleme zerlegt. Die dann entstehende Problemhierarchie gibt der Relevanzbaum wieder. Das Beispiel eines Relevanzbaums zeigt die Abb. 26 (S. 146).

Miteinander vergleichbare Ziele oder Mittel werden auf einer Ebene angeordnet. Dabei ergeben sich durch die Verbindungen zwischen den unterschiedlichen Ebenen die Relevanzbeziehungen. Die Relevanzbeziehungen sind auch mit gewichteten Relevanzzahlen, ähnlich der Sequentiellen Morphologie, bewertbar und ermittelbar.

Die einzelnen Elemente werden hier nach ihrer Relevanz zur vorangegangenen Ebene bewertet. Ein zur Problemlösung relevantes Mittel der vorangegangenen Ebene wird dabei Zielfigur aller Elemente der nachfolgenden Ebenen. Die unterste Ebene enthält dann eine möglichst umfassende Reihe von Problemlösungspotenzialen. Ein weiteres Beispiel eines Relevanzbaums zeigt die Abb. 27 (S. 147).

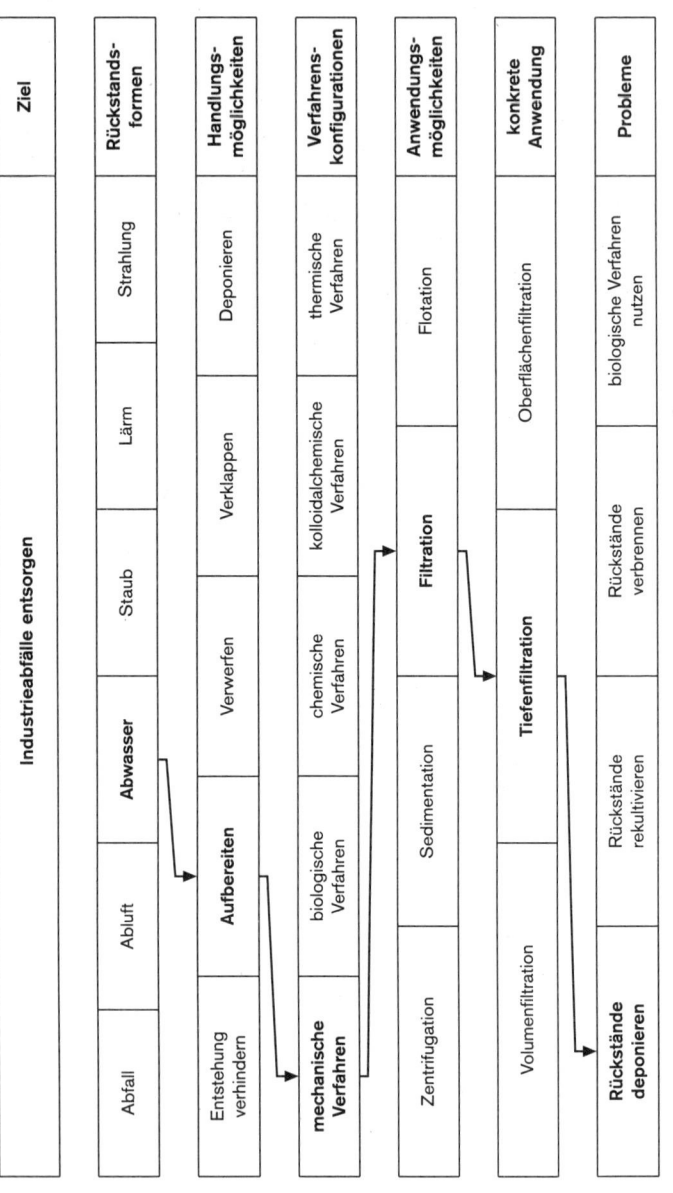

Abb. 26: Beispiel für einen Relevanzbaum

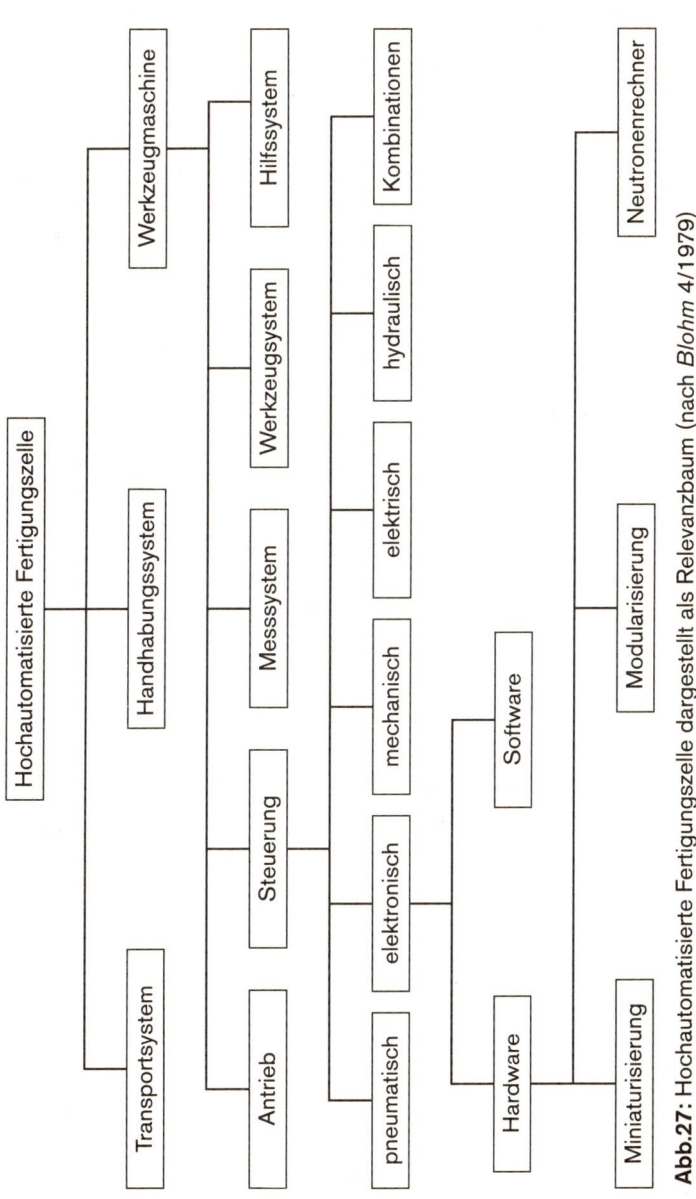

Abb.27: Hochautomatisierte Fertigungszelle dargestellt als Relevanzbaum (nach *Blohm* 4/1979)

Bewertung: Die Vorteile der Relevanzbaumanalyse sind:
- Durch seine grafische Darstellungsweise hat der Relevanzbaum eine hohe Informationsdichte.
- Durch die Staffelung der Ziele und Mittel erhält man eine umfassende und systematische Informationsstruktur.
- Anders als der Morphologische Kasten zeigt der Relevanzbaum auch wie über die Teillösungen eine Gesamtlösung erreicht werden kann.

Seine Nachteile sind:
- Es ist schwierig, alle Einflussgrößen zu gewinnen.
- Eine vollständige Relevanzbaumanalyse ist zeitaufwändig.
- Subjektive Komponenten bei der Vorhersage technischer Entwicklungen können nicht ausgeschlossen werden.
- Auch die Formulierung der Kriterien verursacht oft Probleme.

Die Bewertung der Ergebnisse kann unter anderem auch mit Hilfe des Entscheidungsbaumverfahrens vorgenommen werden. Die Relevanzbaumanalyse wird unter anderem in Unternehmen für Zielhierarchien, zur Bewertung konkurrierender Entwicklungsprojekte sowie insbesondere im militärischen Bereich als Grundlage für Planungsmodelle (z. B. in den USA [NASA] und Frankreich) eingesetzt. Darüber hinaus macht der Relevanzbaum durch seine schrittweise, hierarchische Aufgliederung von Gesamtentwicklungen in einzelne Faktoren die komplexe Struktur übersichtlich und fördert so die lückenlose Übersicht über das Problem, wodurch sich noch nicht realisierte Ideen ableiten lassen. Gegenüber der Morphologischen Methode, welche nur die Kombinationsmöglichkeiten aufzeigt, vermittelt der Relevanzbaum darüber hinaus, wie die Gesamtlösung über bestimmte Teillösungen erreicht werden kann.

Kapitel 6: Weitere Methoden

Die Szenario-Technik – ein Werkzeug der Zukunftsanalyse

Mit dem zunehmenden Einsatz der strategischen Planung in Unternehmen hat auch der Einsatz der Szenario-Technik zugenommen. Sie wird heute als Grundlage einer Vielzahl von quantitativen und qualitativen Planungen eingesetzt.

Die Szenario-Technik wurde Anfang der fünfziger Jahre von *Hermann Kahn* entwickelt. Ursprünglich wurde sie für militärisch strategische Studien der amerikanischen Regierung für Planungsaufgaben eingesetzt.

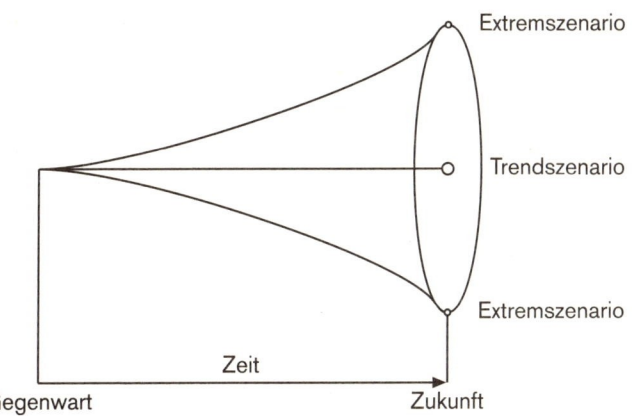

Abb. 28: Trichtermodell der Szenario-Technik (nach *Geschka* 1999)

Bei der Szenario-Technik (ein Szenario kann als eine Art vorwärts geschriebene Geschichte, d. h. der Darstellung einer angenommenen zukünftigen Lage bezeichnet werden) werden aus der gegenwärtigen Situation heraus systematisch und in logischen Schritten mögliche Zukunftsbilder entwickelt. Je weiter man versucht aus der Gegenwart in die Zukunft zu prognostizieren, desto stärker nimmt die Bedeutung der gegenwärtig wirksamen Faktoren ab. Damit öffnet sich das Spektrum möglicher Zukunftsbilder wie ein Trichter (vgl. Abb. 28).

Anders als andere Techniken wird hier nicht von einer einzigen, möglicherweise falschen Prognose ausgegangen, sondern es werden auf der Grundlage mehrerer plausibler Annahmen verschiedene Zukunftsbilder erzeugt. Dabei werden gleichzeitig Störereignisse wie z. B. Trendwendungen oder punktuelle, plötzlich auftretende Ereignisse (Fall der Berliner Mauer, Ölkrise) mit eingebunden. Die Szenario-Technik ermöglicht, dass Umwelteinflüsse wie Technologieveränderungen, politische Einflüsse und Gesellschaftstrends frühzeitig erkannt werden können.

Die acht Schritte der Szenario-Technik

Die Vorgehensweise bei der Szenario-Technik besteht aus acht aufeinander aufbauenden Schritten (*Geschka* 1999, *Geschka/ Reibnitz* 1986; vgl. auch aktuell *Geschka* 2005):

(1) Definition und Strukturierung des Untersuchungsfeldes. Im ersten Schritt erfolgt die Systemabgrenzung, die Bestimmung seiner Elemente, deren Funktionen und gegenseitige Beeinflussung. Wichtig ist, dass die Aufgabenstellung möglichst genau formuliert wird. Ziel ist es demnach, eine fundierte Analyse des gegenwärtigen Untersuchungsfeldes vorzunehmen. Dabei muss auch der Zeithorizont festgelegt werden, für den die Szenarien erarbeitet werden sollen. Dieser ist grundsätzlich branchenabhängig und sehr unterschiedlich anzusehen. Als Faustregel für den Zeithorizont gilt jedoch: Zeitdauer für die Entwicklung einer Innovation bzw. einer Geschäftsaktivität plus ca. 5–8 Jahre (*Reibnitz* 1991).

(2) Identifizierung der wichtigsten Einflussbereiche. Der zweite Schritt beinhaltet die Erkennung der wichtigsten Umfelder, wie Kunden, Wettbewerb, Technologie, Wirtschaft etc., welche von außen auf das Untersuchungsfeld wirken. Konkret erfolgt hier die Analyse, Strukturierung und Gewichtung der auf die Umfelder wirkenden Einflussfaktoren sowie ihrer Beziehungen zueinander und zum System nach Stärke und Richtung. Wie beeinflusst jeder Bereich bzw. die Einflussfaktoren alle anderen Bereiche? Die Darstellung der ermittelten Ergebnisse wird in einer so genannten Vernetzungsmatrix vorgenommen. Als Hilfsmittel zur Identifizierung der Einflussfaktoren können die Kreativitätstechniken des Brainwritings, wie Brainwriting-Pool, Kärtchen Methode oder Methode 635 genutzt werden.

Aufbauend auf diese Analyse wird ein so genanntes Null-Szenario erstellt, das die gegenwärtige Situation abbildet und der Prüfung des Szenario-Modells dient.

(3) Ermittlung der Entwicklungstendenzen und Bildung so genannter Deskriptoren für die Umfelder. Auf der Basis der Einflussfaktoren werden in diesem Schritt die so genannten Deskriptoren gebildet. Deskriptoren sind Kenngrößen (Indexzahlen, wobei der Ist-Zustand [z. B. 2006] = 100 gesetzt wird), mit denen die Entwicklung der Umfelder charakterisiert und beschrieben werden kann (wie z. B. die Bevölkerungsentwicklung). Dabei lassen sich für einige Deskriptoren eindeutige Trends abgeben (unkritische Deskriptoren), für die Entwicklung der anderen (alternativen bzw. kritischen) Deskriptoren wird jeweils ein unterer, mittlerer und oberer Projektionswert angegeben.

(4) Auswahl und Bildung alternativer konsistenter Annahmebündel. Inhalt des vierten Schritts ist die Prüfung der verschiedenen Alternativentwicklungen untereinander auf Konsistenz und Logik. Grund dafür ist, dass die verschiedenen Ausprägungen der kritischen Deskriptoren nicht alle miteinander verträglich (konsistent) sind. Dabei wird jeder Projektionswert eines Deskriptors mit jedem Projektionswert der übrigen Deskriptoren kombiniert. Die Ergebnisse werden in eine so genannte Konsistenzmatrix eingetragen. Tatsächlich soll ermittelt werden, welche Ausprägungen sich gegenseitig verstärken, sich gegenseitig ausschließen bzw. neutral zueinander sind. Die Beziehungen werden anschließend bewertet. Von ca. 1.000 berechneten Szenarien bleiben letztendlich ca. 15 übrig.

(5) Verbale Ausgestaltung und Interpretation von Präszenarien sowie Auswahl von drei Präszenarien anhand von Kriterien wie Plausibilität, Unterschiedlichkeit und Eintrittswahrscheinlichkeit. Dabei werden die vorher bei der Berechnung unberücksichtigten unkritischen Deskriptoren wieder hinzugefügt. Bei der Formulierung der Zukunftsbilder werden ein pessimistisches, ein optimistisches und ein wahrscheinliches Szenario entwickelt.

(6) Störereignisanalyse. Der sechste Schritt umfasst die Sammlung und Einbeziehung trendmäßig nicht erkennbarer, aber vorstellbarer Störereignisse. Störereignisse sind plötzlich auftretende interne und externe Ereignisse, die das Unternehmen verändern können. Außerdem wird eine Analyse von deren Auswirkungen vorgenommen. Die Ermittlung von Störfällen kann anhand der Kreativitätstechniken, wie den Methoden des Brainstormings oder Brainwritings, vorgenommen werden.

(7) Ausarbeitung und Formulierung der Szenarien. Im vorletzten Schritt sind die Szenarien auszuarbeiten und zu formulieren. Zudem sind die Konsequenzen für das Untersuchungsfeld aufzuzeigen. Diese schriftliche Darstellung umschreibt umfangreich und mehr oder weniger komplex die zukünftigen Situationen.

(8) Konzeption von Maßnahmen und Planungen. Als letzten Ablaufschritt sind entsprechende Maßnahmen für das Unternehmen oder die Organisation zu konzipieren und notwendige Planungen vorzunehmen.

Anwendungseignung: Die Szenario-Technik eignet sich besonders gut, wenn es darum geht eine umfassende Basis für alternative Planungsstrategien zu schaffen. Sie wird in Unternehmen bei Planungsproblemen erfolgreich eingesetzt, wie der Formulierung des Unternehmensleitbildes, der Produktplanung, Diversifikationsplanung, F&E-Planung, Marketing-, Investitions- und Standortplanung. Ihr besonderer Vorteil liegt in der Berücksichtigung der Unsicherheiten über alternative Zukunftsbilder.

Für das Erstellen von Szenarien gibt es keine allgemeingültigen Regeln, die den Teilnehmern vorgegeben werden. Vielmehr müssen die Teilnehmer selbst die inhaltliche Arbeit vornehmen. Szenario-Workshops erfordern deshalb eine methodisch geschulte und in allen Phasen flexible Moderation. Zudem müssen die Teilnehmer über ein hohes fachspezifisches Wissen und eine hohe Vorstellungskraft verfügen. In der Praxis erarbeitet ein Team von 4–15 Personen (Stabsmitglieder bzw. Personen des mittleren Managements; die Strategieauswahl bleibt dem obersten Management vorbehalten) in mehreren ganztägigen Sitzungen die Szenarien. Nachteilig ist zudem der relativ hohe zeitliche Aufwand für einen Szenario-Workshop sowie die Gefahr der Nichtberücksichtigung aller Einflussfaktoren.

Cross-Impact-Methode

Grundgedanke: Eine besondere Bedeutung kommt der Cross-Impact-Methode im Rahmen der Vorhersage technischer Veränderungen zu. Insbesondere dann, wenn eine einzelne Entwicklung (isolierte Indikatorbetrachtung) zu wenig Aussagekraft hat. So lassen sich z. B. die Auswirkungen technischer Entwicklungen kaum isoliert vorhersagen. Mit der Cross-Impact-Methode (*Blohm* 4/1979) ist es möglich, Veränderungen der Eintrittswahrscheinlichkeit eines Ereignisses unter dem Einfluss anderer Ereignisse zu bestimmen.

Diese Wechselbeziehungen werden bei den üblichen Expertenbefragungen, wie bei der Delphi-Methode, zwar bereits berücksichtigt. Die Einbeziehung erfolgt jedoch mehr oder weniger intuitiv.

Dagegen werden mit der Cross-Impact-Methode die Wechselbeziehungen in einem Modell detailliert erfasst, bewertet und verarbeitet. Die durch die Wechselwirkungen verursachten Veränderungen der Eintrittswahrscheinlichkeiten werden mittels eines Algorithmus erarbeitet.

Darstellung und Erläuterung der Vorgehensweise anhand eines Beispiels

Die Vorgehensweise zur Ermittlung der Wechselbeziehungen beschränkt sich auf einige wenige Ablaufschritte. Diese sollen an einem Beispiel erläutert werden.

(1) Schätzung der Anfangswahrscheinlichkeiten und Angabe über die Stärke der Wechselbeziehungen. Zunächst sind als Eingangsdaten für die eigentliche Auswertung von den Teilnehmern die Menge der zu betrachtenden Ereignisse festzulegen. Außerdem müssen ihre Anfangswahrscheinlichkeiten geschätzt werden. Das kann mittels bekannter Kreativitätstechniken, wie z. B. der Delphi-Methode, erfolgen. Die Schätzung sollte aber von Experten vorgenommen werden. Danach ist die Stärke der Wechselbeziehungen zwischen den Ereignissen zu schätzen. Es muss von den Teilnehmern festgelegt werden, wie stark jedes Ereignis auf jedes andere Ereignis wirkt. Es bestehen folgende Einflussmöglichkeiten zwischen einem Ereignis e_j und einem e_j beeinflussenden Ereignis e_i:

$p'_j = p_j \rightarrow$ kein Einfluss von e_j auf e_i

$p'_j > p_j \rightarrow$ positiver (fördernder) Einfluss von e_j auf e_i

$p'_j < p_j \rightarrow$ negativer (hemmender) Einfluss von e_j auf e_i.

Das Ergebnis der Bewertung kann in einer so genannten Wechselwirkungsmatrix (Cross-Impact-Matrix) eingetragen werden (vgl. Abb. 30). Zwischen einem Ereignis e_i und einem e_j beeinflussenden Ereignis sind folgende Einflussmöglichkeiten gegeben (*Blohm* u. a. 1997):

- +/– 0,5 = mittlerer positiver (fördernder) bzw. negativer (hemmender) Einfluss von e_i auf e_j
- +/– 1,0 = starker (fördernder bzw. hemmender) Einfluss von e_i auf e_j
- 0 = kein Einfluss von e_i auf e_j.

Die eigentliche Berechnung der veränderten Eintrittswahrscheinlichkeiten (der von den Experten geschätzten Anfangswahrscheinlichkeiten) erfolgt mit der so genannten Cross-Impact-Analyse. Diese wird im Folgenden anhand eines Beispiels ausführlicher erläutert.

Ein bedeutendes Ereignis für die Verringerung des CO_2-Ausstoßes der Kraftwerke der Bundesrepublik Deutschland wäre die Stromerzeugung mittels der Wasserstofftechnik (fortschrittliche Elektrolyse (alkalisch oder Membran-Typ)). Experten schätzen die Eintrittswahrscheinlichkeit dieses Ereignisses (e_1) bis zum Jahre 2010 auf 80 %.

Die Eintrittswahrscheinlichkeit kann aber durch andere wichtige Ereignisse beeinflusst werden, sofern diese davor eintreten. Es sind u. a. die Ereignisse: Die noch bessere wirtschaftliche Nutzbarmachung der Photovoltaik, die Vervierfachung des Gaspreises durch Aufbrauch der Vorräte sowie ein erneuter Einstieg in die Kernenergie durch neue Atomkraftwerke. Deren Eintrittswahrscheinlichkeiten zeigt die Abb. 29.

	Ereignis	Wahrscheinlichkeit des Eintretens
e_1	Stromerzeugung mittels Wasserstofftechnik	80%
e_2	Wirtschaftliche Nutzbarmachung der Photovoltaik	60%
e_3	Vervierfachung des Gaspreises durch Aufbrauch der Vorräte	30%
e_4	Einstieg in die Kernenergie durch neue Atomkraftwerke	20%

Abb. 29: Geschätzte Eintrittswahrscheinlichkeiten

Die Stärke der Wechselwirkungen zwischen den Ereignissen e_1, e_2, e_3 und e_4 wurde von den Experten wie folgt geschätzt (vgl. Abb. 30):

e_i wirkt auf e_j	e_1	e_2	e_3	e_4
e_1	–	–0,5	–1	0
e_2	–0,5	–	–0,5	0
e_3	+1	+0,5	–	–0,5
e_4	+1	+0,5	+0,5	–

Abb. 30: Wechselwirkungsmatrix

Die Wechselwirkungsmatrix ist wie folgt zu lesen. Beispielsweise sagt die zweite Matrixzeile aus: Wird die Photovoltaik wirtschaftlich nutzbar gemacht, so wirkt sich das
• hemmend auf die Elektrolyse (e_2 auf e_1 = –0,5),
• hemmend auf die Gaspreiserhöhung (e_2 auf e_3 = –0,5),
• neutral auf den Wiedereinstieg in die Kernenergie (e_2 auf e_4 = 0) aus.

Nachdem im ersten Schritt die Anfangswahrscheinlichkeiten

sowie die Stärke der Wechselwirkungen bestimmt wurden, erfolgt in den nächsten Schritten die eigentliche Berechnung. Für die simulative Cross-Impact-Analyse bedeutet dies als nächsten Schritt (vgl. auch die Übungsaufgabe, die der weiteren Erläuterung der Cross-Impact-Methode dient):

(2) Zufällige Reihenfolge festlegen. Bei jedem Simulationslauf werden die vier Ereignisse mit Hilfe von Zufallszahlen in eine neue zufällige Reihenfolge gebracht. Beispielsweise ergaben die Zufallszahlen als Reihenfolge des ersten Laufs: e_3, e_1, e_4, e_2.

(3) Eintrittsüberprüfung. In der vorher ermittelten Reihenfolge wird nun mit (gleich verteilten) Zufallszahlen entschieden, ob das Ereignis eingetreten ist oder nicht. Sofern die Zufallszahl größer als die geschätzte Eintrittswahrscheinlichkeit der Experten ist, wird das Ereignis als nicht eingetreten registriert und nicht weiter verfolgt.

Ist die Zufallszahl kleiner oder gleich, gilt das Ereignis als eingetreten und wird im Ereigniszähler notiert. Beispielsweise sind die Zufallszahlen des ersten Laufs: 42, 03, 15, 70. Die Schätzung der Experten für das Ereignis e_3 betrug 30 % (Anfangswahrscheinlichkeit).

Da nun die Zufallszahl 42 (%) größer ist als die Anfangswahrscheinlichkeit $\rightarrow$ Ereignis ist nicht eingetreten. Die Anfangswahrscheinlichkeit für e_1 = 80 %, Zufallszahl = 03 $\rightarrow$ Ereignis ist eingetreten.

(4) Berechnung des Einflusses des eingetretenen Ereignisses auf die anderen. In diesem Schritt wird der Einfluss des *ersten eingetretenen Ereignisses* (hier: e_1) auf die verbliebenen Ereignisse untersucht. Im angeführten Beispiel wird geprüft, ob das Ereignis e_1 einen fördernden, hemmenden oder keinen Einfluss auf die verbleibenden Ereignisse ausübt (das zuvor untersuchte Ereignis e_3 wird als nicht eingetreten notiert und deshalb nicht weiter verfolgt).

Zur Berechnung der neuen Eintrittswahrscheinlichkeiten nutzt man die so genannte Cross-Impact-Gleichung, die von einer quadratischen Beziehung zwischen der ursprünglichen Eintrittswahrscheinlichkeit p_j und der veränderten Eintrittswahrscheinlichkeit

p_j der verbliebenen Ereignisse ausgeht (zur Berechnung und den mathematischen Voraussetzungen vgl. *Schwander* 1977):

$$p'_j = ap^2_j + (1-a)p_j$$

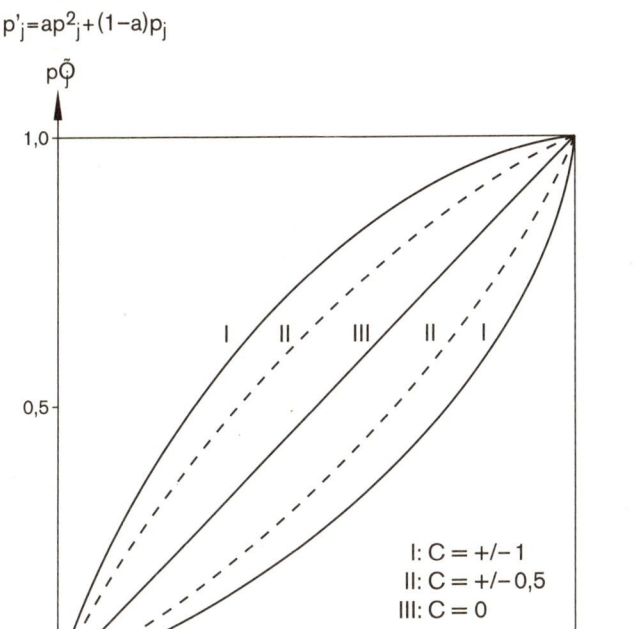

Abb. 31: Wechselwirkungsmatrix (nach *Blohm* u. a. 1997)

Die Beziehungen zwischen dem Parameter a und dem Cross-Impact-Faktor C können aus dem Wechselwirkungsdiagramm herausgelesen werden (dabei gilt: C = –a). Das Wechselwirkungsdiagramm (vgl. Abb. 31) zeigt also die Richtung und die Stärke des Einflusses. Dabei gilt

• für Werte oberhalb der Diagonalen $0 > C \leq 1$ ein positiver, fördernder Einfluss von e_i auf e_j

• für Werte unterhalb der Diagonalen $-1 \leq C < 0$ ein negativer Einfluss von e_i auf e_j

• für Werte auf der Diagonalen C = 0: kein Einfluss von e_i auf e_j

Im Beispiel wirkt das erste eingetretene Ereignis e_1 (entsprechend der Wechselwirkungsmatrix) auf die verbliebenen Ereignisse e_4 neutral und auf das Ereignis e_2 mit dem Faktor –0,5. Damit bleibt die von den Experten geschätzte Eintrittswahrscheinlichkeit für e_4 gleich (20 %). Für e_2 verringert sich die geschätzte Eintrittswahrscheinlichkeit von 60 % auf 48 %.

Mit Hilfe der neuen Eintrittswahrscheinlichkeiten und der Zufallszahlen wird nun entschieden, ob die Ereignisse eintreten oder nicht. Ein Ereignis tritt ein, sofern die neue Wahrscheinlichkeit größer oder gleich der Zufallszahl ist. Falls ein Ereignis eintritt, wird sein Zähler um 1 erhöht. Bezogen auf das Beispiel: $e_4 =$ 20 %, Zufallszahl = 15 → Ereignis ist eingetreten. Für das Ereignis $e_2 = 48$ %, Zufallszahl = 70 → Ereignis ist nicht eingetreten.

(5) Berechnung der Endwahrscheinlichkeiten. Der Ablauf wird so lange wiederholt, bis alle Ereignisse berücksichtigt sind. Zehn Simulationsläufe sind Gegenstand der Übungsaufgabe 89. Um zuverlässige Ergebnisse zu erhalten, sind mindestens 1.000 Simulationsläufe notwendig.

Als Ergebnis der Simulationsläufe erhält man die veränderten Eintrittswahrscheinlichkeiten, die sich wie folgt errechnen:

$$p_i E = \frac{\Sigma \text{ der Eintritte } e_i}{\Sigma \text{ der Simulationsläufe}}$$

Anwendung: Dem Mangel der meisten Prognosemethoden, Ereignisse und Entwicklungen unabhängig voneinander zu betrachten, wird mit der Cross-Impact-Methode entgegengewirkt. Es lassen sich Einflussrichtungen und -stärken von wahrscheinlichen Entwicklungen bewusster machen und in Planungsüberlegungen mit einbeziehen. Zudem lassen sich Eintrittswahrscheinlichkeiten von neuen Produkten/Verfahren durch Überprüfung von Detaillösungen berechnen.

Bei der Cross-Impact-Methode ist kritisch anzumerken, dass die Ergebnisse der Analyse stark von der Qualität der subjektiven Schätzungen der Experten abhängig sind. Sie weist somit die gleichen Nachteile auf wie die Delphi-Methode. Weiterhin sind als Nachteile die Voraussetzungen der quadratischen Beziehung zwischen Anfangswahrscheinlichkeit und beeinflussender Wahrscheinlichkeit sowie der linearen Entwicklung von Einflussstärke und -zeit zu nennen (*Schwander* 1977). Zudem besteht die Gefahr der Doppelbewertung von Einflüssen, da bei der Schätzung der Anfangswahrscheinlichkeiten die Wechselwirkungen unbewusst mitberücksichtigt werden. Dennoch stellt sie eine sinnvolle Ergänzung des Methodenrepertoires dar und ist insbesondere bei Szenario-Analysen einsetzbar.

Die Simulation

Die Simulation ist zwar im engeren Sinne keine Kreativitätstechnik, ihr Anwendungsgebiet ist aber vielseitig. Simulation kann als zielgerichtetes Experimentieren am Modell bezeichnet werden (*Blohm* u. a. 1997). Die wesentliche Fragestellung lautet hier: *Was wäre wenn ...?*

Ziel der Simulation ist, mit Hilfe systematischer Veränderung, Beobachtung und Analyse des Modells Rückschlüsse auf die Struktur und Eigenschaften der Wirklichkeit zu ziehen. Die Simulationstechnik kann insbesondere dann eingesetzt werden, wenn das Experimentieren am realen System zu gefährlich (z. B. Flugsimulator) bzw. zu teuer ist oder zu viel Zeit (z. B. Cross-Impact-Methode) in Anspruch nehmen würde.

Die grundsätzliche Vorgehensweise umfasst neun Ablaufschritte (*Blohm* u. a. 1997). Wegen ihrer vielseitigen Anwendbarkeit in fast allen Wissensgebieten (Technik, Wirtschaft, Sozialwissenschaften, Naturwissenschaften) gibt es jedoch nur allgemeingültige Verfahrensschritte, die es im Einzelfall zu konkretisieren gilt:

(1) Problemstellung (Formulierung, Abgrenzung des Problems).
(2) Erstellung eines Anforderungskatalogs der möglichen und gewünschten Eigenschaften.
(3) Analyse des realen Problems.
(4) Methodische Vorgehensweise zur Problemlösung erstellen.
(5) Ablaufdiagramm erstellen und Modell des realen Systems entwickeln (z. B. Computersimulationsmodell).
(6) Testlauf und Simulationslauf durchführen, Ergebnisauswertung.

(7) Überprüfung und Korrektur der Analyseergebnisse.

(8) Darstellung der Lösung und Lösungsmethode.

(9) Übertragung auf das Realsystem unter Berücksichtigung der Wirtschaftlichkeit.

Die wesentlichen Vorteile der Simulation sind:

- Bei komplexer Problembearbeitung wird eine Kosteneinsparung erzielt.
- Ein geringerer Zeitaufwand ist nötig.
- Die Parameter können leicht verändert werden.
- Mit Hilfe der Simulation ist eine einfache Darstellung komplexer Systeme möglich.
- Risikoverringerung durch den Einsatz der Simulation.
- Durch den Einsatz werden Lerneffekte verbessert.

Zu den wichtigsten Nachteilen sind zu zählen:

- Man erhält nur eine Näherungslösung, keine exakten Werte.
- Zumeist ist eine vollständige Datenerfassung, ein vollständiges Modell unmöglich.
- Probleme ergeben sich auch bei der Gültigkeitsüberprüfung.

Anwendung: Die Anwendungsgebiete der Simulation sind vielseitig. Für die Ideenfindung können auf dem Weg des methodischen Probierens in dynamischen Simulationsmodellen günstige Gesamtkonstellationen gefunden werden.

Beispielsweise betrachtet man zunächst die Zustandsgrößen eines Simulationsmodells (Forschungsaufwendungen, Gewicht der Konstruktionen, Preise und Steuern) und unterstellt dynamische Beziehungen zwischen diesen. Dann baut man ein Differentialsystem auf. So kann der zeitliche Verlauf jeder in das Modell eingebrachten Zustandsgröße als Ergebnis erhalten werden (*Hoffmann* 1972).

Kapitel 7: Übungsteil zur Steigerung des kreativen Verhaltens

Vorab einige Anmerkungen: Die folgenden Übungsaufgaben sind Unterhaltung, Spiel, Bildung und Anregung zugleich. Mit ihrer Hilfe können die für die Kreativität wichtigen Eigenschaften gesteigert werden. Aber auch wenn die Übungsaufgaben teilweise einfach erscheinen, sie dürfen gewiss nicht unterschätzt werden.

Steigerung der Vielseitigkeit

Übungsaufgabe 1

Spielerisch kreatives Denken zu erlernen ist uns bereits seit der Jugend bekannt. Erinnert sei hier beispielsweise an das bekannte Stadt/Land/Fluss-Spiel. Ein Teilnehmer buchstabiert im Stillen das Alphabet bis ein anderer Spieler „Stopp" sagt. Ausgehend von den Oberbegriffen Stadt – Land – Beruf – Fluss – Tier – Name müssen jetzt alle Teilnehmer den Oberbegriffen Lösungen zuordnen, die mit dem ermittelten Buchstaben beginnen. Wenn der Erste fertig ist, wird abgebrochen und ausgezählt. Dabei erhält man für einmalige Lösungen die doppelte Punktzahl, was den Reiz des Spieles steigert. Vielfältige Variationsmöglichkeiten sind denkbar.

Übungsaufgabe 2

Es geht bei dieser Übung darum, eine möglichst lange Kette von Wörtern zu bilden. Ausgehend vom ersten Wort mit zwei Buchstaben, soll das zweite drei Buchstaben haben, das dritte vier etc. Als Einschränkung ist jedoch zu berücksichtigen, dass die Buchstaben des vorherigen Wortes jeweils im nächsten mit einzubeziehen sind. Beispielsweise:

ei   nie   sein   seine   Steine   steigen   steigern

Bilden Sie nun selber eine Wortkette mit mindestens sieben Wörtern!

Übungsaufgabe 3

Bei dieser Aufgabe sollen einige vorgegebene Buchstaben (die Anzahl kann variiert werden) sinnvoll zu Sätzen ergänzt werden. Je mehr Sätze gebildet werden können, desto vielseitiger ist man einzuschätzen. Beispielsweise die Buchstaben:

	B	K	S	H
(1)	Bitte	komme	schnell	her!
(2)	Bernd	kann	Steine	heben.
(3)	Bringe	Katrins	Schwester	heim!

Übungsaufgabe 4

Die Aufgabe besteht darin, aus *allen* Buchstaben des Alphabets eine möglichst originelle Geschichte zu erfinden. Hierbei darf jedoch jeder Buchstabe nur einmal benutzt werden und zudem muss die Reihenfolge des Alphabets eingehalten werden.

Beispiel	Eigene Ideen
Alle	
Berliner	
Choreographen	
Die	
Eine	
Feier	
Geben	
Haben	
Indirekt	
Jetzt	
Keine	
Lust	
Mehr	
Nur	
Ohne	
Pass	
Quälend	
Rumzusitzen	
Sondern	
Träumen	
Und	

Beispiel	Eigene Ideen
Versuchen	
Weitere	
X-beinige	
Yeties	
Zusammenzubringen	

Steigerung der Beweglichkeit und der Originalität

Übungsaufgabe 5

Kreatives Verhalten zeichnet sich, wie im zweiten Kapitel dargestellt, unter anderem dadurch aus, dass man sich beweglich auf neue Aufgaben einstellen kann, die durch bisherige Erkenntnisse nicht gelöst werden konnten.

Die folgende Übung soll bewegliches Verhalten steigern. Zwar muten die Aufgaben vielfach einfach an, sie dürfen jedoch, auch wenn gleich die Lösung gefunden werden kann, nicht unterschätzt werden. Bevor sie daher eine der unvollständigen Wortgleichungen lösen, überlegen Sie erst einen Moment!

Ziel der Aufgabe ist es, ausgehend vom ersten Wortverhältnis, in dem die beiden Wörter der Gleichung zueinander stehen, für den zweiten Teil der Gleichung eine Lösung zu finden.

Beispielsweise verhält sich hell zu dunkel, wie heiß zu kalt. Gesucht wird im Folgenden das vierte Wort der Gleichung, das in einem gewissen Verhältnis zum dritten Wort steht und zwar so, wie das zweite zum ersten Wort.

(1) Garten : Hecke = Burg : ?
(a) Hof; (b) Mauer; (c) Tor; (d) Graben.

(2) Schmetterling : Raube = Frosch : ?
(a) Lurch; (b) Kaulquappe; (c) Froschlaich; (d) Froschschenkel.

(3) Schraube : Schraubenzieher = Nagel : ?
(a) Beißzange; (b) Bild; (c) Hammer; (d) Holz.

(4) Suppe : Salz = Krimi : ?
(a) Kommissar; (b) Gift; (c) Held; (d) Spannung.

(5) Leiter : Sprosse = Buch : ?
(a) Titel; (b) Seite; (c) Bücherschrank; (d) Zeitschrift.

163

(6) Schneider : Schere = Schreiner = ?
(a) Säge; (b) Zange; (c) Hobel; (d) Leim.

(7) Start : Ziel = Morgen = ?
(a) Tag; (b) Mittag; (c) Abend; (d) Mitternacht.

(8) Wind : Segelschiff = Wasser = ?
(a) Mühlrad; (b) Wellen; (c) Wasserfall; (d) Strömung.

(9) Kuh : Eber = Henne : ?
(a) Stute; (b) Pute; (c) Ferkel; (d) Kater.

(10) heiß : Temperatur = heute : ?
(a) gestern; (b) Gegenwart; (c) morgen; (d) Zeit.

Übungsaufgabe 6

Die **Magischen Quadrate:** Magische Quadrate wurden schon vor Jahrhunderten eingesetzt. So fertigte vor 450 Jahren *Albrecht Dürer* seinen Stich *Melancholie* an. Unter anderen Symbolen ist dabei auch ein magisches Quadrat zu finden. Bei magischen Quadraten sind die entsprechenden Zahlen so angeordnet, dass sie in allen horizontalen, vertikalen und diagonalen Reihen die gleiche Summe haben. Neben Zahlenquadraten, die in allen Richtungen die gleiche Summe ausmachen, gibt es auch Buchstabenquadrate, die in allen Richtungen das gleiche Wort ergeben. Zur Lösung dieser magischen Quadrate gibt es verschiedene Strategien. Die einfachste ist allerdings mit viel Arbeit verbunden. Versuchen Sie folgende Aufgabe zu lösen. Welche Problemlösungsmöglichkeiten sind denkbar?

Bild 1

In die 25 Felder des Quadrats (Bild 1) sind die Zahlen 1–25 so anzuordnen, dass die Summen der Zahlen in jeder vertikalen, horizontalen und diagonalen Reihe gleich sind.

Übungsaufgabe 7

Die Übung besteht darin, auf ein Blatt Papier fünf Geraden zu zeichnen und auf diese zehn Steine zu verteilen, sodass auf jeder Geraden genau vier Steine vorzufinden sind.

Übungsaufgabe 8

Sehen Sie sich die folgende Gruppe von Großbuchstaben des lateinischen Alphabets an.

S H O N I X ?

Welcher Buchstabe muss an die Stelle des Fragezeichens gesetzt werden?

Übungsaufgabe 9

Sehen Sie sich nun die folgende Buchstabengruppe an und setzen Sie an die Stelle des Fragezeichens den richtigen fehlenden Buchstaben.

B C D E I K O X ?

Steigerung der Assoziationsfähigkeit und der Analogiebildung

Übungsaufgabe 10

Die folgenden Fragen umschreiben etwas verdreht bekannte Wörter.

(1) Kissen, auf dem nicht geschlafen werden kann?

(2) Cowboy ohne Pferd?

(3) Satz ohne Wörter?

(4) Leiter, die nicht besteigbar ist?

(5) Eisenhaltiges Abführmittel?

(6) Spiel, das immer anderen gegeben werden soll?

(7) Gesellige Hülsenfrüchte?

(8) Früchte des Zorns?

(9) Verkehrsmittel für übernatürliche Wesen?

Übungsaufgabe 11

In dieser Übung sind 24 zusammengesetzte Wörter zu finden, deren Bestandteile durch andere Wörter umschrieben worden sind.

Beispielsweise ergibt: Handwerker + Landwirtschaftlicher Arbeiter = Spinne

Dem entspricht die Lösung: Weber + Knecht = Weberknecht

(1) fußlose Insektenlarve + Frauenkurzname = Nebenfluss des Amazonas

(2) Speisevorbereiter + persönliches Fürwort = Nebenfluss des Neckar

(3) Edelmetall + Niederschlagsform = giftiger Zierstrauch

(4) Schiffsbegrenzung + Wasser (franz., Plural) = Stadt in Frankreich

(5) Süßmittel + Kopfbedeckung = Berg bei Rio de Janeiro

(6) Hebewerkzeug + persönliches Fürwort = Sumpfvogel

(7) männliche Person + Zuhause = süddeutsche Stadt am Rhein

(8) Adverb + unedles Metall = staatenbildende Insekten

(9) Jahreszeit + Dauer + Lotterieanteilscheine = Wiesenpflanze

(10) Gegenteil von alt + Gegenteil von Mann = Berg in den Berner Alpen

(11) Grundstücksbegrenzung + Herrschertitel = Singvogel

(12) Arzneimittelformen + Metallarbeiter = Blatthornkäfer

(13) Hain + Handwerkertitel = aromatisches Kraut

(14) Fragewort + Tapferkeit = Beifußart

(15) Meeresküste + Schachfigur = Schnepfenvogel

(16) Grundfarbe + Verkleinerungsform eines Halsteiles = Singvogel

(17) Verpackungsart aus Karton + Stängel = urtümliche Pflanze

(18) nicht geschlossen + kleines Gewässer = Stadt am Main

(19) starke Kälte + umgangssprachlich für Voyeur = Schmetterling

(20) Farbe + Zustand = Kurort im Harz

(21) getrocknetes Gras + Schaudern = Flügeltier mit Sprungbeinen

(22) Herrschertitel + Sitzmöbel = Gebirge im Breisgau

(23) Edelmetall + Anstreichmittel = Gartenpflanze mit duftenden Blüten

(24) Gebirgsnische + Taufzeugen = Gebirge im südöstlichen Mitteleuropa

Übungsaufgabe 12

Ein Teppichläufer hat ein Muster von sieben Glocken (Bild 2). Dieser Läufer soll nun durch drei gerade Linien in sieben Teile zerschnitten werden, sodass sich auf jedem Teil noch genau eine Glocke befindet.

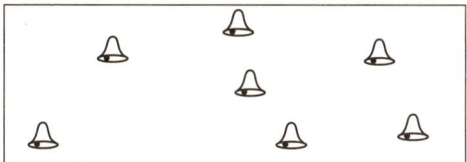

Bild 2

Übungsaufgabe 13

Die Wirtin der Werkskantine hatte zwei karierte Tischtücher. Das eine war 60 × 60 cm und das andere 80 × 80 cm groß (Bild 3a und 3b). Sie wollte wegen des Besuchs eines ausländischen Gasts daraus eine karierte Tischdecke von 100 × 100 cm nähen. Ein Mitarbeiter des Werks versprach ihr, die Mühe auf sich zu nehmen. Er versicherte der Wirtin, jede Tischdecke würde in höchstens zwei Stücke zerschnitten werden, und kein einziges Karo würde dabei geteilt. Der Mitarbeiter hielt sein Wort. Aber wie hat er die Teile zerschnitten und wieder zusammengenäht?

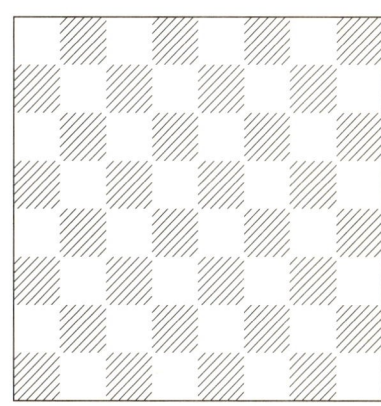

Bild 3a   Bild 3b

Übungsaufgabe 14

Lassen Sie sich Kombinationen von Wörtern einfallen und versuchen Sie die neuen Wörter zur Lösung bisher nicht gelöster Probleme zu nutzen. Können Sie mit den Beispielen etwas anfangen?

Radionase	Metallkunststoff
Eisofen	Eierchip
Armknie	Wurzelball
Rechenauge	Luftreaktor

Sie werden diese Übung vielleicht als unsinnig bezeichnen. Wenn Sie aber sorgfältig das Buch gelesen haben, werden Sie sich vielleicht erinnern, das durch Kombinationen bekannter Sachverhalte bisher unbekannte Lösungen kreativ entwickelt werden können. Wenn Sie sich einige Jahrzehnte zurückversetzen, dann hätten die damaligen Experten bei den folgenden Neukombinationen sicher auch Unverständnis gezeigt.

Flüssigkeitskristalle	Bildtelefon
Keramikmotor	Einwegkamera
Luftgütemessstadion	Glasfaser
Walkman	Satellitenantenne

Steigerung der Kombinationsfähigkeit

Übungsaufgabe 15

Die Übung soll Ihre Kombinationsfähigkeit steigern. Dazu sehen Sie im Folgenden 18 zusammengesetzte Wörter. Suchen Sie die wörtlichen Gegenteilpaare dieser Wörter. Kehren Sie dabei jeden Bestandteil der zusammengesetzten Wörter in sein Gegenteil um. Nur ein Wortteil umzukehren, wie z. B. Eingabe – Ausgabe, ist nicht zulässig!

Beispiel ist das Gegenteilpaar von Dameneinzel – Herrendoppel

(1) Dachboden
(2) Altwasser
(3) Einnahme
(4) Tiefsee

(5) Fingerring
(6) Abhang
(7) Tiefdruck
(8) Einkommen
(9) Aufnahme
(10) Tiefland
(11) Nachtschatten
(12) Hinterkopf
(13) Aufgabe
(14) Nachdruck
(15) Junggeselle
(16) Nachkommen
(17) Hochsee
(18) Unterarm

Übungsaufgabe 16

Bilden Sie jetzt mit den zusammengesetzten zwölf Zeitwörtern Gegenteilpaare.

(1) einschreiben
(2) überlaufen
(3) weghören
(4) annehmen
(5) abblasen
(6) nachgeben
(7) ausziehen
(8) unterbringen
(9) einholen
(10) vorstehen
(11) hinfahren
(12) anbringen

Übungsaufgabe 17

Versuchen Sie nun selber Ihr Glück und bilden Sie fünf Gegenteilpaare.

Übungsaufgabe 18

Wenn zusammengesetzte oder auch längere Wörter, zwar entsprechend den Trennvorschriften der deutschen Rechtschreibung (die Trennvorschriften gelten bei der Drucklegung des Buches) jedoch ohne den Wortsinn zu beachten getrennt werden, kön-

nen merkwürdige Ergebnisse herauskommen. Beispielsweise das
Wort Urinstinkt, dass bei falscher Trennung Urin-stinkt ergibt. Im
Folgenden sehen Sie zehn entsprechend den Trennvorschriften
getrennte Begriffe, bei denen nur der erste Bestandteil ein sinnvolles Wort ergibt. Der zweite Wortbestandteil ist ungeordnet in
die rechte Spalte eingetragen.

Fügen Sie die Bestandteile zu zehn Begriffen zusammen!

(1)	SPARGEL	LUNG
(2)	VATI	POT
(3)	OBERIN	TE
(4)	GRAUEN	TISATION
(5)	BARDE	DER
(6)	SPARTA	SPEKTOR
(7)	ABTEI	KAN
(8)	AMOR	RIF
(9)	STIEFEL	KEN
(10)	ANDEN	TERN

Übungsaufgabe 19

Hier sehen Sie wieder zehn getrennte Begriffe, wobei sowohl
die erste als auch die zweite Spalte durch die diesmal entgegen
üblicher Trennvorschriften. vorgenommene Trennung sinnvolle
Wörter ergeben. Führen Sie jeweils ein Wort der ersten und zweiten Spalte zu einem sinnvollen Gesamtwort zusammen.

(1)	ABS	TRAUM
(2)	MUS	UR
(3)	GEGEND	EI
(4)	TRAN	AUCHEN
(5)	SCHAL	TAND
(6)	SKALP	IDEN
(7)	DRESS	ELLE
(8)	ERLE	SPORT
(9)	ALK	TANG
(10)	ABT	RUCK

Übungsaufgabe 20

In einem Restaurant einer Kleinstadt standen vier Tische, je einer an jeder der vier Wände. 21 hungrige Bauarbeiter kehrten auf

dem Heimweg von ihrer Arbeitsstelle ein, um das Abendmenü zu essen. Der Wirt wurde von den Bauarbeitern mit eingeladen. Es ergab sich folgende Sitzordnung: An drei Tischen saßen je sieben Bauarbeiter und an dem vierten Tisch saß der Wirt allein (Bild 4).

Im Laufe ihrer Unterhaltung vereinbarten die Bauarbeiter mit dem Wirt, dass derjenige die Rechnung zahlen muss, der beim Abzählen als letzter übrig bleibt. Dazu sollten alle Anwesenden, inklusive des Wirtes, im Kreis (im Uhrzeigersinn) durchgezählt werden.

Jeder siebente, so wurde vereinbart, sollte von der Bezahlung frei kommen. Als letzter blieb natürlich der Wirt übrig.

(1) Welcher Bauarbeiter hatte beim Abzählen begonnen?

(2) Welcher Bauarbeiter hätte mit dem Abzählen beginnen müssen, wenn an jedem Tisch nicht sieben, sondern nur je vier Personen gesessen hätten?

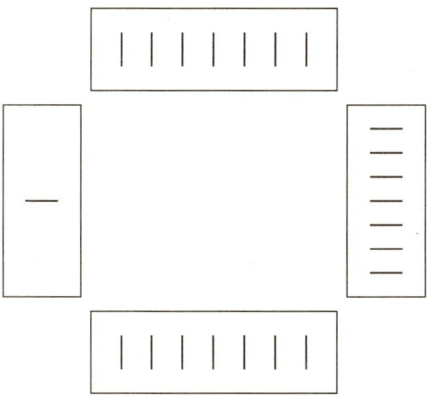

Bild 4

Übungsaufgabe 21

Wie viele Möglichkeiten gibt es, die Buchstaben in dieser Pyramide zu dem Wort MISSISSIPPI zu verbinden!

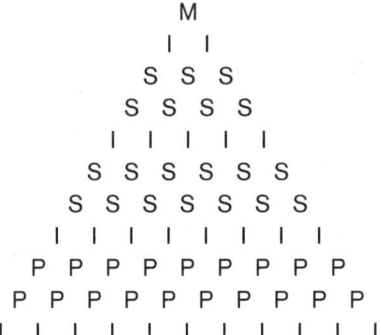

Übungsaufgabe 22

Welche Tiere verbergen sich hinter den Buchstabenreihen?

 (1) SRONHAN
 (2) ROKLIDKO
 (3) MERLEIHN
 (4) MEADRORD
 (5) EGULTENF
 (6) RECHTIFOST
 (7) FERAFIG
 (8) SEMLEDUFAR
 (9) NEHPILD
(10) SPENGLAKRACHLEP

Übungsaufgabe 23

Welche Hauptstädte verbergen sich in den Buchstabenreihen?

(1) JAKIVKRYE
(2) RUSKTEBA
(3) TADPEBUS
(4) NISBLOAS
(5) DASMEMRAT
(6) WATOTA
(7) MAJSULERE

(8) KOUMSA

(9) URHASCHAW

(10) SMAKSAUD

Übungsaufgabe 24

Aus den nachfolgend vorgegebenen Begriffen sollen sinnvolle Hauptwörter gebildet werden, und zwar so, dass sich eine Dominoreihe ergibt: Beispiel: BLATT, SÄGE, LAUS, KREIS → KREISSÄGE – SÄGEBLATT – BLATTLAUS. Sie haben 2½ Minuten Zeit.

Fluss, Stall, Pferd	_____
Zahn, Mauer, Backe, Stein	_____
Kleister, Wand, Tapete, Darm	_____
Platte, Tuch, Tisch, Laden, Tasche	_____
Tennis, Karte, Spiel, Tisch, Platz, Ball	_____
Zwang, Hunde, Ehe, Finger, Leine, Ring	_____
Schiff, Pass, Schirm, Passagier, Bild, Ständer, Reise	_____
Maler, Prüfung, Feuer, Tier, Höhle, Meister, Haus, Angst, Baum	_____

Steigerung des Denkvermögens

Übungsaufgabe 25

Diese Übung soll nicht nur Ihre Konzentrationsfähigkeit erhöhen, sondern auch Ihr Unterscheidungsvermögen und Ihre Erkennungsfähigkeit erhöhen. Dazu folgende Aufgabe für die Sie zehn Minuten Zeit haben.

Bilden Sie aus den vorhandenen Buchstaben des Wortes

SCHAUSPIELER

so viele neue Wörter, wie Ihnen in der Zeit einfallen. Bei jedem gebildeten neuen Wort müssen mindestens drei Buchstaben des vorgegebenen Wortes (Schauspieler) verwendet werden. Jeder Buchstabe darf nur so oft genutzt werden, wie er im Ursprungswort vorhanden war. Die neuen Wörter dürfen keine Fremdwörter sein und müssen sich im Rechtschreib-Duden wiederfinden lassen.

Beispiel 1:
INDIVIDUALITÄT

alt	Duden	Neu	Tina
Audi	Ideal	Nevada	Titan
Aula	Individual	Nie	Titel
den	Land	Nil	und
Dia	Latte	Tadel	viel
Diät	Laute	Tal	Vital
die	Laute	Tand	...
Diva	Leid	Tau	
Dual	Navel	Teil	
Dualität	Neid	Tilde	

Beispiel 2:
STRASSENBAHN

Aas	Basar	Hast	Rat
aasen	Base	hasten	raten
Ars	Basset	Nabe	Rest
Art	Bast	Narbe	Saat
Ast	basta	Nase	saen
ASTA	Beat	Nass	Star
Aster	Haar	Rabe	Steh!
Bahn	Haben, haben	rasant	Tasse
Banane	Hase	Rasen	Trasse
Bar	hassen	Rasse	...

Übungsaufgabe 26

Bild 5 zeigt eine Wiese, die in sieben Standplätze der ansässigen sieben Landwirte eingeteilt ist. Aufgabe ist es, die sieben Standplätze durch einen elektrischen Zaun zu verbinden, damit die Tiere der Landwirte nicht durcheinander geraten. Der Zaun darf sich jedoch nirgendwo überschneiden und nirgendwo unterbrochen werden.

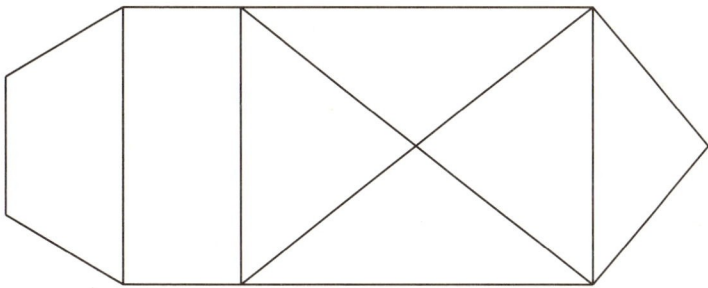

Bild 5

Übungsaufgabe 27

Die Aufgabe besteht darin, ein Hexagon, dass heißt ein regelmäßiges Sechseck, nur durch Falzen eines quadratischen Stücks Papier zu konstruieren.

Übungsaufgabe 28

Die Aufgabe besteht darin, ein Blatt Papier so zu falten, dass eine Ecke die gegenüberliegende Kante berührt. Die Voraussetzung ist, dass die Falzkante so kurz wie möglich ist.

Übungsaufgabe 29

Hier sehen Sie eine Reihe von Buchstaben. Streichen Sie vier Konsonanten und Sie erkennen ein Wort, welches in jedem Duden zu finden ist.

VILOEKROKMOOTNSIVONFAUNETHERERN

Übungsaufgabe 30

Zum Abschluss der Übungen zur Steigerung des kreativen Verhaltens eine Konzentrationsübung.

Im nachfolgenden Text fehlen an einigen Stellen wichtige Wörter. Schreiben Sie die fehlenden Begriffe auf. Der Text mit dem Titel „Frühlingserwachen" wurde entnommen aus einem Gartenbuch von *Schmidt* (2000).

175

„Frühlingserwachen"

Bei den alten (1) begann das (2) mit dem Monat März, als Zeichen
der beginnenden Aktivität von Tier und (3). Wenn man sich ein wenig
mit der (4) und dem (5) beschäftigt, merkt man (6), dass die wenigsten Dinge wirklich nach dem Kalender (7). So ist das (8) der Natur
aus dem Winterschlaf sehr stark von der herrschenden (9) bestimmt.
Auch wenn der (10) immer wieder mit Schneegestöber und Glatteis
dazwischen funkt, rückt (11) (12) unaufhaltsam näher.

Im Frühbeet (13) Gewächshaus spüren wir (14) (15) der (16) und
die längeren (17) schon deutlich. Auch im (18) begrüßen die (19) Blu-
men wie Schneeglöckchen, (20) und Winterling (21) herannahende
(22). An allen (23) und (24) bereitet sich die Pflanzen- und (25) auf
die (26) Wachstumsperiode vor.

Auch uns (27) juckt es in (28) (29), um die in den vergangenen Wochen gemachten (30) in die Tat umzusetzen. Gründüngungspflanzen,
die (31) im Spätsommer und (32) auf die freien (33) (34) haben, sind
nun erfroren und bereits teilweise (35). (36) gröberen Pflanzenteile
(37) wir flach in die Beete (38), um damit die obere Bodenschicht zu
(39). ... Im Gewächshaus ist schon Hochbetrieb, besonders wenn es
mit einer zuverlässigen (40) ausgerüstet ist. ...

(1) ...	(2) ...	(3) ...	(4) ...
(5) ...	(6) ...	(7) ...	(8) ...
(9) ...	(10) ...	(11) ...	(12) ...
(13) ...	(14) ...	(15) ...	(16) ...
(17) ...	(18) ...	(19) ...	(20) ...
(21) ...	(22) ...	(23) ...	(24) ...
(25) ...	(26) ...	(27) ...	(28) ...
(29) ...	(30) ...	(31) ...	(32) ...
(33) ...	(34) ...	(35) ...	(36) ...
(37) ...	(38) ...	(39) ...	(40) ...

Kapitel 8: Übungsteil Kreativitätstechniken

Aufwärmfragen

Übungsaufgabe 31

Gestohlenes Fahrrad: Sie fahren täglich mit dem Fahrrad zum Bahnhof. Jeden Abend, wenn Sie von der Arbeit zurückkommen, ist Ihr Fahrrad entweder beschmiert oder beschädigt. Einmal wurde es sogar gestohlen.

Schreiben Sie in fünf Minuten 30 Ideen auf, was dagegen unternommen werden kann.

Übungsaufgabe 32

Weide: Auf einer Weide stehen, alle zusammengezählt, 192 Tiere. Es gibt einige Ziegengatter, drei Schafgatter und Gatter in denen Schafe und Ziegen je zur Hälfte untergebracht sind. In jedem Gatter stehen genauso viele Tiere.

In den Schafgattern stehen 48 Schafe. Auf der Weide stehen insgesamt 80 Schafe.

Wie viele Ziegengatter gibt es?
Haben Sie es herausgefunden?

Übungsaufgabe 33

Bäume: Bitte versuchen Sie, 30 unterschiedliche Baumarten auf zu schreiben. Es gibt kein Zeitlimit. Die Übung wird beendet, wenn alle Teilnehmer 30 Baumarten gefunden haben bzw. einer oder mehrere aufgeben.

Übungsaufgabe 34

Kinderfahrrad: Suchen Sie in fünf Minuten mindestens zehn Verbesserungsmöglichkeiten.

Übungsaufgabe 35

Kugelschreiber: Schreiben Sie innerhalb von drei Minuten alle Anwendungsmöglichkeiten für Kugelschreiber auf, die Ihnen einfallen.

Übungsaufgabe 36

Aktiver Wortschatz: Finden Sie innerhalb von zehn Minuten so viele zusammengesetzte Hauptwörter, die mit dem Wort „Schule" beginnen, wie Ihnen einfallen. Der Wortstamm heißt „Schul".

Je gefundenes Wort gibt es einen Punkt. 31 Punkte sollten Sie schaffen, ab 52 erreichten Punkten sind Sie spitze!

(1) Schul......	(22) Schul...	(43) Schul...
(2) Schul...	(23) Schul...	(44) Schul...
(3) Schul...	(24) Schul...	(45) Schul...
(4) Schul...	(25) Schul...	(46) Schul...
(5) Schul...	(26) Schul...	(47) Schul...
(6) Schul...	(27) Schul...	(48) Schul...
(7) Schul...	(28) Schul...	(49) Schul...
(8) Schul...	(29) Schul...	(50) Schul...
(9) Schul...	(30) Schul...	(51) Schul...
(10) Schul...	(31) Schul...	(52) Schul...
(11) Schul...	(32) Schul...	(53) Schul...
(12) Schul...	(33) Schul...	(54) Schul...
(13) Schul...	(34) Schul...	(55) Schul...
(14) Schul...	(35) Schul...	(56) Schul...
(15) Schul...	(36) Schul...	(57) Schul...
(16) Schul...	(37) Schul...	(58) Schul...
(17) Schul...	(38) Schul...	(59) Schul...
(18) Schul...	(39) Schul...	(60) Schul...
(19) Schul...	(40) Schul...	(61) Schul...
(20) Schul...	(41) Schul...	(62) Schul...
(21) Schul...	(42) Schul...	(63) Schul...

Übungsaufgabe 37

Wortschatz I: Innerhalb des Buchstabenrasters (Bild 6) sind 21 Tiere versteckt (z. B. der EBER). Sie haben zehn Minuten Zeit, möglichst alle Tiere zu finden.

T	T	E	N	U	T	U	C	H	S
A	I	W	I	B	T	F	E	D	B
R	H	E	L	H	E	L	L	E	E
C	E	G	S	U	M	D	M	R	L
S	L	I	T	A	N	H	T	A	H
E	I	E	Z	K	U	C	U	S	E
F	G	I	B	U	S	E	B	C	G
A	E	R	A	N	T	P	O	H	N
N	T	X	U	B	A	E	R	L	A

Bild 6

Übungsaufgabe 38

Wortschatz II: Versuchen Sie innerhalb des Buchstabenrasters (Bild 7) so viele Wörter wie möglich zu bilden, indem Sie benachbarte Buchstaben (waagerecht, senkrecht oder diagonal) miteinander verbinden (z. B. BLAU). Sie haben fünf Minuten Zeit.

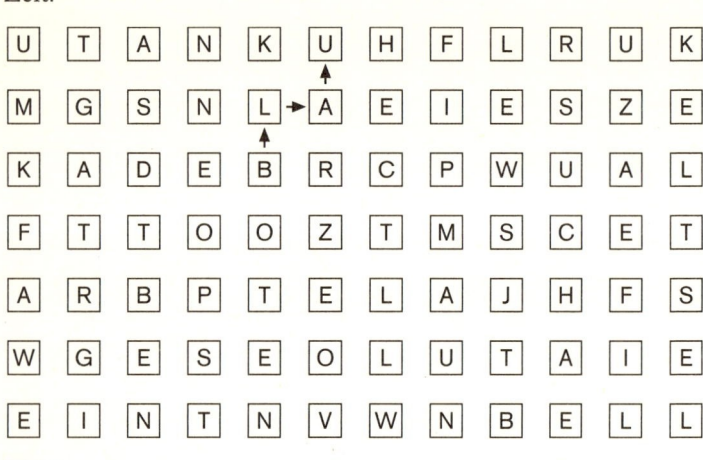

Bild 7

Übungsaufgabe 39

Rot und essbar: Suchen Sie 20 Objekte, die rot und essbar sind. Hierfür stehen fünf Minuten zur Verfügung.

Übungsaufgabe 40

Salami und Bücher: Notieren Sie bitte so viele Unterschiede, wie Ihnen in drei Minuten einfallen.

Kurzrätsel für Querdenker

Übungsaufgabe 41

Nach der Aufwärmphase, aber auch zwischendurch können folgende Kurzrätsel zum Einsatz kommen.

(1) Was setzt der Gartenbesitzer als erstes in seinen neuen Garten?

(2) Wie lange lebte Thomas Mann?

(3) Was steht immer zwischen Mann und Frau?

(4) Was fällt durch eine Glasscheibe, ohne zu zerbrechen?

(5) Wer tritt ungestraft ins Gesicht?

(6) Ein Bauer hat 23 Hühner. Bis auf elf starben alle. Wie viele hat er noch?

(7) Was ist das wichtigste an einem Dreieck?

(8) Welches Gewicht wollen keine Frau und kein Mann verlieren?

(9) Zwei Väter und zwei Söhne sind Jäger und schießen zum Schutz des Reviers drei Wildschweine. Jeder bringt aber nur ein Wildschwein nach Hause. Wie ist dies möglich?

(10) Es hat Zähne und kann nicht beißen. Was ist das?

(11) Welches Tor läuft um die ganze Welt?

(12) Was kann ein Tisch mit drei Beinen nicht?

(13) Welches Jahr hat nur drei Monate?

(14) Was macht ein Eskimo mit einer Bananenschale?

(15) Was ist keines Menschen Tochter und doch ein Kind?

Ideenkiller

Übungsaufgabe 42

Sicher haben Sie schon einmal bei sich die Erfahrungen gemacht (oder bei Bekannten miterlebt), dass Ihre vorgetragenen Ideen überkritisch beurteilt wurden, wenn nicht sogar überschnell abgelehnt wurden.

Die nachfolgende Übung hat den Zweck, Ihnen die negativen Reaktionen aufzuzeigen, die mit den Ideenkillern verbunden sind.

Schreiben Sie innerhalb von fünf Minuten so viele Ideenkiller auf, die sie kennen, gehört haben oder selbst erfahren mussten.

Beispiele:
• Damit müssen wir einen Ausschuss beauftragen.
• Kunden wollen das nicht.
• Das geht uns nichts an.
• Dafür haben wir keine Mittel.

Brainstorming-Methode

Übungsaufgabe 43

(a) Lesen Sie noch einmal ab S. 57 die Regeln für die klassische Brainstorming-Methode.

(b) Schreiben Sie nun innerhalb von fünf Minuten so viele Verwendungsmöglichkeiten für ein Kraftfahrzeug nieder, wie Ihnen innerhalb der Zeit einfallen. Bestehende Verwendungsarten können mit einbezogen werden.

Blick zur Uhr – fertig – los!

Übungsaufgabe 44

Wenn sich als Ergebnis der Übungsaufgabe 43b (Brainstorming) mehr als 50 % Ihrer Ideen auf die Verwendbarkeit des Kraftfahrzeuges zum Autofahren bezogen, befreien Sie sich von den Fesseln konventionellen Denkens und erhöhen Sie damit Ihr kreatives Potenzial. Haben Sie beispielsweise an die Verwendung als Kinderspielzeug gedacht? Oder als Übernachtungsmöglichkeit? Oder als Lehr- und Bastelmaterial für Schüler und Jugendliche? Kraftfahrzeug als Statussymbol?

Greifen Sie das Problem noch einmal auf und schreiben Sie innerhalb von fünf Minuten so viele Verwendungsmöglichkeiten auf, wie möglich, die sich nicht auf das Autofahren beziehen.

Übungsaufgabe 45

Bedingt durch die zunehmende Internationalisierung kommt einer Auslandsmarktbearbeitung, insbesondere auch für mittelständische Unternehmen, eine immer größere Bedeutung zu. Zu denken ist etwa an den chinesischen Markt, der sehr große Wachstumspotenziale aufweist.

Bei einer Auslandsmarktbearbeitung, wie beispielsweise beim Export, ist jedoch eine Vielzahl landesspezifischer Besonderheiten, gesetzlicher Vorschriften und anderer Richtlinien zu beachten. Zusätzlich ist eine Fülle notwendiger Papieren zu erstellen, die oft ein großes Hindernis, besonders für mittelständische Unternehmen darstellen.

Damit die Marktbearbeitung selbst für Insider übersichtlich

wird, planen Sie ein Handbuch zu konzipieren, dass ein optimales Auswählen des gerade relevanten Marktes ermöglicht, und Ihnen zudem die zu beachtenden Vorschriften, Regeln und einzuhaltenden Richtlinien erläutert.

(1) Organisieren Sie eine Brainstorming-Sitzung!

(2) Führen Sie Brainstorming-Sitzung beispielsweise mit folgenden Fragestellungen durch:

(a) Welche Sachgebiete und konkreten Inhalte sollten in diesem Handbuch enthalten sein?

(b) Wer kommt als Zielgruppe dieses Handbuchs in Betracht?

(c) Wie lässt sich die erste Ausgabe dieses Handbuchs am besten verkaufen?

(d) Mit welchen Strategien können Sie am geeignetsten Stammkunden gewinnen?

Übungsaufgabe 46

Betrachtet man eine ältere zusammensteckbare Schweiß- oder Schneidelektrode mit Kegelverbindung, so lag deren Nachteil darin, dass die Zapfen der bereits verbrauchten Elektroden, welche noch in den Hohlkegelmuffen der nachfolgenden Elektroden steckten, aus der Hohlkegelmuffe herausfielen, wenn die Steckverbindung in den Bereich des Lichtbogens geriet. Ursächlich dafür sollen Gase sein, die während des Abschmelzens des Elektrodenwerkstoffs im Innern entstehen und so die beiden Elektroden auseinander treiben.

Die Idee, in der Seitenwand der Hohlkegelmuffe eine Entlüftungsöffnung einzulassen, brachte die Lösung und verhinderte ein Herausfallen der Zapfen bzw. Lockern der Verbindung, da die entstehenden Gase entweichen konnten.

Schreiben Sie innerhalb von zehn Minuten so viele weitere Möglichkeiten auf, ein Herausfallen bzw. Lockern zu verhindern, wie Ihnen einfallen.

Methode 635

Übungsaufgabe 47

(1) Sehen Sie sich noch einmal die Regeln der Methode 635 an. Beachten Sie insbesondere, dass bei der Ideensuche keine Kritik erlaubt ist, sondern nur die Fortführung und Ergänzung der Gedanken der „Vorgänger". Bilden Sie zwei Gruppen zu sechs Teilnehmern.

Bearbeiten Sie die zwei folgenden Themen in Ihren beiden Gruppen unter Benutzung des beigefügten Vorschlagssammelbogens:

(a) In einer neu zu gründenden Organisationsabteilung ist ein Auslösersystem zu schaffen (Auslöser sind zu verstehen als Informationen, die zu organisatorischen Tätigwerden, d. h. zu Entscheidungen und/oder Handlungen führen (*Seidenberg* 1989)). Mit dem neuen Auslösersystem soll vermieden werden, dass die Organisatoren nochmals prüfungsähnliche Handlungen vornehmen müssen und damit der Kreis der Prüfer (wie Wirtschaftsprüfer, Betriebsprüfer, interne Revision, ...) noch weiter vergrößert wird. Es soll aber andererseits die Einschaltung der Organisationsabteilung in alle sie betreffenden Fragen gesichert sein. Welche Informationsarten, die zu einem Auslösesystem zusammengefasst werden können, sollen die Auslösefunktion übernehmen? Die Informationen sollen hierbei in einem gewissen Zusammenhang stehen.

(b) Wie lassen sich die Bereiche Organisation und Revision in einer Abteilung zusammenfassen und dabei das Problem vermeiden, entweder die Innenrevision zu nahe an die Geschäftsleitung zu bringen, oder für die Organisationsabteilung auf jede Einwirkung zu verzichten, die zu prüfungsrelevanten Tatbeständen führen könnte?

(2) Nehmen Sie zu den Ergebnissen, der jeweils anderen Gruppe kritisch Stellung. Überprüfen Sie dabei, ob die folgenden Kriterien eingehalten wurden:

• qualitative und quantitative Beurteilung der Gedanken,

- Einhalten der Regeln der Methode 635,
- sonstige Kriterien, die in einem Katalog festzuhalten sind.

Problem:			Teilnehmer 1 2 3 4 5 6
Lösungsvorschläge			von:
11	12	13	
21	22	23	
31	32	33	
41	42	43	
51	52	53	
61	62	63	

Vorschlagssammelbogen nach Methode 635

Übungsaufgabe 48

Sehen Sie sich noch einmal die Regeln der Methode 635 an. Füllen Sie nun in ihrer Gruppe den Formularbogen für die Aufgabenstellung aus: **„Ideen für ein ökologisches Haus".**

Problem:			Teilnehmer 1 2 3 4 5 6
Lösungsvorschläge			von:
11	12	13	
21	22	23	
31	32	33	
41	42	43	
51	52	53	
61	62	63	

Vorschlagssammelbogen für „Ideen für ein ökologisches Haus"

Mind-Mapping

Übungsaufgabe 49

Zeichnen Sie ein einfaches Mind Map mit dem Thema „Heute" in der Mitte und (ausnahmsweise) zehn Hauptästen, an die Sie Ihre Assoziationen zum Thema „Heute" aufschreiben.

Übungsaufgabe 50

Planen Sie die beruflichen Aufgaben der nächsten Woche mit einem Mind Map.

Übungsaufgabe 51

Nutzen Sie zur Planung Ihres nächsten Familienereignisses oder des nächsten Urlaubs ein Mind Map.

Übungsaufgabe 52

Nutzen Sie zur Fragestellung „Möglichkeiten der Kreativitätssteigerung" ein Mind Map.

Delphi-Methode

Übungsaufgabe 53

Geben Sie mindestens zwei charakteristische Fragestellungen für den Einsatz der Delphi-Methode an.

Übungsaufgabe 54

Wodurch unterscheidet sich die Delphi-Methode von herkömmlichen Expertenbefragungen mit Hilfe von Interviews? Welches sind die charakteristischen Vor- und Nachteile der Methode?

Übungsaufgabe 55

Diese Übung ist als Gruppenarbeit gedacht. Schauen Sie sich vor Beginn noch einmal die Regeln für die Delphi-Methode genau an!

Konzipieren Sie nun in allen wesentlichen Einzelheiten eine Delphi-Befragung für folgende Fragestellung:

„Wann löst im Großstadtverkehr das Elektroauto den Verbrennungsmotor ab? (Zu klären ist neben den vorbereitenden und nachbereitenden Tätigkeiten beispielsweise die präzise Fragestellung, der Kreis der Befragten, usw.)."

Erweiterung der Zieleinsicht

Übungsaufgabe 56

Nehmen Sie die folgenden Probleme als gegeben an. Überprüfen Sie die Zielsicht und wo es nötig ist, erweitern Sie diese. Vergegenwärtigen Sie sich vorher noch einmal die Ablaufschritte der Technik.

(1) Problem: Rattenplage in Indien.
     Ziel: Wirksame Rattenfallen entwickeln!
     Ihre Ansicht:

(2) Problem: Werbebudget für unsere Schokolade ist in drei Jahren um 50 % gestiegen.
     Ziel: Werbekosten senken!
     Ihre Ansicht:

(3) Problem: Unser Automodell „Wolf" ist zu langsam.
     Ziel: Stärkere Motorisierung!
     Ihre Ansicht:

(4) Problem: Unser Lack „Vollschutz" ist nicht wetterfest genug.
     Ziel: Wetterfeste Farbe für den Gebäudeanstrich entwickeln!
     Ihre Ansicht:

(5) Problem: Karies in den Zähnen.
     Ziel: Neuen Diamant-Bohrer entwickeln!
     Ihre Ansicht:

(6) Problem: Wasser im Keller durch steigenden Grundwasserspiegel.
     Ziel: Wasser auspumpen!
     Ihre Ansicht:

(7) Problem: Neuentwicklung einer Uhr.
     Ziel: Neues Design eines Zifferblatts!
     Ihre Ansicht:

Spornfragen

Übungsaufgabe 57

Auf dieser und der nächsten Seite finden Sie eine Liste von Spornfragen, wie schon auf S. 96 ff. erwähnt.

Wählen Sie eine Ihnen bekannte Sache, Einrichtung oder Methode (eventuell aus Ihrem eigenen Arbeitsbereich) und entwickeln Sie anschließend Verbesserungsideen. Wenden Sie dabei zugleich an:

(1) die Liste der Spornfragen,
(2) die Brainstorming-Regeln.
Es stehen Ihnen 30 Minuten Zeit zur Verfügung.

Spornfragen (nach Osborn)

(1) Vergrößerung

Was könnte man hinzufügen?	Mehr Personal?
Wäre es vergrößerbar?	Takt erhöhen?
Länger oder höher?	Zugabe, Extrawert?
Dicker oder breiter?	Vervielfachen?
Stärker oder schwerer?	Verdoppeln?
Mehr Zeit darauf gebrauchen?	Übergröße, Sondergröße?

(2) Verkleinerung

Was könnte man wegnehmen?	Weniger Personal?
Könnte es kleiner sein?	Takt verringern?
Kürzer oder niedriger?	Wertverminderung, billiger?
Schmäler oder dünner?	Dritteln?
Schwächer oder leichter?	In Teile zergliedern?
Weniger Zeit verwenden?	Mini, Mikro?

(3) Umgruppierung

Gestalt verändern?	Arbeitsplan verändern?
Andere Teileanordnung?	Andere Arbeitszeit?
Anderes Layout?	Anderer Zufahrtsweg?
Reihenfolge verändern?	Wirkung/Ursache umkehren?

(4) Kombination

Kombination der Ideen?	Kombination der Pläne?
Eine Legierung?	Methoden kombinieren?
Eine Mischung?	Vereinigung der Hilfsmittel?
Kombination der Teile?	Aus Personen ein Team?
Zwecke kombinieren?	Zusammenlegung von Werken?
Kombination der Kontraste?	Gemeinsame Aktionen?

(5) Umkehrung

Rückwärts statt vorwärts?	Aus Plus Minus?
Ende an den Anfang?	Aus der Not eine Tugend?
Anfang ans Ende?	Aus Nachteil Vorteil?
Auf den Kopf stellen?	Den Feind zum Freund machen?
Vorzeichen ändern?	„Die linke Wange bieten"?
Seiten vertauschen?	Innen nach außen?

(6) Substitution

Andere Ziele?	Andere Personen?

Andere Form?	Andere Funktion spielen?
Andere Methoden?	Anderer Ort?
Anderes Material?	Zu anderer Zeit?

(7) Zweckentfremdung

Ist der Absicht realistisch?	Noch zeitgemäß?
Absicht erweitern?	Wozu sonst verwenden?
Absicht einengen?	„Umfunktionieren"?

(8) Imitation

Was ist so ähnlich?	Was lässt sich nachbilden?
Gibt es Parallelen?	Wer ist Leitbild?
Gibt es Musterfälle?	Woraus Lehre ziehen?

(9) Modifikation

Wie kann es geändert?	Was kann zugefügt werden?
Abwandlung möglich?	Änderung der Farbe?
Was kann weggenommen werden?	Änderung der Größe?

Übungsaufgabe 58

Nehmen Sie als Beispiel das Problem, auf welche Arten eine Fähre als Verkehrsmittel verbessert werden kann. Entwickeln Sie Verbesserungsideen und wenden Sie auch bei dieser Aufgabe zugleich an:

(1) die Liste der Spornfragen, wenn es Ihnen möglich erscheint,

(2) die Brainstorming-Regeln.

Erarbeiten Sie, wenn es angebracht ist, eigene, ergänzende Spornfragen.

Auch diesmal stehen Ihnen wieder 30 Minuten Zeit zur Verfügung.

Denkblockaden beseitigen

Übungsaufgabe 59

Eine rechteckige Wiese (Bild 8) ist von einem überall gleich breiten Wassergraben umgeben. Versuchen Sie mit Hilfe zweier Bretter, deren Länge genau der Grabenbreite entspricht, einen Übergang zu schaffen!

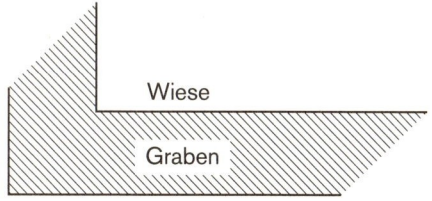

Bild 8

Übungsaufgabe 60

Im Nord-Ostsee-Kanal fahren hintereinander die drei Containerschiffe A, B und C. Von der anderen Seite kommen ihnen drei andere ebenfalls hintereinander fahrende Containerschiffe D, E und F entgegen. Bild 9 zeigt die Lage der Schiffe und den Abschnitt des Kanals mit seiner Bucht. Der geringen Breite des Kanals wegen, können die Containerschiffe nicht aneinander vorbeifahren. Es befindet sich aber im gezeigten Abschnitt des Nord-Ostsee-Kanals an einer Seite eine kleine Bucht, in der jedoch nur ein Containerschiff Platz hat. Wie können die Containerschiffe voreinander so ausweichen, dass am Ende alle Schiffe in der ursprünglichen Richtung weiterfahren?

Bild 9

Übungsaufgabe 61

Auf dieser und der nächsten Seite sehen Sie in den Bildern 10–14 insgesamt sechs Bereiche mit je neun angeordneten Punkten.

(a) Verbinden Sie die neun angeordneten Punkte des Bildes 10 mit fünf Geraden, ohne dabei das Schreibgerät vom Papier zu heben und ohne eine der Geraden doppelt zu zeichnen. Die Geraden dürfen sich kreuzen.

(b) Verfahren Sie genauso mit den Bereichen der Bilder 11–14.

Versuchen Sie jedoch bei jedem Bereich entweder Ihren Ausgangsort oder die Richtung der Geraden (oder beides) zu ändern.

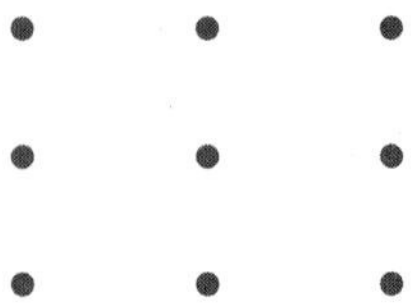

Bild 10

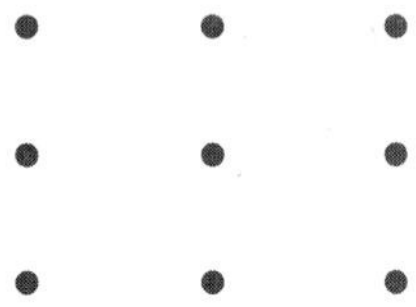

Bild 11

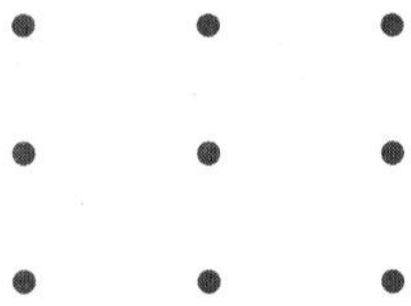

Bild 12

Bild 13

Bild 14

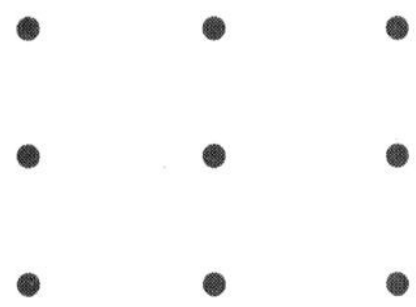

Bild 15

Übungsaufgabe 62

Verbinden Sie nun die neun angeordneten Punkte des Bereichs in Bild 15 mit *vier* Geraden. Auch hier darf das Schreibgerät nicht vom Papier abgehoben und keine der Geraden doppelt gezeichnet werden. Den Ausgangspunkt und die Richtung können Sie nach Belieben auswählen.

Übungsaufgabe 63

Verbinden Sie nun die sechzehn angeordneten Punkte (Bild 16) mit sechs Geraden, ohne dabei das Schreibgerät vom Papier zu heben und ohne eine Gerade doppelt zu zeichnen. Die Geraden dürfen sich kreuzen.

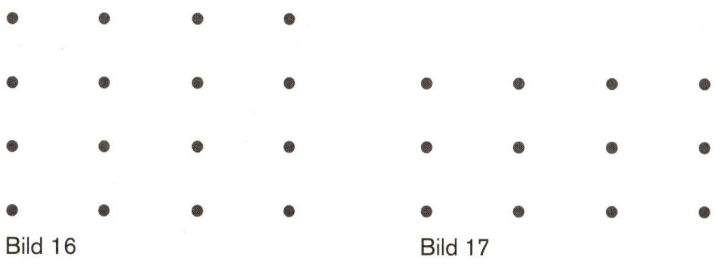

Bild 16   Bild 17

Übungsaufgabe 64

Verbinden Sie jetzt die zwölf angeordneten Punkte (Bild 17) mit fünf Geraden, wieder ohne dabei das Schreibgerät vom Papier zu heben und ohne eine Gerade doppelt zu zeichnen. Die Geraden dürfen sich kreuzen.

Übungsaufgabe 65

Ein Spielbrett verfügt über neun Felder (Bild 18). Auf den ersten vier Feldern A–D befindet sich jeweils ein weißer Stein, das mittlere Feld bleibt leer und auf den letzten vier Feldern F–I stehen vier schwarze Steine.

Den Aufgabe besteht nun darin, die schwarzen Steine der rechten Seite nach links zu bewegen und die weißen Steine von links nach rechts. Jeder Stein darf nur ein Feld vorwärts bewegt werden, dabei darf aber (nur) ein Stein einer anderen Farbe übersprungen werden. Rückwärtsbewegungen sind verboten. Man darf auch nicht einen oder mehrere Steine der eigenen Farbe überspringen.

A	B	C	D	E	F	G	H	I
○	○	○	○		●	●	●	●

Bild 18

Übungsaufgabe 66

Betrachten Sie die neun gleich langen parallelen Linien des untenstehenden Bildes (19). Zerschneiden Sie das Rechteck nun in der Diagonalen AB, welche durch das obere Ende des ersten Striches und durch das untere Ende des letzten Striches verläuft.

Verschieben Sie jetzt die beiden dreieckigen Hälften des Papiers um den Abstand zwischen zwei Linien weiter (Bild 20). Wie man seltsamer Weise erkennt, sieht man anstelle von neun nur noch acht Striche. Ein Strich ist verschwunden. Können Sie erläutern, wo der neunte Strich geblieben ist?

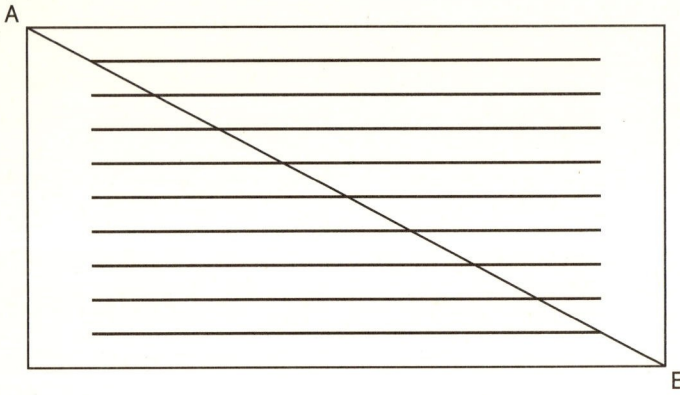

Bild 19

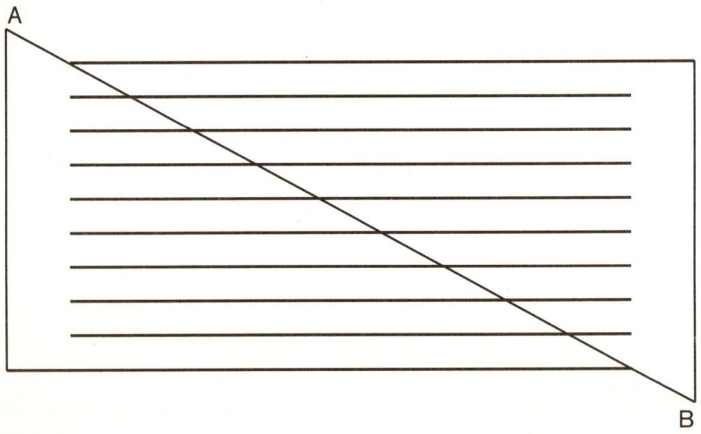

Bild 20

Fixierung der Erstansicht eines Problems

Übungsaufgabe 67

Bild 21 zeigt eine Waage, die aus neun Streichhölzern besteht, jedoch nicht im Gleichgewicht ist. Bringen Sie die Waage ins Gleichgewicht, in dem Sie fünf Streichhölzer umlegen.

Übungsaufgabe 68

Legen Sie vier Streichhölzer der Axt aus Bild 22 so um, dass drei gleiche Dreiecke entstehen.

Übungsaufgabe 69

Aus Bild 23 ist der Umriss eines Hauses erkennbar. Legen Sie zwei Streichhölzer so um, dass das Haus von der anderen Seite betrachtet werden kann.

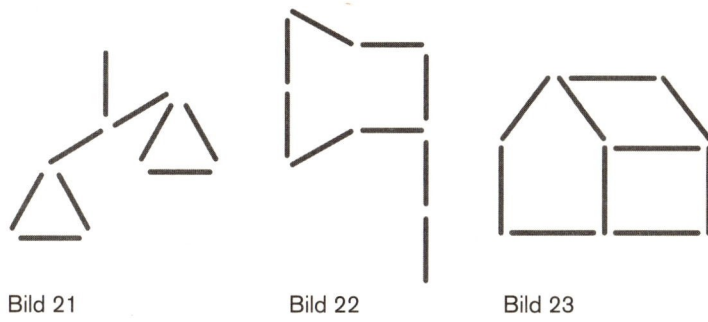

Bild 21   Bild 22   Bild 23

Übungsaufgabe 70

Wenn Sie sechs Streichhölzer der Laterne von Bild 24 (S. 196) umlegen, können sie diese in vier gleiche Dreiecke verwandeln.

Übungsaufgabe 71

Ein aus Streichhölzern bebauter Krebs kriecht aufwärts (Bild 25, S. 196). Legen Sie nun drei Streichhölzer so um, dass er abwärts kriecht.

Übungsaufgabe 72

Einen altertümlichen Tempel bestehend aus elf Streichhölzern zeigt das folgende Bild 26. Diesmal besteht die Aufgabe darin, vier Streichhölzer so umzulegen, dass fünfzehn Quadrate entstehen.

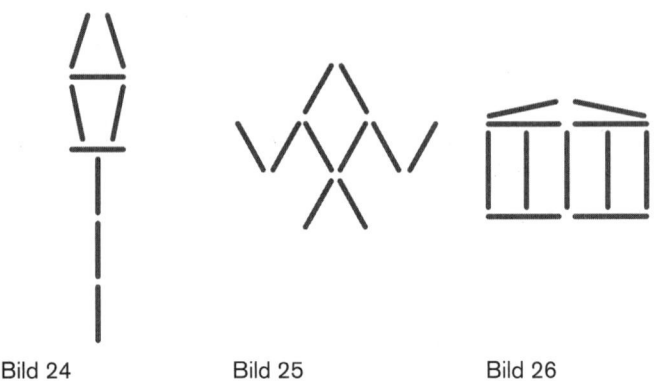

Bild 24   Bild 25   Bild 26

Übungsaufgabe 73

Zuerst sind mit 24 Streichhölzern neun aneinander liegende Quadrate zu bauen, die wiederum ein Quadrat darstellen (Bild 27).

Entfernen Sie nun acht Streichhölzer, sodass zwei Quadrate übrig bleiben!

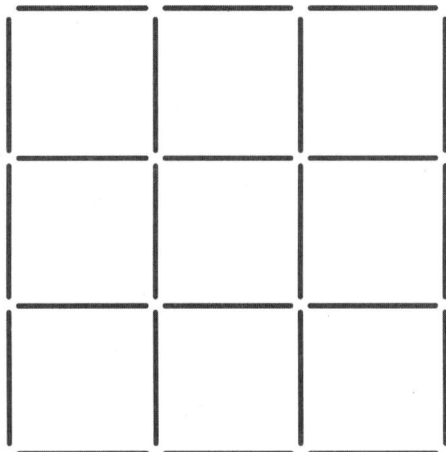

Bild 27

Übungsaufgabe 74

Ein oft wiederholtes Experiment geht wie folgt. Man lege sechs Streichhölzer verstreut auf den Tisch. Die Aufgabe besteht nun darin, aus den sechs Streichhölzern vier gleichseitige Dreiecke zu bilden, ohne dass die Streichhölzer sich kreuzen und ohne sie zu zerbrechen.

Übungsaufgabe 75

Aus einem quadratischen Papier sind 20 gleiche Dreiecke auszuschneiden. Anschließend sind aus den 20 ausgeschnittenen Dreiecken fünf gleiche Quadrate zusammenzufügen.

Synektik-Methode

Übungsaufgabe 76

Im Rahmen der Synektik-Methoden haben Sie die Stimulation über Reizwörter kennen gelernt.

Wählen Sie aus einem Wörterbuch *zufällig* mehrere Gegenstände oder Personen aus (die Gegenstände müssen genommen werden!!) und versuchen Sie damit die folgenden allgemein gehaltenen Probleme zu lösen.

(1) Gesucht wird die ökologisch und ökonomisch günstigste Alternative zur Fortbewegung in der Zukunft.
(2) Wie kann man einen Fernseher verbessern?
(3) Wie lässt sich ein Haus wirtschaftlicher bauen?

Bionik

Übungsaufgabe 77

Die Verschaltung der Neuronen in den ersten Zellschichten der Netzhaut des menschlichen Auges dient im Wesentlichen zwei Aspekten. Zum einen werden die von den Rezeptoren (Stäbchen und Zapfen) weitergeleiteten Signale auf eine geringere Anzahl von Nervenfasern übertragen (Konvergenzprinzip). So stehen beispielsweise im menschlichen Auge den ca. 130 Mio. Rezeptoren lediglich rund 1 Mio. Nervenfasern im Sehnerv gegenüber.

Zum anderen wird durch die spezielle Verschaltung der Neuronen (inhibitorische Verschaltung) eine Steigerung der Kontrast-wahrnehmung durch laterale Hemmung erzielt.

Versuchen Sie die dieses Naturprinzip auf technische Probleme zu übertragen. Beispielsweise könnte diese spezielle Verschaltung durch elektrische Bauelemente, die künstliche Neuronen darstellen nachgebildet werden. Dadurch ist es möglich, die Bildschärfe von Gegenständen zu bestimmen.

Übungsaufgabe 78

Wie man weiß, können Fische im Wasser anders als z. B. der Mensch sehr gut gleiten und sich schnell fortbewegen. Für beide gelten jedoch die gleichen physikalischen Gesetze. Die Gleit-fähigkeit dieser starren Körper ist vom Reibungswiderstand abhängig.

Die Fische haben dieses Problem dadurch gelöst, dass sich auf ihrer Haut, genauer auf ihrer Oberhaut, eine Schleimschicht befindet, wodurch ein besseres Gleiten im Wasser ermöglicht wird.

Versuchen Sie auch bei diesem Beispiel aus der Natur das Prinzip auf technische Probleme zu übertragen. Für welche Anwendungsgebiete wäre das Naturprinzip nützlich, welche Probleme könnten damit gelöst werden?

Reizwort-Analyse

Übungsaufgabe 79

In Vorbereitung der Reizwort-Analyse soll Ihre Intuition angeregt werden. Dazu finden Sie unten zehn Wörter, zu denen Sie jeweils fünf Ihnen spontan einfallende Merkmale aufschreiben sollen. Alle Ideen sollen genommen werden, ein Ausschluss, wie z. B. das Merkmal „Kopfschmerzen" beim Handy, was nicht ungewöhnlich sein muss, soll nicht erfolgen.

(1) Internet _____ _____ _____ _____ _____

(2) Fitness _____ _____ _____ _____ _____

(3) Regierung _____ _____ _____ _____ _____

(4) Lernen _____ _____ _____ _____ _____

(5) Sonne _____ _____ _____ _____ _____

(6) Arbeiten   _____ _____ _____ _____ _____

(7) Kind   _____ _____ _____ _____ _____

(8) Modern   _____ _____ _____ _____ _____

(9) Pflichtgefühl _____ _____ _____ _____ _____

(10) Unglück   _____ _____ _____ _____ _____

Übungsaufgabe 80

Ihre Aufgabe besteht darin, den Absatz Ihres Kühlschrankprogramms zu erweitern. Hierzu wollen Sie Ihr TOP-Modell noch weiter verbessern. Nutzen Sie hierzu die Reizwortanalyse. In einem ersten Schritt sind dazu zehn gegenständliche Begriffe auszuwählen, was für Sie in der Übung schon gemacht wurde. Die zehn Begriffe sind:

Computer, Pferd, Kugelschreiber, Topf, Rasen, Uhr, Lampe, Bügeleisen, Käse, Klingel.

Analysieren Sie nun die zehn gefundenen Gegenstände nach relevanten Strukturmerkmalen. Beginnen Sie mit dem Begriff Computer und übertragen Sie diese auf die Problemstellung.

_____   _____   _____   _____

_____   _____   _____   _____

_____   _____   . . .

Morphologischer Kasten

Übungsaufgabe 81

Inwiefern ist der Morphologische Kasten zur Ideenfindung geeignet?

Übungsaufgabe 82

Erstellen Sie einen Morphologischen Kasten für das Problem:

Gestaltung einer Konferenz zur Bedeutung der Qualität als Wettbewerbsfaktor.

Vergegenwärtigen Sie sich vorher noch einmal die Regeln und den Ablauf der Technik!

Übungsaufgabe 83

Die Abb. 32 zeigt einen Morphologischen Kasten für das Beispiel „Organisation des Beschaffungsbereichs". Sehen Sie sich die Regeln und den Ablauf der Technik noch einmal an!

Beurteilen Sie nun die folgenden Lösungsalternativen auf ihre Realisierbarkeit:

(1) 13, 22, 32, 43, 52, 62
(2) 12, 23, 33, 41, 51, 61
(3) 11, 22, 31, 43, 52, 63

Ausprägung			
Merkmale/ Parameter	01	02	03
1 Umfang der Aufgabe	11 Nur Materialbestellung	12 Bestellung mit teilweiser Lieferantenauswahl	13 Bestellung grundsätzlich mit Lieferantenauswahl
2 Verbindung mit Mengendisposition	21 Keine Mengendisposition	22 Teilweise Mengendisposition	23 Grundsätzlich volle Mengendisposition
3 Qualitätsdisposition	31 Keine Disposition über Qualitäten	32 Teilweise Qualitätsdisposition	33 Grundsätzlich volle Qualitätsdisposition
4 Hierarchieebene	41 Untere Ebene	42 Mittlere Ebene	43 Obere Ebene
5 Zentralisationsgrad	51 Dezentralisiert bei den Bedarfsstellen	52 Zentralisierte Beschaffung	53 Kombination von dezentral und zentral
6 Anforderungsbefugnisse	61 Kein Einfluss auf andere Bereiche	62 Beratung, Empfehlung	63 Festgelegte Anforderungsvollmachten

Abb. 32: Morphologischer Kasten für den Beschaffungsbereich

Übungsaufgabe 84

Sie überlegen sich, eventuell Ihren Arbeitsplatz zu wechseln. Verwenden Sie die Morphologische Methode, um sich über Ihr weiteres Vorgehen Klarheit zu verschaffen. Schauen Sie sich vorher noch einmal die Vorgehensweise an, und verwenden Sie zur Lösungssuche einen Morphologischen Kasten.

Attribute Listing

Übungsaufgabe 85

Die Abbildung 33 zeigt die Auflistung der Merkmale und derzeitigen Lösungen eines Stuhls. Arbeiten Sie anhand der gegebenen Zielvorgaben mögliche Gestaltungen für einen neuen Stuhl aus.

Merkmal	Derzeitige Lösung	Zielvorgabe	Mögliche andere Gestaltung
Material	Holz	pflegeleichter	
Beine	eckig	moderner	
Farbe	braun	modischer	
Sitzfläche	plan	ergonomischer	

Abb. 33: Attribute-Liste mit Zielvorgabe für einen neuen Stuhl

Relevanzbaum

Übungsaufgabe 86

Welches ist die grundsätzliche Fragestellung der Relevanzbaumanalyse und wie kann ein Relevanzbaum allgemein darstellt werden?

Cross-Impact-Methode

Übungsaufgabe 87

Welches ist der gedankliche Ansatz der Cross-Impact-Methode?

Übungsaufgabe 88

(a) Wie kann man die Eingangsdaten der Cross-Impact-Analyse ermitteln?

(b) Durch welche Vor- und Nachteile zeichnet sich die Cross-Impact-Methode aus?

Übungsaufgabe 89

Bei der Darstellung der Cross-Impact-Methode wurde als Beispiel das Ereignis betrachtet, dass bis zum Jahr 2010 die Wasserstofftechnik mit einer Wahrscheinlichkeit von 80 % wirtschaftlich einsetzbar ist. Die Eintrittswahrscheinlichkeit kann sich aber durch die Ereignisse Gaspreiserhöhung, wirtschaftliche Nutzbarmachung der Photovoltaik und Wiedereinstieg in die Kernenergie verändern. Gehen Sie von den Verhältnissen des Beispiels aus und berechnen Sie mit Hilfe der simulativen Cross-Impact-Methode die Veränderungen der Eintrittswahrscheinlichkeiten der einzelnen Ereignisse unter dem Einfluss der anderen Ereignisse. Führen Sie dazu mit den folgenden Zufallszahlen zehn Simulationsläufe durch. Bevor Sie aber die Eintrittswahrscheinlichkeiten berechnen, vergegenwärtigen Sie sich noch einmal die einzelnen Ablaufschritte (vgl. S. 153 ff.).

Zufallszahlen zur Festlegung einer zufälligen Reihenfolge der Ereignisse: Die höchste Zufallszahl entspricht dem Ereignis e_4, die niedrigste Zufallszahl dem Ereignis e_1. Für die ersten vier Zufallszahlen ist die Reihenfolge dementsprechend: e_3, e_1, e_4, e_2.

54	13	72	16
33	17	01	87
78	98	61	91
54	17	94	23
87	82	28	26
22	50	16	04
51	50	49	10
10	63	62	05
55	16	24	13
18	58	03	32

Zufallszahlen zur Eintrittsbestimmung der Ereignisse:

42	03	15	70
53	32	41	66
98	31	18	09
39	75	71	86
80	40	18	51
11	03	84	74
40	84	42	80
91	84	35	73
65	53	67	70
92	17	42	60

Simulation

Übungsaufgabe 90

(a) Welche Vorteile ergeben sich aus der Anwendung von Simulationsmodellen zur Lösung betriebswirtschaftlicher Probleme?

(b) Für welche betriebswirtschaftlichen Fragestellungen außerhalb der Ideenfindung lässt sich die Simulation noch nutzen?

Kapitel 9: Kreativitätstechniken und Computerunterstützung

Computereinsatz

Seit den 50er Jahren beschäftigen sich amerikanische Wissenschaftler mit der Frage, inwiefern kreative Prozesse durch Computer unterstützt werden können. *Newell, Shaw* und *Simon* demonstrierten 1958 mit ihrem Programm **General Problem Solver (GPS)**, dass Computer fähig sind, wohlstrukturierte Probleme durch die Verwendung sich ständig wiederholender Methoden zu lösen. Allerdings ist der Computer auch heutzutage noch nicht in der Lage, schlecht definierte Probleme alleine zu bewältigen, die aber durch den alleinigen Einsatz von Kreativitätstechniken lösbar wären. Zudem bleibt beim Computereinsatz die Frage offen, ob der Computereinsatz gerade im kreativen Prozess zu einer Effizienzsteigerung im Sinne einer Zeitersparnis bzw. einer Kreativitätssteigerung in Unternehmen führen kann.

Gleichwohl eignen sich Computer **zur Unterstützung** des kreativen Prozesses bzw. zur Unterstützung der Kreativitätstechniken, wenn auch nicht aller Techniken. Besonders bei folgenden Aufgaben kann die Computerunterstützung ein besonderes Hilfsmittel darstellen (*Meyer* 1993, *Schachtner* 2001; vgl. zum Computereinsatz z. B. auch O.V. 1987, *Lenk* 1998, *Geschka/Lantelme* 2005):

- Übernahme einfacher Assoziationsaufgaben, wie suchen und vergleichen von Begriffen mit den Inhalten einer Datenbank.
- Sammeln, Speichern und Abrufen von Informationen.
- Gedächtnisstütze für den Problemlöser.
- Bewertung logischer Schlussfolgerungen.
- Ordnen, Kombinieren und Sortieren von Informationen.
- Auflisten und Variationsaufgaben.
- Auswahl nach bestimmten Ordnungskriterien.
- Durchführung mathematischer Berechnungen.
- Allgemeine elektronische Unterstützung der Arbeitsabläufe.

- Präsentationsaufgaben wie Ablaufdarstellungen und Visualisierung.
- Erstellung der Arbeitsmittel (Präsentationsunterlagen, Formularentwurf).
- Durchführung von Simulationen (als Bestandteil von Kreativitätstechniken wie der Cross-Impact-Methode oder durch Stichworte und Bilder).
- Strukturieren vorhandener Ideen, z. B. auch beim Mind-Mapping.

So kann der Computer zwar alleine keine Problemzerlegung und Problemanalyse durchführen, gleichwohl lassen sich beispielsweise Routineaufgaben, wie Auflistungen, Kombinationen und Variationen durchführen. Unter Einsatz eines Zufallsgenerators lassen sich Worte, Sätze oder Bilder miteinander kombinieren und variieren. Daneben können Computer visuelle Anreize für den kreativen Prozess liefern. Beispielsweise vermag der Computer bei der Morphologischen Methode das Anordnen der Parameter und Ausprägungen, das Sortieren und Speichern der Ausprägungen zu übernehmen. Bei der Sequentiellen Morphologie können neben den Funktionen Ordnen, Sortieren und Speichern mathematische Optionen übernommen werden. Beim Relevanzbaum kann der Computer darüber hinaus die Berechnung der Relevanzzahlen übernehmen sowie die grafische Darstellung. Eine Brainstorming- oder Brainwriting-Sitzung kann vollständig über die Computertechnik ablaufen. Dabei sitzen alle Teilnehmer in einem Raum, lesen eventuell auch die gleichzeitigen Antworten der anderen Beteiligten ab und nehmen dazu Stellung. Die Software konsolidiert, strukturiert und zeigt die Lösungsansätze an. Der Vorteil gegenüber herkömmlichen Sitzungen liegt darin begründet, dass keine Unterhaltungen stattfinden, da sich alle Teilnehmer auf den Computer konzentrieren müssen. Zudem wird durch den Computereinsatz die klare und vollständige Ausdrucksweise gefördert. Auch wenn das zeitaufwändige Eingeben mit der Tastatur hemmend wirkt, wurden überwiegend positive Ergebnisse erzielt. Aber auch eine elektronische Leitung und Moderation von Sitzungen ist denkbar (*Schachtner* 2001, *Geschka/*

Lantelme 2005). Der Hauptanwendungsbereich der Computer ist damit eher bei den systematisch-analytischen als bei den intuitiv-kreativen Methoden zu sehen.

Je nach Computerprogramm sind die Funktionen als Werkzeuge für Routinearbeiten Bestandteil der angebotenen Software. Einen von *Meyer* (1993) zusammengestellten Überblick über Computerunterstützungsprogramme zur Kreativitätssteigerung zeigt Abb. 34

Programmname	Autor	Hilfestellung
CAAS-Subsystem	Petri/Kroeber-Riel	Entwicklung kreativer Bildideen
Creative Workshop	Schlicksupp	Unterstützung von Teamarbeit
Gamma	Unicom	allgemeine Funktionen, z. B. Notizbuch
Idea Fischer	Fischer Idea	Brainstorming
Idea Generator	–	Unterstützung sieben verschiedener Techniken
Inspiration	Ceres	Visualisierung mehrerer Techniken
Krea-tek	Meyer/Trommsdorff	Verwendung mehrerer Techniken
Morphos	Schlicksupp	Morphologischer Kasten
MOSEL	Geschka	Sequentielle Morphologie
Quickstar	Morawa	Verwendung eigener Techniken
Team Focus	IBM	Brainwriting Pool

Abb. 34: Computerunterstützung von Kreativitätstechniken (nach *Meyer* 1993)

So fördert z. B. das von *Schlicksupp* entwickelte Programm Creative Workshop alle Arbeiten die zur Organisation und Durchführung kreativer Teamarbeit nötig sind. In einer Art Checklistfunktion zeigt das Programm wichtige, zu erledigende Aufgaben zur Vorbereitung und Durchführung der Sitzungen, wie Organisation der Teambildung, Moderatoren-Datei, Einladung der Teilnehmer, Ablaufbeschreibung, Einführung in zwölf Kreativitäts-

Software	Anbieter	Inhalt/ Kreativitätstechnik
ConceptDraw MINDMAP	Computer Systems Odessa Corp.	Mind-Mapping für Macintosh und Windows
e-Gip	e-Gip Software AG	Managementsoftware, Ideenfindung allgemein
gloBrain	gloBrain AG	Innovationsmanagement allgemein, darunter auch Brainstorming
Idea Generator Plus	William Steinberg Consultants Inc.	Unterstützung sieben verschiedener Techniken
Ilsa – SEB	Ilsa – Coaching und Consulting Service	Vernetztes Denken, Werkzeug für Brainstorming
IPEK solutiontool	IPEK	Interaktive CD-ROM, darunter u. a. Brainstorming
MindManager 2002	Mindjet GmbH	Visualisierung von Informationen mit Mind-Mapping, inkl. Brainstorming
MindManager X5	Mindjet GmbH	s. o. (mit mehr Funktionen als Basistool)
MindManager X5 Pro	Mindjet GmbH	s. o. (mit mehr Funktionen als Basistool)
MindGenius	Gael Ltd.	Gedankenentwicklung, Visualisierung, Ideenfindung mit Mind-Mapping
MOSEL	Geschka	Sequentielle Morphologie
NovaMind	Nova Mind Ltd.	Mind-Mapping Software auf der Mac-Plattform
Problem Solver	5 Point AG	Software für kreative Problemlösungsprozesse, darunter Brainstorming, visuelle Konfrontation, Reizwort-Analyse
ProEnergy	Göbel Software	Selbstmanagementsoftware, darunter u. a. von Kreativitätsstrategien
QS/QS mit Quickstar VI	VISIONING Institute for Innovation Research and Technology GmbH	Computergestützte Innovationswerkstatt, eigene Techniken
Teamspace	5 Point AG	Virtuelles Büro, Brainstorming
Webplanet Flow 2002	Microbasic GmbH	Kaufmännische Fragestellungen, Mind-Mapping

Abb. 35: Alphabetische Anordnung von Softwareprogrammen für Kreativitätstechniken

techniken, Bewertung von Ideen etc. Das Programm Idea Fischer unterstützt die Brainstorming-Methode durch eine aus Fragen bestehende große Datenbank (die als Ideendatenbank bezeichnet werden kann). Sie ist individuell erweiterbar und nimmt auch selbsterstellte Stichworte auf. Einsatzgebiet ist der Bereich Werbung. Das von *Geschka* entwickelte Programm MOSEL unterstützt dagegen die Sequentielle Morphologie.

Zur Unterstützung unternehmensbezogener und betriebswirtschaftlicher Fragestellungen, aber auch für viele Bereiche des Lernens allgemein gibt es heutzutage eine kaum überschaubare Zahl von unterstützenden Softwareprogrammen. Für jedes denkbare Problem existieren vielfältige Softwarealternativen. Eine aktuelle Momentaufnahme (weiterer) vorhandener Softwareprogramme zur Unterstützung von Kreativitätstechniken zeigen auch die beiden Abbildungen 35 und 36.

Software	Unternehmen	Homepage
ConceptDraw MINDMAP	Computer Systems Odessa Corp.	www.conceptdraw.com/de/
Easy-Mapping-Tool 3.2	Cognitiv-Tools	www.cognitive-tools.de
FreeMind	Sourceforge	Freemind.sourceforge.net
Graphic Mapper lite	GraphoSoftware	www.graphosoftware.de
Inspiration	Inspiration Software Inc.	www.inspiration.com
MindChart	Avant4u Inc.	www.avant4u.com
MindGenius	Gael Ltd.	www.mindgenius.com
Mind Manager 2002	Mindjet GmbH	www.mindjet.com/de/
Mind Manager X5	Mindjet GmbH	www.mindjet.com/de/
Mind Manager X5 Pro	Mindjet GmbH	www.mindjet.com/de/
Mind Map 3	Data Becker	www.databecker.de
MindMapper 4.5 Pro	SimTech Systems Inc.	www.mindmapper.de
MYmap XG	Eminec	www.eminec.com/de/
NovaMind	Nova Mind Ltd.	www.nova-mind.com
OpenMind	MatchWare Deutschland	www.matchware.net/ge/
Visimap Viewer 4.0	CoCo Systems Ltd.	www.visimap.com
Visimap Professional 4.0	CoCo Systems Ltd.	www.visimap.com
Visual Mind	Mind Technologies AS	www.visual-mind.com

Abb. 36: Mind-Mapping Softwareprogramme

Abb. 36 zeigt eine Übersicht im Internet zu findender Programme zur Unterstützung der Erstellung von Mind Maps. Wie die Übersicht, die keinen Anspruch auf Vollständigkeit erhebt, sondern eine aktuelle Internetsuche wieder gibt, zeigt, gibt es zur Unterstützung des Mind-Maping eine Vielzahl von Programmen.

Viele Hersteller bieten zeitlich begrenzte Testversionen ihrer Produkte im Internet zum kostenlosen Download bereit, sodass sich jeder selbst ein Bild von der Eignung des einzelnen Produkts zur Unterstützung seiner Arbeit machen kann.

Zukünftige Entwicklung

Außer den Möglichkeiten der Computerunterstützung und -integration sind im Bereich der Grundlagen der Kreativitätstechniken seit den 70er Jahren keine wesentlichen neueren Entwicklungen erkennbar. Viele der rund 100 bekannten Kreativitätstechniken unterscheiden sich nur in Nuancen. Der theoretische Bezugsrahmen kann somit als gegeben angesehen werden (*Schlicksupp* 1989, *Geschka/Yildiz* 1990, *Schlicksupp* 2004 II).

Insbesondere der Verbreitung der Kreativitätstechniken kommt so zukünftig weiter eine entscheidende Rolle zu. Dazu gehört aber auch die Institutionalisierung der Kreativitätstechniken in die Unternehmen. Weiterhin werden – wie oben dargelegt - neben den Methoden des Brainstormings bzw. – wenn auch in geringer Intensität – des Brainwritings und dem Mind-Mapping, dieses im Unternehmen aber mehr zur Unterstützung für unternehmensbezogene Planungsfragen sowie für berufliche wie private Alltagsprobleme, kaum Kreativitätstechniken genutzt.

Dabei sollte man sich in der praktischen Arbeit nicht auf die Einführung einer Technik beschränken. Wichtig ist zudem die Ausnutzung der in Unternehmen latent vorhandenen Kreativitätspotenziale durch eine entsprechende Förderung. Das Beherrschen der Kreativitätstechniken und die Computerunterstützung reichen alleine nicht aus.

Die erfolgreiche Anwendung von Kreativitätstechniken setzt voraus, dass die Förderung der Kreativität im Unternehmen institutionalisiert wird. Ohne den dazu notwendigen Abbau von Akzeptanzbarrieren im Unternehmen und bei den Personen wird aber die Verbreitung der Kreativitätstechniken kaum voranschreiten. Viele Kreativitätstechniken bedingen eine neue Unternehmenskultur, einen anderen Führungsstil. Aber auch sozialpsychologische Aspekte kreativen Verhaltens und kreativer Gruppenarbeit sind nicht zu vernachlässigen und bedürfen der verstärkten Beachtung.

Entwicklungen in der Computerunterstützung werden auch zukünftig vor allem den Bereich der Visualisierung betreffen. Wie die Fülle der Softwareprogramme gerade für diesen Bereich zeigt, besteht ein großes Potenzial, z. B. der Computer als Ersatz für Papier und Stift, Animationen und bildhafte Darstellung der Techniken.

Zum anderen ist zu erwarten, dass die so genannte Künstliche Intelligenz zukünftig auch bei kreativen Prozessen vermehrt einsetzbar ist. Bisher lassen sich durch den Computer allenfalls wiederholende Kernschemata der Informationsverarbeitung sinnvoll umsetzen und abbilden. Die meisten Innovationsprozesse sind jedoch nicht operationalisierbar und können bisher durch die bestehenden Programme nicht gelöst werden. Insbesondere ist der Computer bisher nicht in der Lage, emotionale Elemente und die Wechselbeziehungen der Gruppenarbeit einzubeziehen, wie sie den meisten Kreativitätstechniken zu Eigen ist.

Das freie, unkontrollierte und unbeherrschte Verhalten, das wesentlicher Bestandteil vor allem der intuitiven Kreativitätstechniken ist und eine Voraussetzung zur Lösung von schlecht -definierten Problemen darstellt, kann momentan vom Computer nicht übernommen werden. Die Nutzung der künstlichen Intelligenz kann hier möglicher Weise einen Entwicklungssprung bewirken.

Lösungen der Übungsaufgaben

Übungsaufgaben aus Kapitel 7

Lösung Übungsaufgabe 5

 (1) b = Mauer
 (2) b = Kaulquappe
 (3) c = Hammer
 (4) d = Spannung
 (5) b = Seite
 (6) a = Säge
 (7) c = Abend
 (8) a = Mühlrad
 (9) d = Kater
(10) d = Zeit

Lösung Übungsaufgabe 6

Durch Probieren kann man die Aufgabe natürlich lösen, allerdings ist dieser Weg sehr zeitaufwändig. Es existiert jedoch zur Entwicklung der Zahlenanordnung eine einfache und leicht einprägsame Methode. Dazu ordnet man die Zahlen wie in Bild 28 (S. 214) dargestellt an. Als erstes baut man an das Quadrat an jede Seite vier Felder an.

Danach werden in die schräg verlaufenden Reihen die Zahlen 1 bis 25 hintereinander eingetragen. Anschließend werden die außerhalb des 5×5 Felder-Quadrates liegenden Zahlen jeweils um fünf Felder nach unten, oben, rechts bzw. links verschoben. Und zwar soweit, dass sie dadurch die freien Plätze belegen. Das Ergebnis ist im Bild 29 (S. 214) dargestellt.

Das erläuterte Verfahren zur Lösung dieser Magischen Quadrate ist bei jeder beliebigen ungeraden Anzahl von Feldern geeignet. Zur Lösung von Quadraten mit geradezahligen Feldern kann die Methode jedoch nicht angewendet werden. Es existieren hierfür zwar auch Methoden (Lösungsalgorithmen), diese sind jedoch sehr aufwändig.

Lösung Übungsaufgabe 7

Bild 30 zeigt die Lösung der Aufgabe 7 (S. 214).

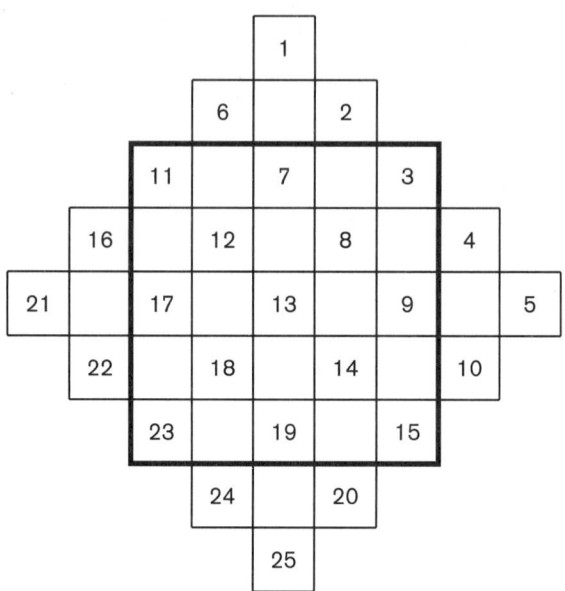

Bild 28

11	24	7	20	3
4	12	25	8	16
17	5	13	21	9
10	18	1	14	22
23	6	19	2	15

Bild 29

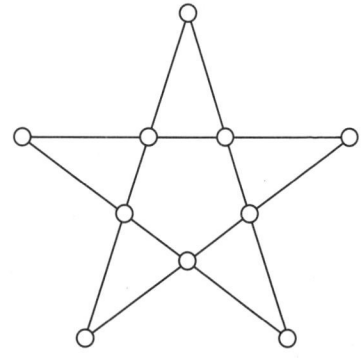

Bild 30

Lösung Übungsaufgabe 8

Der fehlende Buchstabe ist das Z. Die Gemeinsamkeit der Großbuchstaben SHONIXZ liegt darin, dass dies die einzigen Buchstaben sind, die man um 180 Grad drehen kann und trotzdem noch
genauso aussehen.

Lösung Übungsaufgabe 9

Der fehlende Buchstabe ist das H. Alle Buchstaben dieser Gruppe lassen sich vertikal drehen (aber nur kreiseln und nicht spiegeln)
und sehen danach noch genauso aus.

Lösung Übungsaufgabe 10

(1) Das Stempelkissen.
(2) Der Sattelschlepper.
(3) Der Kaffeesatz.
(4) Die Tonleiter.
(5) Die Handschellen.
(6) Das Beispiel.
(7) Die Kontaktlinsen.
(8) Die Ohrfeigen.
(9) Die Geisterbahn.

Lösung Übungsaufgabe 11

(1) Made + Ira = Madeira
(2) Koch + Er = Kocher
(3) Gold + Regen = Goldregen
(4) Bord + Eaux = Bordeaux
(5) Zucker + Hut = Zuckerhut
(6) Kran + Ich = Kranich
(7) Mann + Heim = Mannheim
(8) Am + Eisen = Ameisen
(9) Herbst + Zeit + Lose = Herbstzeitlose
(10) Jung + Frau = Jungfrau
(11) Zaun + König = Zaunkönig
(12) Pillen + Dreher = Pillendreher
(13) Wald + Meister = Waldmeister
(14) Wer + Mut = Wermut
(15) Strand + Läufer = Strandläufer
(16) Rot + Kelchen = Rotkelchen
(17) Schachtel + Halm = Schachtelhalm
(18) Offen + Bach = Offenbach
(19) Frost + Spanner = Frostspanner

(20) Braun + Lage = Braunlage
(21) Heu + Schrecken = Heuschrecken
(22) Kaiser + Stuhl = Kaiserstuhl
(23) Gold + Lack = Goldlack
(24) Kar + Paten = Karpaten

Lösung Übungsaufgabe 12

Bild 31 zeigt die Lösung für Übungsaufgabe 12.

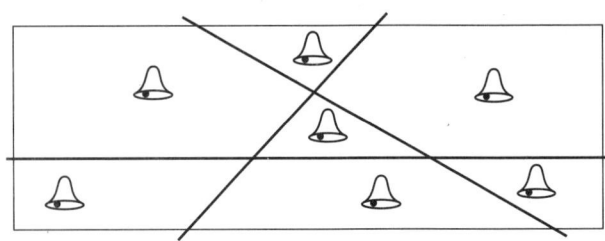

Bild 31

Lösung Übungsaufgabe 13

Die Lösung der Aufgabe 13 zeigen die Bilder 32–34.

Lösung Übungsaufgabe 15

(1) Dach – Keller; Boden – Decke = Kellerdecke
(2) Alt – Neu; Wasser – Land = Neuland
(3) Ein – Aus; nehmen – geben = Ausgabe
(4) Tief – Hoch; See – Land = Hochland
(5) Finger – Fuß; Ring – Kette = Fußkette
(6) Ab – An (zu); Hang – Stand = Anstand (Zustand)
(7) Tief – Hoch; Druck – Zug = Hochzug
(8) Ein – Aus; kommen – gehen = Ausgehen
(9) Auf – Ab (zu); nehmen – geben = Abgabe
(10) Tief – Hoch; Land – Wasser = Hochwasser
(11) Nacht – Tag; Schatten – Licht = Tageslicht
(12) Hinter – Vorder; Kopf – Fuß = Vorderfuß
(13) Auf – Ab; geben – nehmen = Abnahme
(14) Nach – Vor; Druck – Zug = Vorzug
(15) Jung – Alt; Geselle – Meister = Altmeister
(16) Nach – Vor; Kommen – Gehen = vorgehen
(17) Hoch – Tief; See – Land = Tiefland
(18) Unter – Über; Arm – Bein = Überbein

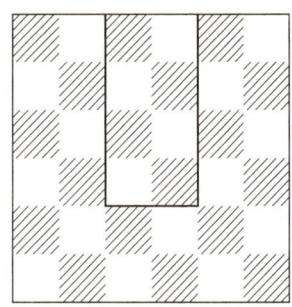

Bild 32

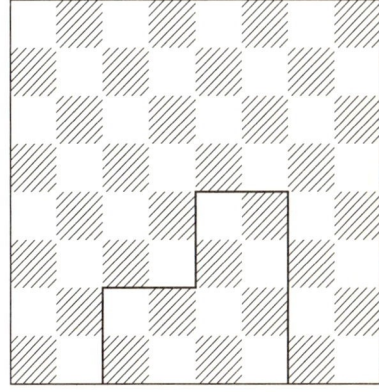

Bild 33

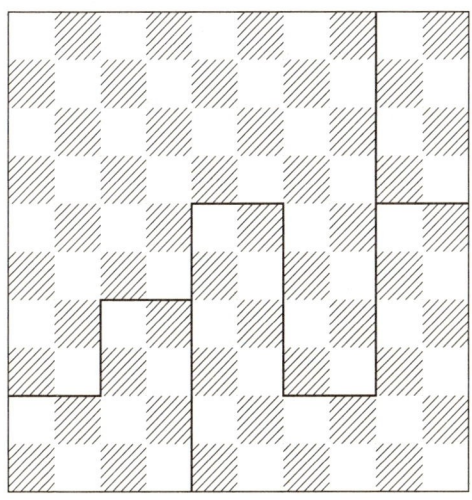

Bild 34

Lösung Übungsaufgabe 16

  (1) ein – aus; schreiben – lesen = auslesen
  (2) über – unter; laufen – stehen = unterstehen
  (3) weg – hin; hören – sehen = hinsehen
  (4) an – ab; nehmen – geben = abgeben
  (5) ab – an; blasen – saugen = ansaugen
  (6) nach – vor; geben – nehmen = vornehmen
  (7) aus – ein; ziehen – drücken = eindrücken
  (8) unter – über; bringen – holen = überholen
  (9) ein – aus; holen – bringen = ausbringen
(10) vor – nach; stehen – sitzen = nachsitzen
(11) hin – her; fahren – laufen = herlaufen
(12) an – ab; bringen = abholen

Lösung Übungsaufgabe 18

  (1) SPARGEL – DER   = Spargelder
  (2) VATI – KAN   = Vatikan
  (3) OBERIN – SPEKTOR = Oberinspektor
  (4) GRAUEN –TE   = Grauente
  (5) BARDE – POT   = Bardepot
  (6) SPARTA – RIF   = Spartarif
  (7) ABTEI – LUNG   = Abteilung
  (8) AMOR – TISATION = Amortisation
  (9) STIEFEL – TERN   = Stiefeltern
(10) ANDEN – KEN   = Andenken

Lösung Übungsaufgabe 19

  (1) ABS – TAND   = Abstand
  (2) MUS – TANG   = Mustang
  (3) GEGEND – RUCK   = Gegendruck
  (4) TRAN – SPORT   = Transport
  (5) SCHAL – TRAUM   = Schaltraum
  (6) SKALP – ELLE   = Skalpelle
  (7) DRESS – UR   = Dressur
  (8) ERLE – IDEN   = Erleiden
  (9) ALK – ALI   = Alkali
(10) ABT – AUCHEN   = Abtauchen

Lösung Übungsaufgabe 20

Mit dem Abzählen war beim sechsten Bauarbeiter begonnen worden, der links vom Gastwirt saß. Im anderen Fall dagegen hätte mit dem fünften Bauarbeiter rechts vom Gastwirt begonnen werden müssen.

Lösung Aufgabe 21

Sie werden wahrscheinlich versucht haben, anhand der Pyramide die Kombinationsmöglichkeiten zu zählen. Es gibt jedoch die Möglichkeit, die Kombinationen zu errechnen. So gibt es von M nach I zwei mögliche Wege, von I nach S gibt es für jeden dieser beiden Wege wiederum zwei verschiedene Wege etc. Bis zur letzten Stufe sind es insgesamt $2 \times 2 \times 2 \times 2 \times 2 \times 2 \times 2 \times 2 \times 2 \times 2 = 1024$ Lösungen.

Lösung Übungsaufgabe 22

   (1) NASHORN
   (2) KROKODIL
   (3) HERMELIN
   (4) DROMEDAR
   (5) FLUGENTE
   (6) FISCHOTTER
   (7) GIRAFFE
   (8) FLEDERMAUS
   (9) DELPHIN
(10) KLAPPERSCHLANGE

Lösung Übungsaufgabe 23

   (1) REYKJAVIK
   (2) BUKAREST
   (3) BUDAPEST
   (4) LISSABON
   (5) AMSTERDAM
   (6) OTTAWA
   (7) JERUSALEM
   (8) MOSKAU
   (9) WARSCHAU
(10) DAMASKUS

Lösung Übungsaufgabe 24

   (1) Flusspferd, Pferdestall.
   (2) Backenzahn, Zahnstein, Steinmauer.
   (3) Darmwand, Wandtapete, Tapetenkleister.
   (4) Taschentuch, Tuchladen, Ladentisch, Tischplatte.
   (5) Tischtennis, Tennisball, Ballspiel, Spielplatz, Platzkarte.
   (6) Hundeleine, Leinenzwang, Zwangsehe, Ehering, Ringfinger.

(7) Passagierschiff, Schiffsreise, Reisepass, Passbild, Bildschirm, Schirmständer.

(8) Feuerbaum, Baumhaus, Haustier, Tierhöhle, Höhlenmaler, Malermeister, Meisterprüfung, Prüfungsangst.

Lösung Übungsaufgabe 26

Die Lösung der Übungsaufgabe zeigt Bild 35.

Lösung Übungsaufgabe 27

Zuerst ist das Papier entlang der Geraden AC und DB zu falzen, sodass man den Mittelpunkt H erhält. Sowohl die Strecken AH als auch CH werden nun gefalzt. Den Punkt F erhält man, indem man AE so hereinklappt, dass E auf der Falz liegt, die die Strecke AH halbiert. Die Punkte G, K und J sind erhältlich, wenn man jetzt entlang AF falzt (vgl. Bild 36).

Lösung Übungsaufgabe 28

Die kürzeste Falzkante ergibt sich wie folgt: Zunächst ist das Blatt der Länge nach zu halbieren (Strecke CG). Danach ist die linke Hälfte des Blattes zu halbieren, man kommt zu Punkt B. Der Halbkreis BD schneidet die Gerade CG im Punkt H. Man erhält hierdurch die kürzeste Falz BE (vgl. Bild 37).

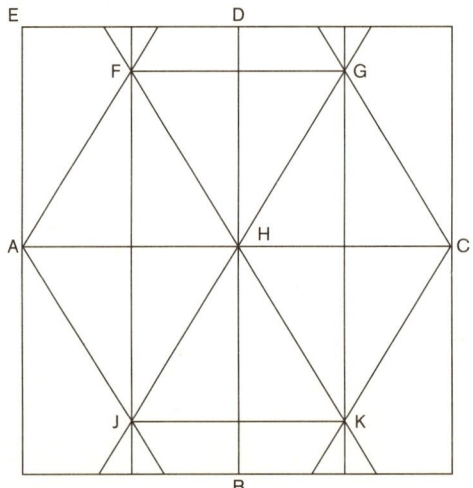

Bild 36

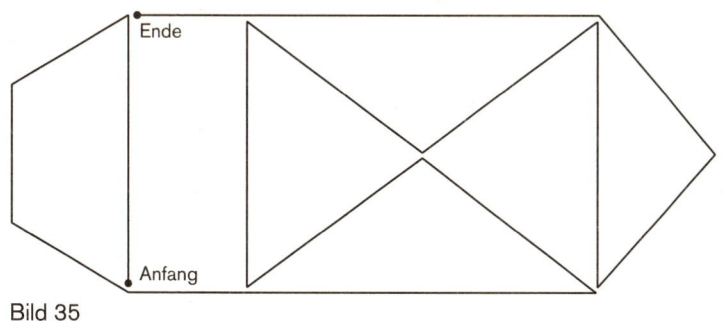

Bild 35

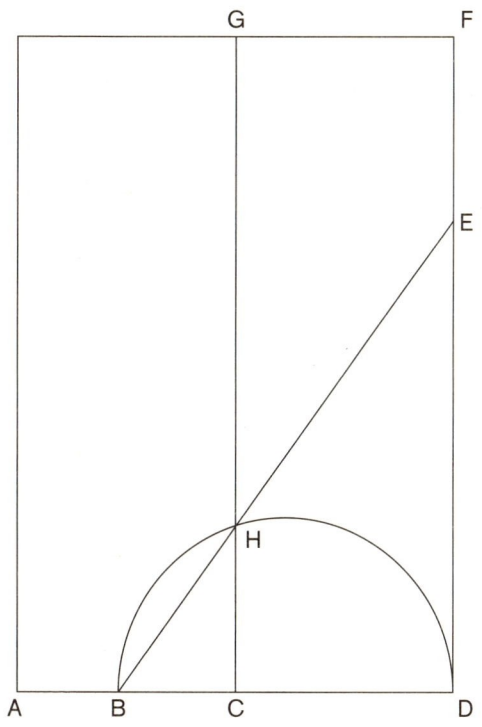

Bild 37

221

Lösung Übungsaufgabe 29

Die Lösung der Aufgabe ist für viele bestimmt überraschend. Wenn Sie VIER KONSONANTEN in der Buchstabenreihe streichen, entdecken Sie das Wort LOKOMOTIVFUEHRER.

Lösung Übungsaufgabe 30

(1) Römern	(2) Jahr	(3) Pflanze	(4) Natur
(5) Garten	(6) schnell	(7) ablaufen	(8) Aufwachen
(9) Wetterlage	(10) Winter	(11) der	(12) Frühling
(13) und	(14) die	(15) Kraft	(16) Sonne
(17) Tage	(18) Garten	(19) ersten	(20) Krokus
(21) die	(22) Frühlingszeit	(23) Ecken	(24) Enden
(25) Tierwelt	(26) neue	(27) Gärtnern	(28) den
(29) Fingernägel	(30) Pläne	(31) wir	(32) Herbst
(33) Beete	(34) ausgesät	(35) verrottet	(36) Die
(37) graben	(38) unter	(39) lockern	(40) Heizung

Übungsaufgaben aus Kapitel 8

Lösung Übungsaufgabe 32

So ist der Rechenweg:
- 192 Tiere stehen auf der Weide.
- 3 Schafgatter haben 48 Schafe, in einem stehen also (16)
- 80 Schafe stehen insgesamt auf der Weide, also 32 zusammen mit Ziegen.
- 16 Tiere pro Gatter, d. h. 8 Schafe und 8 Ziegen, ergibt 4 Gatter für Schafe und Ziegen.
- 3 Schafgatter und 4 Gatter für Schafe und Ziegen ergeben 7 Gatter.
- 7 Gatter zu je 16 Tieren ergeben 112 Tiere.
- 192 Tiere insgesamt, weniger 112 Tiere in den 7 Gattern ergeben 80 Ziegen.
- 80 Ziegen dividiert durch 16 Tiere in einem Gatter.
- Es gibt also 5 Ziegengatter!

Lösung Übungsaufgabe 36

Lösungsmöglichkeiten sind: Schulabgänger, -amt, -anfänger, -arbeit, -arzt, -aufgabe, -aufsatz, -aufsicht, -bank, -beginn, -behörde, -beispiel, -besuch, -bildung, -brot, -bub, -buch, -bus, -chor, -dienst, -dokument, -e, -fach, -ferien, -fernsehen, -festsaal, -freund, -.gebäude, -gebrauch, -geld, -gesetz, -glocke, -haus, -heft, -hof, -hygiene, -jahr, -jugend, -kamerad, -kenntnisse, -kind, -klasse, -landheim, -lehrer, -lehrerin, -leiter, -mädchen, -mappe, -medizin, -meister, -musik, -orchester, -ordnung, -pädagogig, -pflicht, -politik, -psychologie, -ranzen, -rat, -recht, -reform, -reife, -schiff, -schluss, -schwänzer, -sprecher, -stress, -stunde, -system, -tag, -tasche, -tüte, -typ, -unterricht, -versagen, -verwaltung, -wechsel, -weg, -weisheit, -wesen, -wettbewerb, -wissen, -zeit, -zentrum, -zeugniss und viele mehr.

Lösung Übungsaufgabe 37

Die 21 versteckten Tiere sind: BRAUNBAER, BUNTSPECHT, EBER, ELEFANT, FISCH, FLEDERMAUS, FUCHS, GEIER, HEILBUT, HUND, KATZE, LERCHE, LIBELLE, MAUS, RATTEN, SCHLANGE, SCHWEIN, TAUBE, TIGER, ZEBRA, ZIEGE.

Lösung Übungsaufgabe 38

Mögliche Lösungsbeispiele sind: ADEN, AMT, ART, ARZT, BLAU, BOOT, EI, EIN, FEST, GUT, HABEN, HAI, HERZ, JUBEL, KABEL, KELTE, KUH, KURS, KURSUS, MADE, MATT, MATTE, MAUT, OEL, RATTE, REIF, SCHABE, SPIEL, SPOT, TAG, TANNE, ULLA, VOLT, WATT, WATTE.

Lösung Übungsaufgabe 41

(1) Seinen Fuß.
(2) Bis zu seinem Tod.
(3) Das Wort „und".
(4) Das Licht.
(5) Der Schweiß.
(6) Er hat noch elf Hühner.
(7) Das „Ei", sonst würde es Dreck genannt werden.
(8) Das Gleichgewicht.
(9) Es handelt sich um einen Vater, der mit seinem Sohn und seinem Vater auf die Jagd gegangen war.
(10) Eine Briefmarke oder ein Leibnitz-Keks (Original Leibnitz nur mit den 52 Zähnen!).

(11) Der Äquator.

(12) Wackeln!

(13) Das Frühjahr.

(14) Er wirft sie weg.

(15) Ein Sohn.

Lösung Übungsaufgabe 46

Weitere Möglichkeiten, die ein Herausfallen des Zapfens bzw. eine Lockerung der Steckverbindung verhindern könnten sind beispielsweise:

(1) Hohlkegelmuffe mit Kleber ausfüllen.

(2) Gewinde anbringen.

(3) Mit Kaltpressschweißung verbinden.

(4) Fertigungstechnisch so genau herstellen, dass keine Gase mehr entstehen können.

(5) Zapfen magnetisieren.

(6) Zapfen mit einer Längsrille fertigen, um Gas abzuleiten.

(7) Zapfen mit Kleber bestreichen, sodass die Verbindung fester ist.

Lösung Übungsaufgabe 53

Charakteristische Fragestellungen sind:

• Wann wird eine Erfindung technisch so ausgereift sein, dass sie wirtschaftlich nutzbar ist?

• Wann wird eine neue Technik die schon angewandte ersetzen?

• Welche von mehreren konkurrierenden Techniken wird sich durchsetzen? Welche ist zukünftig vorteilhafter?

• Wie lange wird die neue Technik nutzbar sein?

Lösung Übungsaufgabe 54

Der besondere Vorteil gegenüber den herkömmlichen Expertengesprächen liegt in der Anonymität der Befragung. Zu den Vor- und Nachteilen vgl. Abschnitt Delphi-Methode (S. 83 f.).

Lösung Übungsaufgabe 59

Die Lösung der Übungsaufgabe 59 zeigt Bild 38.

Lösung Übungsaufgabe 60

Die Containerschiffe B und C fahren rückwärts, d. h. im Bild nach rechts. Dann fährt Containerschiff A in die Bucht ein. Anschließend fahren die Containerschiffe D, E und F im Kanal an A vorüber. Nun kann Containerschiff A die Bucht verlassen und seine Fahrt – nach links – fortsetzen. Die Containerschiffe F, E und D fahren nun wie-

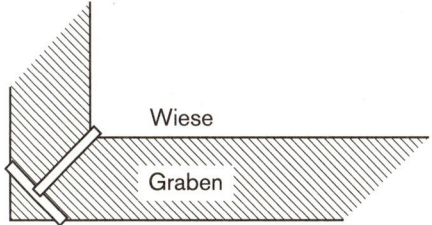

Bild 38

der zu dem Ort zurück, woher sie gekommen sind, d. h. im Bild nach links. Mit Containerschiff B wiederholt sich das Manöver. Ebenso wird auch Schiff C durchgelassen, und alle Schiffe können ihre Fahrt im Kanal fortsetzen.

Lösung Übungsaufgabe 61 und 62

Die Lösung der Aufgaben zeigen die Bilder 39–44

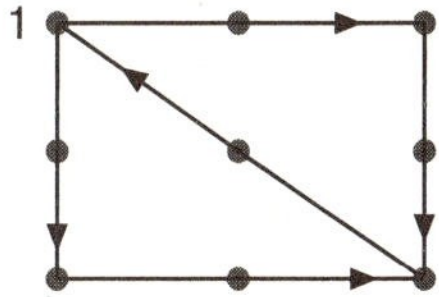

Bild 39

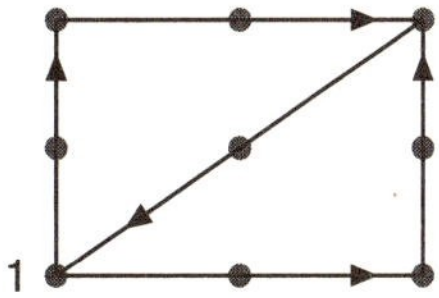

Bild 40

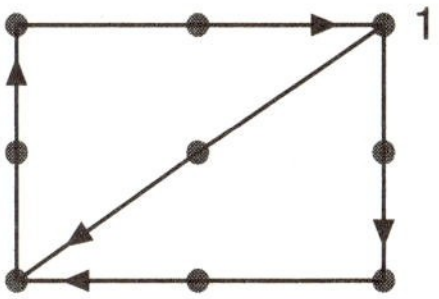

Bild 41

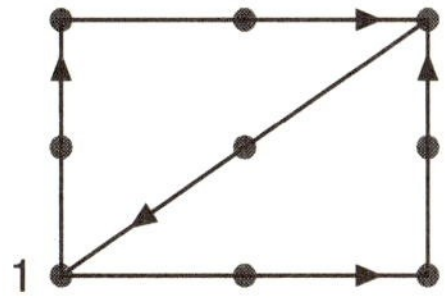

Bild 42

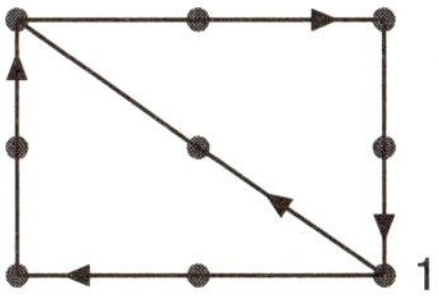

Bild 43

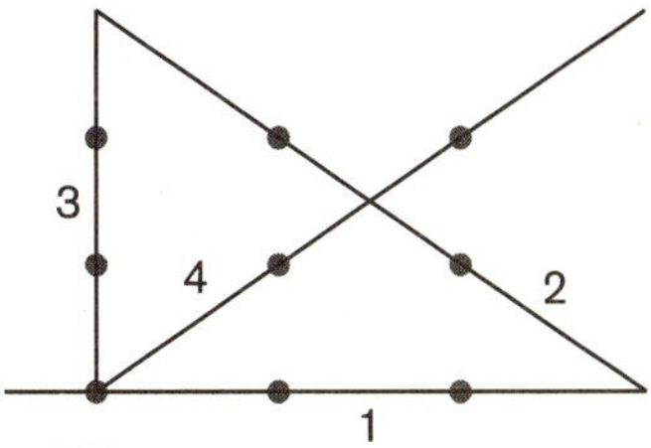

Bild 44

Die Aufgaben Bild 20 bis 24 werden keine Schwierigkeiten verursacht haben. Die Aufgabe aus Bild 25 soll noch einmal die Denkblockade erlernter Lösungen zeigen. Diese Aufgabe lässt sich nämlich nur lösen, wenn man auf die Idee kommt, über die Begrenzung des Quadrats hinauszugehen (Bild 44).

Lösung Übungsaufgabe 63

Die Lösung der Aufgabe zeigt Bild 45.

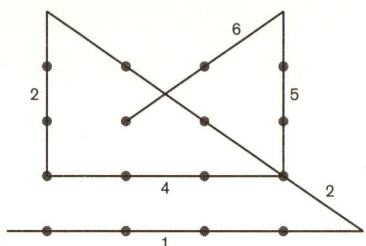

Bild 45

Lösung Übungsaufgabe 64

Die Lösung der Aufgabe zeigt Bild 46

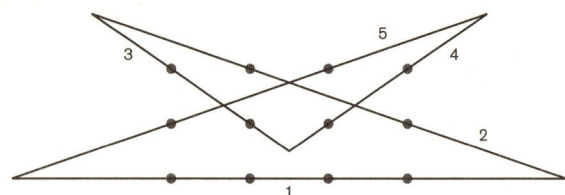

Bild 46

Lösung Übungsaufgabe 65

Die Steine müssen wie folgt bewegt werden:

Stein	nach	Stein	nach	Stein	nach	Stein	nach
(1) D	E	(7) D	B	(13) C	E	(19) G	H
(2) F	D	(8) F	D	(14) A	C	(20) E	G
(3) G	F	(9) H	F	(15) B	A	(21) C	E
(4) E	G	(10) I	H	(16) D	B	(22) D	C
(5) C	E	(11) G	I	(17) F	D	(23) F	D
(6) B	C	(12) E	G	(18) H	F	(24) E	F

Lösung Übungsaufgabe 66

Bei der Verschiebung verschwindet nicht eine Linie ganz, sondern wenn man die Striche in beiden Bildern vergleicht, erkennt man, dass die Striche der Lösung um 1/8 länger sind als die Striche des Bildes in der Aufgabe. Allerdings hat sich der neunte Strich nicht aufgelöst, sondern ist in den acht anderen Strichen wieder zu finden. Er vergrößert jeden um 1/8 seiner eigenen Länge.

Exkurs: Die geometrische Begründung lautet: „Die Gerade AB und die Gerade, die durch die oberen Enden aller Striche verläuft, bilden einen Winkel, dessen Schenkel durch eine Folge paralleler Geraden geschnitten werden."

Bedingt durch die Ähnlichkeit der entstehenden Dreiecke ergibt sich, dass die Gerade AB am zweiten Strich 1/8 seiner Länge, am dritten Strich 2/8, usw. abschneidet. Verschiebt man nun die beiden Teile des Papiers, so fügt man das an jedem Strich abgeschnittene Stück beim zweiten Strich beginnend, dem unteren Teil des jeweils vorhergehenden Striches zu. Da aber jedes abgeschnittene Stück um 1/8 größer ist als das vorhergehende, muss jeder Strich um 1/8 seiner Länge zunehmen. Mit dem Augenmaß ist dieser Längenzuwachs nicht erkennbar, sodass das Verschwinden des neunten Striches rätselhaft erscheint.

Lösungen Übungsaufgaben 67–72

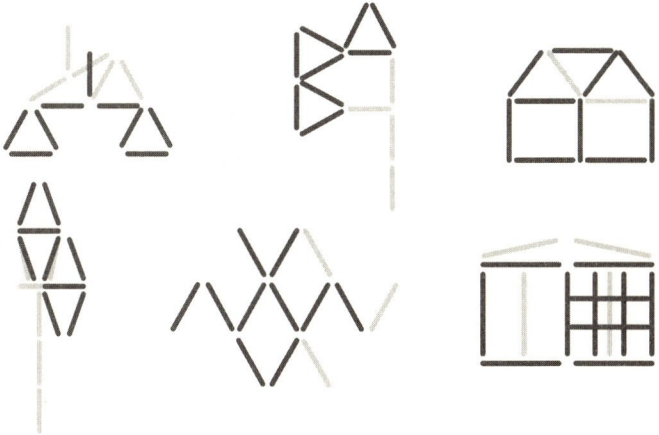

Lösungen der Aufgaben 67–72

Lösung Übungsaufgabe 73

Die Lösung der Aufgabe zeigt Bild 47.

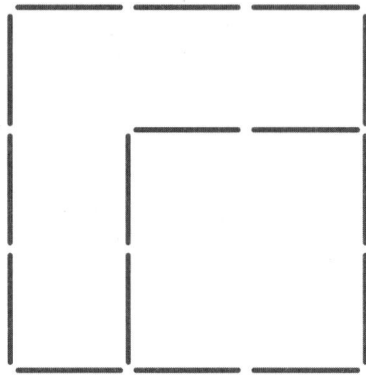

Bild 47

Lösung Übungsaufgabe 74

Während die ersten Probleme relativ leicht zu lösen sind, bedarf bei dem Problem der sechs Streichhölzer, aus denen vier gleichseitige Dreiecke zu bilden sind, schon der Überwindung herkömmlichen Denkens. Sobald man sich aber von der herkömmlichen zweidimensionalen Denkweise freimacht und die dritte Dimension (Höhe) mitbenutzt, lässt sich das Problem einfach lösen. Man erbaut eine dreiseitige Pyramide, d. h. ein Dreieck als Grundfläche auf dem Tisch liegend und die anderen drei Hölzer als Dach darüber stehend, sodass sich die Spitzen berühren (Bild 48).

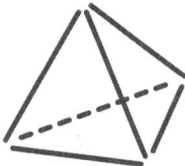

Bild 48

Lösung Übungsaufgabe 75

Die Bilder 49 und 50 zeigen die Lösung der Übungsaufgabe. Zuerst ist jeder Eckpunkt des Quadrats durch eine Gerade mit dem

228

Mittelpunkt einer nicht anliegenden Seite zu verbinden. Das im Innern entstandene kleine Quadrat wird halbiert, wobei die Linie parallel zu zwei schon bestehenden gezeichnet wird. Danach sind von den Seitenmitten des großen Quadrats Parallelen zu den bereits eingezeichneten Verbindungslinien (des inneren kleinen Quadrats) bis zum Schnittpunkt mit den anderen Verbindungslinien zu ziehen. In die daraus entstandenen Rechtecke sind nun Diagonalen einzuzeichnen, sodass insgesamt 20 gleiche rechtwinklige Dreiecke vorhanden sind. Aus den 20 Dreiecken lassen sich leicht fünf gleiche Quadrate zusammensetzen (Bild 50).

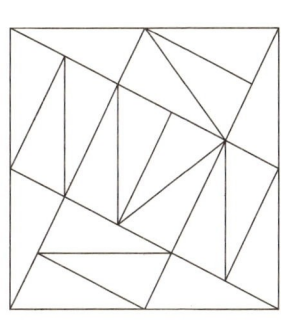

Bild 49   Bild 50

Lösung Übungsaufgabe 77

Es käme beispielsweise folgende technische Anwendung in Betracht. Mit einem einfach zu realisierenden inhibitorischen Filter hat man die Möglichkeit, die Bildschärfe eines elektrischen Signals messen zu können. Technisch kann dieser Filter zum Beispiel für den Kontrastrückgewinn bei unscharf entwickelten Dias oder als Autozoom bei Fotoapparaten eingesetzt werden.

Bei Kombination dieses Filters mit einem auf neuronalen Netzen basierenden optischen Erkennungssystems, käme der Einsatz in beweglichen Robotern in Betracht, mit deren Hilfe sich die Roboter in der Umgebung orientieren könnten.

Aber auch in anderen Bereichen der optischen Erkennung, wie z. B. in der automatisierten Fertigung, sind Einsatzgebiete zu sehen. Hier könnte der Computer allein aufgrund von Farbkonstellationen und Designkennzeichen gebrauchte Joghurtbecher, verschmutzte

Plastikflaschen und zerknüllte Kartons, die auf einem Fließband an den Kameras vorbeikommen, automatisch sortieren.

Lösung Übungsaufgabe 81

Durch Aufzeigen bisher nicht bekannter Gestaltungsformen, besonders durch neue Kombinationsmöglichkeiten bereits bekannter Lösungselemente, sind neue Ideen erzeugbar.

Lösung Übungsaufgabe 82

Eine mögliche Lösung der Aufgabe könnte wie folgt aussehen:

Merkmale	Ausprägungen			
	1	2	3	4
Zielgruppe	Top Management	Middle Management	Wissen-schaftler/ Hochschul-angehörige	Wissen-schaft und Praxis
Ziel	Weiterbil-dung	Erfahrungs-austausch	Problem-lösungen	Motivation
Referenten	Externe Experten	Interne Experten	Interne und Externe	
Vortragsstil	Einzel-vorträge	Workshop	Plenums-diskussion	
Zeit	Wochentags	Samstags	Sonntags	
Ort	Hotel	Hochschul-räume	Unterneh-menseigene Räume	

Lösung Übungsaufgabe 84

Eine mögliche Lösung der Übungsaufgabe könnte tabellarisch wie auf S. 231 dargestellt werden.

Lösung Übungsaufgabe 85

Mögliche andere Gestaltungen können der Tabelle auf S. 231 entnommen werden.

Lösung Übungsaufgabe 86

Die grundsätzliche Fragestellung lautet: Welche Ergebnisse, Ziele, Entwicklungen oder sonstigen Einflussfaktoren sind für die Problemlösung relevant?

Merkmal	Ausprägung			
Aufgabengebiet	Personal	Produktion	F&E	Vertrieb
Firmengröße	klein	mittel	groß	Konzern
Status	Arbeiter	Angestellter	Beamter	freier Mitarbeiter
Gehaltshöhe	< 30 T€	< 50 T€	< 75 T€	> 80 T€
Arbeitszeit	fest	gleitend	frei	
Aufstiegsmöglichkeiten	nach Alter	nach Betriebszugehörigkeit	nach Leistung	
Region	Berlin	andere Bundesländer	Osteuropa	übriges Ausland

Lösung Übungsaufgabe 84

Merkmal	Derzeitige Lösung	Zielvorgabe	Mögliche andere Gestaltung
Material	Holz	pflegeleichter	Holzimitation wie Kunststoff, Metall
Beine	eckig	moderner	rund, Sockel, ...
Farbe	braun	modischer	schwarz, Pop-Farben
Sitzfläche	plan	ergonomischer	gekrümmt, weicher, mit Federung

Lösung Übungsaufgabe 85: Mögliche Attribute-Liste mit Zielvorgabe für einen neuen Stuhl

Die ermittelten Einflussfaktoren werden baumartig gegliedert, wobei die einem Merkmal nachgeordneten Merkmale disjunktiv (sich ausschließend; Oder-Verknüpfung) oder konjunktiv (Und-Verknüpfung) verbunden sein können.

Lösung Übungsaufgabe 88

(a) Die Eingangsdaten können mit Hilfe von Kreativitätstechniken, wie z. B. der Cross-Impact-Methode, ermittelt werden.

(b) Die Vor- und Nachteile sind auf S. 158 f. beschrieben.

Lösung Übungsaufgabe 89

Die Ergebnisse der Berechnungsschritte sind zusammenfassend in der Abb. 37 (S. 232 f.) ersichtlich.

231

Cross-Impact Simulation	E	p%	Cross-Impact-Faktor	p neu	ZZ	Ereigniseintritt +	−
1. Lauf	3	30			42		☹
	1	80			03	☺	
	4	20	0	20	15	☺	
	2	60	−0,5	48	70		☹
2. Lauf	3	30			53		☹
	2	60			32	☺	
	1	80	−0,5	72	41	☺	
	4	20	0	20	66		☹
3. Lauf	2	60			98		☹
	4	20			31		☹
	1	80			18	☺	
	3	30	−1	09	09		☹
4. Lauf	3	30			39		☹
	1	80			75	☺	
	4	20	0	20	71		☹
	2	60	−0,5	48	86		☹
5. Lauf	4	20			80		☹
	3	30			40		☹
	2	60			18	☺	
	1	80	−0,5	72	51	☺	
6. Lauf	3	30			11	☺	
	4	20	−0,5	12	03	☺	
	2	60	+0,5	72	84		☹
	1	80	+1,0	96	74	☺	
7. Lauf	4	20			40		☹
	3	30			84		☹
	2	60			42	☺	
	1	80	−0,5	72	80		☹

Cross-Impact Simulation	E	p%	Cross-Impact-Faktor	p neu	ZZ	Ereigniseintritt +	−
8. Lauf	2	60			91		☹
	4	20			84		☹
	3	30			35		☹
	1	80			73	☺	
9. Lauf	4	20			65		☹
	2	60			53	☺	
	3	30	−0,5	20	67		☹
	1	80	−0,5	72	70	☺	
10. Lauf	2	60			92		☹
	4	20			17	☺	
	1	80	+1,0	96	42	☺	
	3	30	+0,5	40	60		☹
Ereigniszähler	$e_1 = 9$ 90%	$e_2 = 4$ 40%	$e_3 = 1$ 10%	$e_4 = 3$ 30%			

Abb. 37: Ergebnis der simulativen Cross-Impact-Methode

Lösung Übungsaufgabe 90

(a) Es ergeben sich folgende Vorteile:
- Bei komplexer Problembearbeitung wird eine Kosteneinsparung erzielt.
- Experimente werden so erst möglich.
- Gefahrloses Experimentieren auch über einen längeren Zeitraum.
- Ein geringerer Zeitaufwand ist nötig.
- Die Parameter können leicht verändert werden.
- Mit Hilfe der Simulation ist eine einfache Darstellung komplexer Systeme möglich.
- Risikoverringerung durch den Einsatz der Simulation.
- Durch den Einsatz werden Lerneffekte verbessert.

(b) Mit Hilfe der Simulation als vielseitig einsetzbarer Technik kann die Lösung einer Vielzahl von Fragestellungen unterstützt werden, wie z. B.:
- Optimierung der Fertigungssteuerung,

- Optimierung des Materialflusses,
- Warteschlangenproblem,
- Risikoanalyse,
- Prioritätsregeln,
- Auswahl der geeigneten Bestellregel,
- Cross-Impact-Analyse.

Literaturverzeichnis

Ammon, U.: Delphi-Befragung, in: Quantitative Methoden der Organisationsforschung 2005. Online im Internet unter URL: http://www.qualitative-research.net/organizations/2/or-db-d.htm (14.11.2005).

Aschenbrücker, K.: Kreativitätspotenziale und deren Förderung, in: *Gaugler, E./Oechsler, W./Weber, W.* (Hrsg.): Handwörterbuch des Personalwesens, 3. Aufl., Stuttgart 2004, Sp. 1026–1034.

Albach, H.: Technische Prognosen, in: *Grochla, E./Wittmann, W.* (Hrsg.): Handwörterbuch der Betriebswirtschaft, 4. Aufl., Stuttgart 1976, Sp. 3861–3877.

Backerra, H./Malorny, C./Schwarz, W.: Kreativitätstechniken, 2. Aufl., München/Wien 2002.

Bayerl, C.: 30 Minuten für Kreativitätstechniken, Offenbach 2005.

Beck, K./Glotz, P./Vogelsang, G.: Die Zukunft des Internet: Internationale Delphi-Befragung zur Entwicklung der Online-Kommunikation, Konstanz 2000.

Berth, R.: Kreativtechniken in der Marketingpraxis, in: Marketing, Zeitschrift für Forschung und Praxis 3/1980, S. 149–154.

Berth, R.: Management zwischen Vision und Mittelmäßigkeit: Schöpferische Produkt- und Firmenpolitik durch Marktfeldanalyse und Kreativtechnik, Stuttgart 1981.

Berth, R.: Visionäres Management, 2. Aufl., Düsseldorf/Wien/New York 1992.

Blohm, H.: Methoden zur Prognose technischer Entwicklungen (II), in: das Wirtschaftsstudium 4/1979, S. 167–173.

Blohm, H.: Das Schöpferische der Management-Aufgabe im Spannungsfeld von Intuition und Rationalität, in: *Hax, K./Pentzlin, K.* (Hrsg.): Instrumente der Unternehmensführung, München 1973, S. 195–200.

Blohm, H./Beer, T./Seidenberg, U./Silber, H.: Produktionswirtschaft, 3. Aufl., Herne/Berlin 1997.

Boesch, W.: Die Organisation industrieller Forschung, in: Industrielle Organisation 10/1954, S. 35–44.

Booz, Allen & Hamilton Inc: Mastering the Innovation Challenge, Zusammenfassung der Studienergebnisse, McLean USA 2005,

Online im Internet unter URL: http://www.boozallen.de/content/downloads/eu_innovation_2004.pdf (6.11.2005).

Braczyk, H.-J./Kerst, C./Seltz, R.: Kreativität im Kontext, in: *Braczyk, H.-J./Kerst, C./Seltz, R.* (Hrsg.): Kreativität als Chance für den Standort Deutschland, Berlin/Heidelberg/New York 1998, S. XI–XV.

Bullinger, H.-J.: Förderung der Unternehmenskreativität, in: Bullinger, *H.-J./Hermann, S.* (Hrsg.): Wettbewerbsfaktor Kreativität, Wiesbaden 2000, S. 21–30.

Bullinger, H.-J./Hermann, S./Ganz, W.: Wettbewerbsfaktor Kreativität – Ein wichtiges Thema neu entdecken! In: *Bullinger, H.-J./Hermann, S.* (Hrsg.): Wettbewerbsfaktor Kreativität, Wiesbaden 2000, S. 3–20.

Bullinger, H.-J./Schlick, G.: Wissenspool Innovation, Frankfurt am Main 2002.

Bundesministerium für Bildung und Forschung (Auftraggeber): Delphi-Befragung 1996/1998 – Abschlussbericht zum „Bildungs-Delphi", München 1998.

Bundesministerium für Bildung und Forschung (Auftraggeber): Nanotechnologie pro Gesundheit: Chancen und Risiken, Aachen 2004.

Bundesministerium für Bildung, Wissenschaft, Forschung und Technologie (Hrsg.): Delphi-Bericht 1995 zur Entwicklung von Wissenschaft und Technik, Bonn 1996.

Bundesministerium für Forschung und Technologie (Hrsg.): Deutscher Delphi-Bericht zur Entwicklung von Wissenschaft und Technik, Bonn 1993.

Buzan, T.: Das kleine Mind-Map-Buch, 3. Aufl., Deutsche Erstausgabe, München 2004.

Clark, CH.: Brainstorming. Methoden der Zusammenarbeit und Ideenfindung, 3. Aufl., München 1970.

Cloyd, H. u. a.: Gesprächstechnik für Gruppen, Metaplan-Reihe 2, hrsg. von der Metaplan GmbH, Quickborn 1973.

Czichos, R.: Creaktivität & Chaos-Management, München/Basel 1993.

De Bono, E.: Edward de Bono's Denkschule. Zu mehr Innovation und Kreativität, Sonderausgabe, München 1995.

De Bono, E.: Serious-creativity – Die Entwicklung neuer Ideen durch die Kraft lateralen Denkens, Stuttgart 1996.

De Bono, E.: Six Thinking Hats, revised and updated edition 1999.

Delhees, K.H.: Was uns kreativ macht, in: *Braczyk, H.-J./Kerst, C./ Seltz, R.* (Hrsg.): Kreativität als Chance für den Standort Deutschland, Berlin/Heidelberg/New York 1998, S. 17–28.

Deutsche Gesellschaft für Betriebswirtschaft (DGfB): Innovation und ihre Organisation in der mittelständischen Industrie – Ergebnisse einer empirischen Untersuchung, Berlin 1979.

Deutsches Institut für Betriebswirtschaft: dib-Report 2004 – Ideenmanagement/BVW in Deutschland, Frankfurt am Main 2005. Im Internet unter URL: http://www.our-ideas.de/mi mes/attach ments/3269_dib-Report2004_Ideenmanagement.pdf (6.11.2005).

Deutsches Verkehrsforum (Auftraggeber): Ergebnisse der Delphi-Studie „Der Transportmarkt im Wandel", Berlin 2002.

Deutsches Verkehrsforum (Auftraggeber): Endbericht zur Delphi-Studie „ÖPNV-Markt der Zukunft", Berlin 2005.

Di Renzo, S.: Diagnose und Beeinflussung des Innovationsklimas, Bern u. a. 2000.

Disselkamp, M.: Innovationsmanagement, Wiesbaden 2005.

Fischer, U./Breisig, T.: Ideenmanagement: Förderung der Mitarbeiterkreativität als Erfolgsfaktor im Unternehmen, Frankfurt am Main 2000.

Gebert, D.: Führung und Innovation, Stuttgart 2002.

Geschka, H.: Die Erfassung von Problemen im Abnehmerbereich als Grundlage für die Planung von Forschung, Entwicklung und Konstruktion, in: RKW (Hrsg.): Handbuch Forschung, Entwicklung, Konstruktion, Berlin 1976, S. 1–29.

Geschka, H.: Die Szenario-Technik in der strategischen Unternehmensplanung, in: *Hahn, D./Taylor, B.* (Hrsg.): Strategische Unternehmensplanung – Strategische Unternehmensführung, 8. Aufl., Heidelberg 1999, S. 518–545.

Geschka, H.: Kreativitätstechniken, in: *Küpper, H.-U./Wagenhofer, A.* (Hrsg.): Handwörterbuch Unternehmensrechnung und Controlling, 4. Aufl., Stuttgart 2002, Sp. 1195–1203.

Geschka, H.: Innovationsbedarfserfassung, in: *Amelingmeyer, J./ Harland, P. E.* (Hrsg.): Technologiemanagement und Marketing, Wiesbaden 2005, S. 381–401.

Geschka, H./Dahlem, S.: Kreativitätstechniken und Unternehmenserfolg, in: Technologie & Management 3/1996, S. 106–110.

Geschka, H./Lantelme, G.: Kreativitätstechniken, in: *Sönke, A./*

Gassmann, O. (Hrsg.): Handbuch Technologie- und Innovationsmanagement, Wiesbaden 2005, S. 285–304.

Geschka, H./Reibnitz, U. v.: Die Szenario-Technik – ein Instrument der Zukunftsanalyse und der strategischen Planung, in: *Töpfer, A./ Afheldt, H.* (Hrsg.): Praxis der strategischen Unternehmensplanung, 2. Aufl., Landsberg/Lech 1986, S. 125–170.

Geschka, H./Reibnitz, U. v.: Kreativität in der Werbung, München 1977.

Geschka, H./Schwarz-Geschka, M.: Kreativitätstechniken – Mind Mapping, Online im Internet unter URL: http://www.innovat ionsmanagement.de/kreativitaetstechnik/mindmapping.html (26.7.2005).

Geschka, H./Yildiz, A.: Probleme in den Griff bekommen, in: Gablers Magazin 5/1990, S. 36–40.

Gilde, W./Belkius, E.: Erfinden, was noch niemals war, 4. Aufl., Leipzig 1981.

Gordon, W. J. J.: Synectis, the Development of Creative Capacity, New York/Evanston/London 1961.

Grunwald, R.: Kreativität und Innovation: Gegensätze? In: *Braczyk, H.-J./Kerst, C./Seltz, R.* (Hrsg.): Kreativität als Chance für den Standort Deutschland, Berlin/Heidelberg/New York 1998, S. 3–12.

Guntern, G.: Kreativität und Kreativitätsforschung, in: *Guntern, G.* (Hrsg.): Der kreative Weg. Kreativität in Wirtschaft, Kunst und Wissenschaft, Zürich 1991, S. 25–70.

Häder, M.: Subjektiv sicher und trotzdem falsch? Methodische Ergebnisse einer Delphi-Studie zur Zukunft des Mobilfunks, in: Zentrum für Umfragen, Methoden und Analysen (Hrsg.): ZUMA-Nachrichten Nr. 46, Mannheim 2000, S. 89–116.

Häder, M./Häder, S.: Neuere Entwicklungen bei der Delphi-Methode. Literaturbericht II, Zentrum für Umfragen, Methoden und Analysen (Hrsg.): ZUMA-Arbeitsbericht 98/05, Mannheim 1998.

Hauschildt, J.: Innovationsmanagement, 3. Aufl., München 2004.

Helmer, O.: 50 Jahre Zukunft, Hamburg 1967.

Henke, R./Rother, F.: Toter Punkt, in: Wirtschaftswoche Nr. 44 vom 27.10.1994, S. 136–139.

Higgins, J.M./Wiese, G.G.: Innovationsmanagement, Berlin/Heidelberg 1996.

Hilzenbecher, U.: Innovategy, in: Berndt, R. (Hrsg.): Erfolgsfaktor Innovation, Berlin/Heidelberg/New York 2005, S. 47–79.

Hoffmann, H.-J.: Überblick über die Methoden technischer Prognostik, in: *Blohm, H./Steinbuch, K.* (Hrsg.): Technische Prognosen in der Praxis, Düsseldorf 1972, S. 1–11.

Hürlimann, W.: Methodenkatalog. Ein systematisches Inventar von über 3000 Problemlösungsmethoden, Schriftenreihe der Fritz-Zwicky-Stiftung, Band 2, Bern 1981.

Initiative „Partner für Innovation": Unternehmen auf dem Prüfstand: Das Innovationsbarometer der „Partner für Innovation", Pressemiteilung vom 4.7.2005. Online im Internet unter URL: http://www.innovations-report.de/html./berichte/wirtschaft_fin anzen/bericht-46099.html (16.11.2005).

Johansson, B.: Kreativität und Marketing, 2. Aufl., Bern u. a. 1997.

Jung, H.: Personalwirtschaft, 6. Aufl., Wiesbaden 2005.

Keller, A. F.: Methoden zum Finden neuer Ideen, in: Marketing-Journal 2/1971, S. 154 f.

Knieß, M.: Nischenpolitik für Produktionsunternehmen der Bundesrepublik Deutschland, Münster/Hamburg 1992.

Koestler, A.: Der göttliche Funke, Berlin 1966.

Kraus, H: Bionik, Online im Internet unter URL: http://www.tzm-giessen.de/tt_site/inhalte/messen/Bionik.pdf (15.8.2005).

Lenk, T.: Der steinige Weg von der Vision zur Innovation, in: Technologie & Management 2/1998, S. 21–25.

Marcharzina, K.: Unternehmensführung, 4. Aufl., Wiesbaden 2003.

Marr, R.: Innovation und Kreativität, Wiesbaden 1973.

Mehlhorn, J.: Zwölf Thesen wider das Schattendasein der Kreativität, in: *Renker, C.* (Hrsg.): Produktive Kreativität und Innovation, Stuttgart 1998, S. 39–51.

Meißner, W.: Kreativität, in: *Asanger, G./Wenninger, G.* (Hrsg.): Handwörterbuch Psychologie, 6. Aufl., Weinheim 1999, S. 366–370.

Meyer, J.-A.: Kreativitätstechniken, in: Wirtschaftswissenschaftliches Studium 9/1993, S. 446–450.

Meyer, J.-A.: Visualisierung von Informationen, Wiesbaden 1999.

Newell, A./Simon, H.: Elements of a Theory of Human Problem Solving, in: Psychological Review, May 1958, S. 151–166.

Nöllke, M.: Kreativitätstechniken, 4. Aufl., München 2004.

Noack, K.: Kreativitätstechniken – Schöpferisches Potenzial entwickeln und nutzen, Berlin 2005.

O. V.: Hilft der Computer beim „Brainstorming"? in: Blick durch die Wirtschaft Nr. 241 vom 16.12.1987, S. 7.

O. V.: Ameisen als Vorbild, in: RM – Innovationen, 1/2005, S. 10.

O. V.: Von 100 Ideen schaffen nur wenige den Durchbruch, in: Berliner Morgenpost vom 20.11.2005, S. 5.

Osborn, A.: Ipplied Imagination: Principles and Procedures of Creative Problem Solving, New York 1953, 3. Aufl., New York 1963.

Petri, C.: Entstehung und Entwicklung kreativer Werbeideen, Berlin u. a. 1992.

Pleschak, F./Sabisch, H.: Innovationsmanagement, Stuttgart 1996.

Preiser, S.: Kreativitätsforschung, Darmstadt 1976.

Quiske, F. H./Skirl, S. J./Spieß, G.: So leiten Sie Kreativ-Sitzungen, in: Absatzwirtschaft 11/1972, S. 55–60.

Rammer, C.: Innovationsverhalten der Unternehmen in Deutschland 2003, Mannheim 2004: Zentrum für Europäische Wirtschaftsforschung (ZEW) – Studien zum deutschen Innovationssystem Nr. 12/2005.

Reibnitz, U. v.: Szenario-Technik, Wiesbaden 1991.

Röhm, M.: Kreativität und Kreativitätstechniken, Teil 1, Vortragsfolien 26.5.2004, Online im Internet unter URL: http://www.iat.uni-stuttgart.de/img-cust/AuP06_SS04_2605.pdf (2.9.2005).

Rohrbach, B.: Kreativ nach Regeln: Methode 6-3-5 – Eine Technik zum Lösen von Problemen, in: Absatzwirtschaft 10/1969, S. 73–76.

Rühli, E.: Visionen, in: Die Unternehmung 2/1990, S. 113.

Schachtner, K.: Ideenmanagement im Produktinnovationsprozess: Zum wirtschaftlichen Einsatz der Informationstechnologie, Wiesbaden 2001.

Schadenhofer, L.: Analyseinstrumente für die strategische Marketingplanung, Wien 1982.

Schaude, G.: Kreativitäts-, Problemlösungs- und Präsentationstechniken, 3. Aufl., Eschborn 1995.

Schaude, G.: Traditionelle Instrumente der Kreativitätstechniken, in:

Dold, E./Gentsch, P. (Hrsg.): Innovationsmanagement: Handbuch für mittelständische Betriebe, Neuwied 2000, S. 75–97.

Schlicksupp, H.: Innovation, Kreativität & Ideenfindung, 6. Aufl., Würzburg 2004 I.

Schlicksupp, H.: 30 Minuten für mehr Kreativität, 2. Aufl., Offenbach 2004 II.

Schlicksupp, H.: Realisierung der Innovation, in: *Allesch, J./Brodde, D.* (Hrsg.): Praxis der Innovationsmanagements, Berlin 1986, S. 109–125.

Schlicksupp, H.: Kreativitätstechniken, in: *Szyperski, N., Winand, U.* (Hrsg.): Handwörterbuch der Planung, Stuttgart 1989, Sp. 930–943.

Schlicksupp, H.: Kreativitätstechniken, in: *Tietz, B./Köhler, R./Zenks, J.* (Hrsg.): Handwörterbuch des Marketing, 2. Aufl., Stuttgart 1995, Sp. 1290–1310.

Schlicksupp, H.: Innovation, Kreativität & Ideenfindung, Würzburg 1980.

Schlicksupp, H.: Kreative Ideenfindung in der Unternehmung. Methoden und Modelle, Berlin/New York 1977.

Schmeisser, W.: Systematische Erfindungsförderung als Unternehmensaufgabe: Wege zur Steigerung der Kreativität und zu erfolgreichen Innovationen, Berlin 1986.

Schmidt, H. M.: Gartenfreude rund ums Jahr – Was Monat für Monat zu tun ist, München 2000.

Schnelle, E. (Hrsg.): Neue Wege in der Kommunikation, Königstein 1978.

Schömbs, H.: Ideen entwickeln, Probleme lösen, Maßnahmen vorbereiten, Köln 1976.

Schwander, F.: Methoden der ereignisorientierten Prognose als Hilfsmittel der betrieblichen Absatzmarktforschung für langlebige Gebrauchsgüter am Beispiel der Möbelindustrie, Dissertation Karlsruhe 1977.

Seidenberg, U.: Auslöseinformationen im organisatorischen Gestaltungsprozeß – Voraussetzung einer flexiblen Organisation, Frankfurt am Main u. a. 1989.

van Someren, T.C.R.: Strategische Innovationen, Wiesbaden 2005.

Sommerlatte, T.: Strategie, Innovation und Kosteneffizienz, Düsseldorf 2001.

Specht, G./Beckmann, C./Amelingmeyer, J.: F&E-Management, 2. Aufl., Stuttgart 2002.

Steiner, G.: Kreativitätsmanagement: Durch Kreativität zur Innovation, in: *Strebel, H.* (Hrsg.): Innovations- und Technologiemanagement, Wien 2003, S. 265–323.

Stern, T./Jaberg, H.: Erfolgreiches Innovationsmanagement, Wiesbaden 2003.

Stocker, T.: Kreativität und das Schöpferische: Leitbegriff zweier pädagogischer Reformperioden, Frankfurt am Main 1988.

Stuhr, A.W.: Techniken Kreativen Denkens, Karlsruhe 1969.

TFH (Technische Fachhochschule Berlin): Referat IV: Kreativitätsmethoden, Berlin 1992.

Thom, N.: Innovationsmanagement, Schriftenreihe Orientierung Nr. 100, Bern 1992.

Thom, N.: Betriebliches Vorschlagswesen – Ein Instrument der Betriebsführung, 6. Aufl., Bern 2003.

Uebele, H.: Zur Praxis der Kreativitätstechniken – Anwendungserfahrungen bei der Produktinnovation, in : Die Betriebswirtschaft 6/1988, S. 777–785.

Uebele, H.: Kreativität und Kreativitätstechniken, in: *Gaugler, E./Weber, W.* (Hrsg.): Handwörterbuch des Personalwesens, 2. Aufl., Stuttgart 1992, Sp. 1165–1179.

Ulmann, G. (Hrsg.): Kreativitätsforschung, Köln 1973.

Ulmann, G.: Kreativität, Weinheim/Berlin 1968.

Vahs, D./Burmester, R.: Innovationsmanagement, 3. Aufl., Stuttgart 2005.

Volk, H.: Erfolgreiches Marketing für Innovationen, in: Blick durch die Wirtschaft Nr. 51 vom 13.3.1990, S. 7.

Walles, G.: The Art of Thought, New York 1926.

Weber, D.: Zwischen Magie und Mathematik, in: Management Wissen 2/1987, S. 39–44.

Wechsler, W.: Delphi-Methode, München 1978.

Weis, H. C./Steinmetz, P.: Marktforschung, 6. Aufl., Ludwigshafen 2005.

Welters, K.: Cross Impact Analyse als Instrument der Unternehmensplanung, in: Betriebswirtschaftliche Forschung und Praxis 6/1977, S. 557–568.

Wördenweber, B./Wickord, W.: Technologie- und Innovationsmanagement im Unternehmen, 2. Aufl., Berlin/Heidelberg/New York 2004.

Zanner, H.: Fröhliches Chaos gefragt, in: Wirtschaftswoche Nr. 35, vom 25.8.1989, S. 40–42.

Zentrum für Europäische Wirtschaftsforschung (ZEW): Deutsche Unternehmen setzen wieder verstärkt auf Innovationen, Pressemitteilung vom 4.2.05) Online im Internet unter URL: http://www.zew.de/de/presse/presse.php?action=article_show&LFDNR=431 (7.11.2005).

Zwicky, F.: Endecken, Erfinden, Forschen im Morphologischem Weltbild, München 1966.

Zwicky, F.: Morphological Astronomy, Berlin 1957.

Sachverzeichnis

Buchanzeigen

Der Start in den Beruf

Reinker
Das Job-Lexikon

Erste Hilfe für den Berufsstart.
Eine Fülle von Informationen, praktischen Tipps und Denkanstößen, garniert mit witzigen Beispielen aus dem Berufsalltag.

1. Aufl. 2004. 768 S. €
€ 19,50. dtv 50878

Aus den Pressestimmen:

»Die wichtigsten Finten und fiesesten Fettnäpfchen für Berufseinsteiger.«
SPIEGEL online

»Besonders schön: der Mix aus seriöser Information und witzigen Beispielen aus dem Berufsalltag.«
Young Miss

»750 Seiten voller Tipps, Infos und Denkanstöße – was soll da noch passieren.«
Berliner Morgenpost

Beruf und Karriere

Cassens
Work-Life-Balance

Wie Sie Ihr Berufs- und Privatleben in Einklang bringen.
Möglichkeiten für ein System zur erfolgreichen Bewältigung Ihrer individuellen Aufgaben und zur Vermeidung von Zivilisationskrankheiten.

1. Aufl. 2003. 214 S. €
€ 9,50. dtv 50872

Hofmann/Linneweh/Streich
Erfolgsfaktor Persönlichkeit

Managementerfolg durch Leistungsfähigkeit und Motivation.
Positiver Umgang mit Anforderungen im beruflichen und privaten Umfeld, Selbst-

reflexion, Möglichkeiten zur Bewältigung von als stresshaft erlebten Situationen – hier finden Führungskräfte einen fundierten Überblick über Ansatzmöglichkeiten zur Erreichung einer befriedigenden Work-Life-Balance.

1. Aufl. 2006. Rd. 300 S. €
Ca. € 12,50. dtv 50904
In Vorbereitung für
Sommer 2006

Knieß
Kreativitätstechniken

Methoden und Übungen.
Kreativität ist der Schlüssel zum Erfolg. Neben einem Überblick über Methoden und Einsatz gibt es in einem umfangreichen Praxisteil Beispiele und Übungsaufgaben, die konkret helfen, das kreative Verhalten zu fördern.

1. Aufl. 2006. 268 S. €
€ 9,50. dtv 50906
Neu im August 2006

Hugo-Becker/Becker
Motivation

Neue Wege zum Erfolg.

1. Aufl. 1997. 419 S. €
€ 10,17. dtv 5896

Beruf und Karriere

Haug
Erfolgreich im Team

Praxisnahe Anregungen für effiziente Team- und Projektarbeit.
Mit Diagnose von Erfolgsfaktoren und konkreten Hilfestellungen.

3. Aufl. 2003. 187 S.   €
€ 9,–. dtv 5842

Bender
Teamentwicklung

Der effektive Weg zum »Wir«.
Systematische Führung durch die Phasen der Teamentwicklung mit Anleitung für effiziente Teamleitung.

1. Aufl. 2002. 284 S.   €
€ 12,50. dtv 50858

Fuchs-Brüninghoff/Gröner
Zusammenarbeit erfolgreich gestalten

Eine Anleitung mit Praxisbeispielen.

1. Aufl. 1999. 203 S.   €
€ 9,15. dtv 50834

Zander/Femppel
Praxis der Personalführung

Was Sie tun und lassen sollten. Das Was und Wie der Personalführung, 99 Tipps, Fallbeispiele, Führungsgrundsätze.

1. Aufl. 2001. 129 S.   €
€ 8,50. dtv 50841

Hugo-Becker/Becker
Psychologisches Konfliktmanagement

Menschenkenntnis – Konfliktfähigkeit – Kooperation.

4. Aufl. 2004. 418 S.   €
€ 13,–. dtv 5829

Lang
Schlüsselqualifikationen

Handlungs- und Methodenkompetenz, personale und soziale Kompetenz.

1. Aufl. 2000. 600 S.   €
€ 15,08. dtv 50842

Mentzel
Personalentwicklung

Erfolgreich motivieren, fördern und weiterbilden.
Bedarfsfeststellung, Planung und Durchführung der Förder- und Bildungsmaßnahmen, Kosten- und Erfolgskontrolle.

2. Aufl. 2005. 318 S.   €
€ 10,–. dtv 50854

Lobscheid
Mitarbeiter einvernehmlich führen

Dieser Wirtschaftsberater zeigt, wie durch positives Führungsverhalten Zufriedenheit und Erfolgsorientierung entstehen und auch Verantwortungsbereitschaft.

2. Aufl. 1998. 253 S.   €
€ 8,64. dtv 5848

Drzyzga
Personalgespräche richtig führen

Ein Kommunikationsleitfaden. Der rasche Überblick über die fachlichen und psychologischen Faktoren des Gesprächs mit Mitarbeitern.

1. Aufl. 2000. 148 S.   €
€ 8,64. dtv 50840

Weisbach
Professionelle Gesprächsführung

Ein praxisnahes Lese- und Übungsbuch.
Wie das Gespräch als Mittel der Führung zweckmäßig, zielorientiert und rationell genutzt werden kann.

6. Aufl. 2003. 494 S.   €
€ 12,–. dtv 5845

Weisbach/Sonne-Neubacher
Leadership in Professional Conversation

Translation of »Professionelle Gesprächsführung«

1. Aufl. 2005. 420 S.   €
€ 14,–. dtv 50879

Neuhäuser-Metternich
Kommunikation im Berufsalltag

Verstehen und verstanden werden.

1. Aufl. 1994. 300 S.   €
€ 8,64. dtv 5869

Zander/Femppel
Praxis der Mitarbeiter-Information

Effektiv integrieren und motivieren. Motivation von Mitarbeitern mit gezielter und empfängerorientierter Information.

1. Aufl. 2002. 103 S.   €
€ 8,50. dtv 50860

Bühring-Uhle/Eidenmüller/ Nelle
Verhandlungs-management

Intuition - Strategie - Effektivität.
Agieren Sie zielgerichtet und erfolgreich.

1. Aufl. 2006. Rd. 250 S.
Ca. € 13,50. dtv 50640
In Vorbereitung für Sommer 2006

Mentzel
Rhetorik

Sicher und erfolgreich sprechen.
Bausteinsystem für die Vorbereitung und Durchführung eines Vortrags. Zahlreiche Übungen, um die vorgestellten Regeln und Empfehlungen im Einzel- oder Gruppentraining zu vertiefen.

1. Aufl. 2000. 228 S.   €
€ 8,44. dtv 50845

Weisbach
Gekonnt kontern

Wie Sie verbale Angriffe souverän entschärfen.
Gewußt wie: Gekonnt kontern ist weniger eine Frage der Spontaneität als vielmehr der Ausdruck guter Vorbereitung. Die wichtigsten Tipps finden Sie hier.

1. Aufl. 2004. 197 S.   €
€ 9,–. dtv 50885

Jeske
Erfolgreich verhandeln

Grundlagen der Verhandlungsführung.

1. Aufl. 1998. 238 S.   €
€ 8,64. dtv 50824